法律文明史研究院文库 · 何勤华主编

国家重点学科华东政法大学法律史学科项目
教育部人文社会科学研究规划项目（11YJA820093） 资助
上海市社会科学创新研究基地“法律文明演进研究”

法律文明史文库
俄罗斯政法文丛

俄罗斯法治进程中的文化影响力研究

杨昌宇　著

法律出版社
LAW PRESS · CHINA

总　序

文明，是指人类进化（发展）到一定阶段而形成的生存方式（行为样态）以及其所创造的成果。其主要标志有八：一是私有制的产生；二是阶级的形成；三是文字的诞生；四是创造财富的能力达到了能够养活一部分无须直接从事生产（获取食物）的人口，从而形成了社会分工；五是国家的正式诞生；六是法律的基本定型并发挥着主要的社会规范作用；七是除了物质生活之外，形成了相应的精神（宗教、艺术、建筑等）生活；八是人类的思想觉悟和道德品格达到了“我为人人，人人为我”以及“己所不欲，勿施于人”的境界。

法律，是文明的重要内容和主要标志，法律文明就是人类文明中与法律相关的各项元素的总和，具体包括法律意识和法律思想（观念），法律规范、法典和判例，法律制度，法律实施、法律行为以及其相应设施（法院、监狱等），法律教育，法律学术，法律遗存等。法律文明的萌芽，最早可以追溯到早期人类（公元前 200 万年）的非洲能人“奥杜韦（Olduvai）遗址”，其被考古学家初步认定为游群社会,已经出现了“集体决议”、“权力”、“国体”等意识之萌芽。经历了漫长的发展之后,才与私有制、阶级、军队、国家和文字等一起诞生。公元前3500年苏美尔人在美索不达米亚南部建立乌鲁克(Uruk)城邦,公元前3100年美尼斯(Menes)统一埃及,公元前2350年印度的村落形成哈拉帕(Harappa)城邦,公元前2070年禹在中国建立夏王朝,分别标志着法律文明在美索不达米亚、埃及、印度和中国的正式诞生。

人类法律文明诞生以后,至今已经过去了5000多年。在这历史的长河中,涌现了众多的法典、判例、人物、作品和法律事件,吟唱传诵着无数的法律诗歌和故事篇章:《梅腾自传》,《汉穆拉比法典》,皋陶,摩西,《赫梯国王哈吐什尔和埃及法老拉美西斯二世的同盟条约》,“哈里斯”大纸草,《摩奴法典》,《法经》,梭伦立法,《十二表法》,柏拉图与《法律篇》,《圣经》,《古兰经》,《唐律疏议》,《大宪章》,格劳秀斯与《战争与和平法》,《威斯特伐利亚和约》,孟德斯鸠与《论法的精神》,布莱克斯通,《独立宣言》,《人权宣言》,《美国宪法》,“马伯里诉麦迪逊案”与马歇尔大法官,《拿破仑法典》,奥斯汀,康德,萨维尼,梅因,沈家本,梅特兰,霍姆斯,美浓部达吉,罗斯科·庞德,等等。对这些丰富厚重的法律文明遗产进行发掘、整理、研究和总结,对我们了解、吸收和借鉴人类在创造法律、治理社会、促进生产、富足生活方面的经验,建设现代法治国家的意义极为重大。

鉴于此,华东政法大学于2015年6月成立了法律文明史研究院,以期为开展上述研究工作提供一个学术平台。编辑出版《法律文明史研究院文库》就是这一平台的中心工作之一。由于法律文明史所涉时间跨度很大,上下五千年;牵涉范围很广,涵盖世界众多国家;研究专题非常丰富,耕耘空间极其宽广,光靠几个或几十个人是无法从事这项宏大学术事业的。因此,在法律出版社的支持下,我们尝试搭建一个出版的园地和平台,热忱欢迎全国英才一起参与这一研究工作，踊跃惠赐文稿，以推进我国的法律文明史研究，为繁荣法律学术做出贡献。

何勤华

2016年2月26日于华东政法大学

法律文明史研究院

自　序

在世界范围内新一轮国家治理浪潮中，俄罗斯因其地理位置和历史发展的特殊性，及其在当今世界政治和经济关系中的重要地位等因素越发引人关注。因此，从文化特质角度来解读俄罗斯法治问题有不同以往的意义，特别是在中国"一带一路"发展战略的促动下，俄罗斯法治现代化问题将以多元的姿态，在更深层面进入中国研究者的视野。

本书是近年来本人在一定程度上对俄罗斯法治文化研究思路和问题的整理，主要在于厘清问题，寻找恰当的研究视角，引入有效的研究方法。笔者对俄罗斯法治文化问题的关注已持续整整15年，以前总是怀疑这个问题是臆想出来的一个假命题，但随着研究的深入逐渐发现并坚信，在俄罗斯历史深处涌动着的文化激情与追求规范治理的理性诉求一直交相生辉。当将文化哲学研究范式引入俄罗斯法治问题研究中后，研究视域获得了极大的扩展，并由此对俄罗斯法治现代化之路区分两个考察路径：一般路径和特殊路径。近代以来，俄罗斯的社会历史跌宕起伏，社会制度变革在显性层面表现出来，其本质是对深层文化模式演变的表达。

一般路径主要沿社会制度变革路线进行考察;特殊路径则通过文化哲学研究范式,以文化模式转换为线索进行考察。一般路径贯彻的是以社会制度来决定研究的基调和范围,特殊路径贯彻的是以文化模式转换来决定研究的视野,社会制度变迁在显性层面上表现出俄罗斯现代化进程的阶段性,文化模式转换则是这种阶段性表现的内在驱动力,二者一表一里共同表征着俄罗斯法治现代化的内在逻辑。两种路径交融能够形成一种总体性视角,在研究对象、研究方式和研究内容等方面具有独特的立场,最终促成了对俄罗斯法治现代化问题研究的方法论转向。

纵观俄罗斯法治发展的历史,形式上的西方化与实质上的俄罗斯化成为其法治文化发展的一大特征。从当下俄罗斯对法治国家的发展与促进,到现代法律制度和法律机制的建全与完善,一直贯穿对国家认同和文化认同的寻求。特别是俄罗斯联邦独立后,经历了困境中的挣扎,其当代法治进程中出现较为明显的文化转向:一是文化价值层面政治精英治国理念的调整,最大限度地利用传统价值并使之与现代文明相结合,尊重和回归传统文化成为俄罗斯发展的文化价值取向;二是法治发展中注重俄罗斯特有的权力传统合法性基础与现代国家治理相结合,采取渐进式方法,在以政治权力为中心的治理传统中融入和提升法律权威。

在未来的研究中,本人将继续在已有成果的基础上,探索俄罗斯法治现代化进程。从社会制度变革和文化模式转换两个路径考察和总结其法治现代化的内在特质,在政治与宗教等核心文化因素层面探寻其社会转型的内在逻辑,寻找其历史深层文化力量对现代法治的促动与阻滞。

本书受到华东政法大学资助,特别是当本书入选华东政法大学何勤华老师主编的《法律文明史研究院文库》时,更坚定了我在这个方向上继续前行的脚步。

杨昌宇

2016年6月于哈尔滨

目录

绪　论

在现代国家，法治不只是一种政治目标，更是一种理想化的社会生活状态。从法治的渊源上看，法治不只是一个国家的政治法律问题，在本质上更是一个文化问题。这里所说的“文化”并不是与政治、经济、法律等社会现象相并列的以各种文化载体（如文学、艺术作品等）为表现形式的“符号文化”或“自觉的文化”，而是一个民族、一个国家不同发展时期积累起来的文明成果和智慧的结晶，包括政治、经济、法律、社会、宗教、民族、习俗等所有的社会现象在内所蕴含的共性东西，并成为这个国家、这个民族共同的生活方式。英国文化人类学创始人泰勒较早地把文化归纳为整个生活方式的总和，他认为：“文化或文明，就其广泛的民族学意义来说，乃是包括知识、信仰、艺术、道德、法律、习俗和任何人作为一名社会成员而获得的能力和习惯在内的复杂整体。”①作为生活方式的文化“是历史地凝结成的稳定的生存方式，其核心是人自觉不自

① 庄锡昌等编：《多维视野中的文化理论》，浙江人民出版社1987年版，第99～100页。

觉地建构起来的人之形象,在这种意义,文化并不简单地是意识观念和思想方法问题,它像血脉一样,熔铸在总体性文明的各个层面中,以及人的内在规定性之中,自发地左右着各种生存活动”。①

一、问题的提出及其研究进路

每个民族都有自己的文化,并在长期的历史发展演化中形成独特的文化模式,“俄罗斯文化是俄罗斯人民创造的一种文化历史类型,由俄罗斯民族意识的独特结构所决定,它是俄罗斯人民献给人类文明的一个‘成熟的果实’,以其丰富的精神内涵和独具一格的文化品位屹立于世界文化之林”。② 俄罗斯当代著名导演 A. 康洽洛夫斯基在电视系列片《文化——这就是命运》的前言中这样说:“文化——是一种复杂的、历史地发展着的社会现象。由于文化囊括人的活动所有方面,人的理性和情感,因此文化是人类生活不可分割的本质属性。生活中任何一个领域——无论是家庭还是教育,经济还是政治,艺术还是伦理——离开文化都是不可能的。”③

俄罗斯法治进程曲折而艰难,这与它的文化有着密切的联系。俄罗斯文化是俄罗斯民族的生活方式在传统中的积淀,它的伟大之处无人质疑,俄罗斯特有文化因素的综合作用以“合力”的方式对其国家发展形成强大的文化影响力,它具有积极与消极的双重作用,对国家的政治、经济、法律和社会结构等都产生深远影响。当代俄罗斯法治国家构建过程中遭遇到深刻的文化矛盾,这不能不让人思考这样一些问题:在俄罗斯历史上,独特的文化因素能否对国家法治进程产生影响?俄罗斯文化影响力的基本构成方式怎样?这种文化影响力通过什么方式作用于国家政治法律制度?在俄罗斯法治国家构建的现阶段,文

---

① 衣俊卿著:《文化哲学》,云南人民出版社 2001 年版,第 10 页。

② 任光宣著:《俄罗斯文化十五讲》,北京大学出版社 2007 年版,作者的话第 2 页。

③ 同上书,作者的话第 1 页。

化影响力又对法治发展产生了怎样的影响？如何促进文化影响力积极作用的发挥？如何改变或消除其对法治发展带来的阻滞？等等。这一系列问题都有待于进行深入系统地研究。

文化影响力是一个内涵丰富的概念，在一般意义上是指一个国家、民族的各种文化因素相互作用所产生的“合力”在本国、本民族范围内产生认同的深度和广度。它以各种文化因素为载体，以核心文化因素为支撑，不乏稳定与惯性，但却始终处于动态之中。在俄罗斯法治进程中，文化影响力具体表现为积极的文化整合力、文化创造力、对民族精神的凝聚力、对国家发展的推动力、对人的塑造力和消极的阻滞力等方面。

在历史演进形式上，笔者以俄罗斯法治进程的纵向发展为历史依据，从社会史入手，以俄罗斯社会制度变革为标准，把俄罗斯法治进程大体分为自生自发及吸纳外来文化期、社会主义法治模式构建期、新型法治模式探索期三个时期。在历史演进的深层动力上，以现代化因素的引入为界限，以传统社会向现代社会转型为依据，以主导性文化模式为标准，把俄罗斯法治进程分为传统农业文明方式占主导地位的传统阶段和向现代工业文明社会转换的现代阶段。从制度变迁出发，以从传统社会向现代社会转型为分析的深层理论背景，采用文化哲学研究范式，运用文化模式理论，对俄罗斯法治进程中的文化影响力进行综合分析。

二、国内外研究现状及其发展趋势

在国内外现有研究成果中，尚无人专门从“文化影响力”角度对俄罗斯法治进程进行研究，本书在本质上是对“俄罗斯法治与文化”的关系问题进行研究，两个基本核心概念是“法治”与“文化”，这对于有着特殊历史文化传统的俄罗斯具有特殊意义。因此，在考察国内外研究状况时，我们主要围绕这一问题展开。

(一)国外研究现状

当前在国外理论研究中,对俄罗斯法治与文化问题有所涉及的研究主要体现在宏观与微观两个层面。宏观层面主要集中在国外大量研究俄罗斯社会史和文化史的著作中,通过学者对俄罗斯国家不同发展期的政治体制和法律制度的描述过程中,可以看到当时国家和社会对待法治的态度及其不同时期的基本状况。如米罗诺夫的《俄国社会史:个性、民主家庭、公民社会及法制国家的形成》(上、下卷)、尼古拉·梁赞诺夫斯基等著的《俄罗斯史》、克柳切夫斯基著的《俄国史教程》(三卷本)等。在苏联解体后俄罗斯重建过程中,俄罗斯国内的理论法学界,针对俄罗斯联邦宪法对"法治国家"原则的确立,曾出现过一个对法治国家思想研究的高潮。在大量的研究成果中,人们除了梳理法治国家的渊源还涉及了法治与文化的关联问题,并已经开始着手探讨法治国家构建中的如何对待别具特色的俄罗斯传统文化。如拉扎列夫的《法与国家的一般理论》、卡列里斯基等编写的《国家与法的理论》等著作中都有涉及。

在微观层面上,国外学者对俄罗斯法治与文化关联问题的研究受到其社会历史现实演进的影响,在研究重点上表现出一定的阶段性:

1. 从20世纪60年代末开始,比较法领域在社会主义法系框架内研究俄罗斯法律传统和文化因素问题。第二次世界大战结束后,随着社会主义法地位的突出,面对法律秩序的多样化发展,法学家们开始对法进行分类整理,构造"法的剧场"或"法系地理学"。如法国学者达维德在《当代主要法律体系》(1984年中文版)中明确提出三个主要法律体系的划分后,各国学者在此基础上,对苏联社会主义法系问题进行相关的文化研究。如德国学者茨威格特和克茨《比较法总论》(1992年中文版)、美国学者埃尔曼《比较法律文化》(2002年中文版)、日本学者大木雅夫《比较法》(1999年中文版)等著作,都在"社会主义法系”或“法圈”问题中,从文化角度审视俄罗斯法律传统问题,认为在苏联社会主义法系中,俄罗斯政治、经济、宗教等传统文化因素影响力深远,同时也使这个法系表现出不同的文化特征。

2. 苏联解体后,法系框架内的研究淡出人们视野,但在俄罗斯国内,法律作为一种文化现象引发普遍关注。俄罗斯学者从法律作为社会文化的组成部分这一前提出发,开始运用文化学方法研究法律问题。从 20 世纪末开始,俄罗斯出现大量法律文化方面的学术成果,如《法律规范是法律文化现象》(俄文 1999 年版)、《法是社会文化现象》(俄文 2003 年版)、《法治文化》(俄文 2007 年版)等,将法律视为一种文化现象,并从不同视角进行阐述。在法律史领域,俄罗斯学者从政治与宗教等文化因素层面审视本国法律发展史,如谢·鲍·格鲁沙切科(С. Б. Глушачеко)等《9 世纪至 19 世纪的俄罗斯法》(俄文 2002 年版)一书,认为专制政治主义传统和东正教传统对法制构建和法律运行等发挥直接作用。

3. 当代俄罗斯理论法学界受哲学、历史学等领域“大背景”、“大视角”等研究视角转换的影响,开始积极寻求法治国家构建的文化合法性资源。如叶·阿·普卡舍娃(Е. А. Лукашева)的《人类、法律与文明:价值规范的衡量标准》(俄文 2014 年版)一书从文化角度对本国法律发展进行解读,并从价值规范层面思考法律与文明的互动关联;瓦·德·佐里金(В. Д. Зорькин)的《法律文明与俄罗斯发展》(俄文 2015 年版)从法律文化的基本概念入手,对俄罗斯法制现代化进程中的社会文化因素影响作用进行分析,强调政治权力传统和东正教文化对现代法治发展影响的根源性与独特性;肯·瓦·马利采夫(Г. В. Мальцев)的《法律文化传统》(俄文 2013 年版),认为俄罗斯东正教传统是其法律传统的基本内核,并一直延续至今。

(二)国内研究现状

在俄罗斯法研究领域,中国学者研究的兴趣点发生了几次转换。

具体而言，苏联法对中国法主导时期，国内理论研究同样追随苏联。苏联解体俄罗斯联邦独立后，中国学术界对苏联法消极影响展开批判，并对现行法律制度进行大量介评性研究。近年来国内对俄罗斯法治问题的研究成果与日俱增，从俄罗斯法治国家理论发展的视角，相关梳理已经相当全面，学者们试图对不同时期的法治理论作出全面的阐释。如张俊杰的《俄罗斯法治国家理论》、王人博等的《法治论》中相关部分都对相应理论进行研究。进入 21 世纪以后，有少数学者开始从文化角度对俄罗斯法治问题进行研究，已有成果在研究方法上有所更新和拓展。有学者尝试突破传统理论法学的研究方法，以现代化的视角作为研究俄罗斯法治发展演进的线索，如杨心宇与俄罗斯学者合作完成的著作《变动社会中的法与宪法》，采用中俄学者的不同视角，引入文化分析方法解读俄罗斯法治现代化问题。当前这种研究趋势正在走向深入，主要表现有：

1. 对俄罗斯法治进行历史文化综合研究已呈现深化态势。如《苏联法学对中国法学消极影响的深层原因——从马克思东方社会理论出发所作的分析》（2002 年）一文，作者从俄罗斯专制主义传统的经济基础、社会结构基础和社会思想基础等历史文化因素角度对其法律传统的本质进行分析。《当代俄罗斯法治国家构建的文化探寻》（2004 年）、《俄罗斯社会转型与宪政之路——文化哲学的视角》（2009 年）等论著从历史文化视角对当代俄罗斯法治国家构建中制度与实践问题进行研究，认为俄罗斯特有政治、宗教、民族性等文化因素在根本上对其法治模式发生影响。

2. 透过文化因素分析俄罗斯法治正逐步成为一种研究方式。如《俄罗斯法治进程中的核心文化因素及其影响》（2012 年）一文，作者从核心文化因素角度研究法治发展演进，突出政治、宗教文化因素在法治进程中的作用；《多元体制下的俄罗斯法律文化的发展问题》一文（2014 年），作者认为当前俄罗斯法治国家构建中面临法制的统一与文化多元性的价值冲突，东正教传统影响下形成的神学法律观与国家法律规范强制力之间存在张力。

（三）当前国内外研究发展趋势

从上述国内外研究现状可以看到，国外学者在苏联解体前，多从比较法领域以“社会主义法系”为对象，在法律文化视角下进行研究，但研究成果零散并未成体系。苏联解体后，随着法律是一种文化现象被普遍接受，法治文化问题开始凸显出来。当代俄罗斯理论法学界已意识到自有文化因素对法治发展的独特性和重要性，积极探寻法治的文化合法性基础。国内学者已经开始关注俄罗斯特有文化因素对法治发展的影响，但与制度史结合并不充分，对俄罗斯特有文化因素影响力在法治层面的反映关照不足，相关研究有待深入。具体表现为以下方面：一是当前分别就俄罗斯法治和俄罗斯文化的研究成果为数不少，但二者的关联性研究并不多见；二是由于目前国内外对俄罗斯法制史（主要指法律制度层面）研究不多，我们常常会产生认为俄罗斯缺乏法制的历史，更乏法治的文化精神的误解；三是有个别学者虽已经明确认识到俄罗斯特有文化因素对法治产生影响，但只是点到为止缺乏深入系统的阐释。

从现有研究的发展趋势来看主要有以下两个方面的表现：一是对俄罗斯法治与社会历史文化发展演进的同一性问题关注度不断提高。在文化研究中，俄罗斯被当作一个独特的文化案例为人们广泛关注，所取得的成果正被广泛地运用于当代法治国家的理论与实践中。二是在当代俄罗斯法治国家构建的过程中，随着政治精英们的治国理念的更新，理论研究领域也随之转向，俄罗斯特有文化因素的影响力已经纳入其国家治理与新精神的塑造中来。在探究其法治困境及其出路时，很多人开始重新审视俄罗斯特有文化因素。

三、研究的意义

在全球化背景下，法治化正成为国家进步发展的标志。各国法治模式中均包含特定文化因素，它们以文化基因的形式在法治进程中发挥作用。特别是在中国“一带一路”国家发展战略背景下，无论在海上丝绸之路还是陆上丝绸之路上，俄罗斯都是重要一环，因此从法治与文化相关联的角度审视俄罗斯的过去、现在与未来具有理论与实践的双重意义。

（一）理论意义

1. 有助于消除对俄罗斯法治问题的误读。长期以来，很多人认为“俄罗斯法治”研究是缺乏生命力的，在其特定的专制文化传统中，法治的历史更是无从谈起。随着苏联解体后俄罗斯国内相关问题研究的解禁，大量史料进入我们的研究视野中。通过对国内外出版的俄罗斯历史学、文化学、政治学和法学等著述研究发现，以往我们对“俄罗斯法治”问题存在很大程度上的误读，“俄罗斯法治”并不是一个虚假的命题，只不过是深深地隐藏在强大的文化传统之中。

2. 有助于探寻当代俄罗斯法治国家构建所面临困境的深层根源。通过对俄罗斯法治进程基本发展阶段的划分，分析不同阶段各种文化因素如何综合发挥作用，有助于理解当代俄罗斯法治发展过程中的困境及其自我调整，并预测其发展的基本走向。

3. 对研究转型国家的法治之路具有启示意义。转型国家在法治进程中，如何处理好外来文化与本土文化的关系，如何塑造既具现代意义又符合本国文化传统的法治核心价值理念至关重要。转型国家的法治进程并不像西方国家那样是一个长期的自然演进过程，在相当大程度上是外来压力下的一种快速变革，这必然产生文化上的冲突。不论何种模式的法治，演化型也好、建构型也好、演化与建构共生也好，都不可能回避本国的文化传统问题，是拦腰斩断还是批判地吸纳，都将直接关系到法治发展的成败。

（二）现实意义

1. 在研究方法上，引入文化哲学研究范式，丰富法学研究方法体系。文化哲学研究范式的引入将拓展法学理论研究视野的广度和深度,可以尽量避免过分主观地裁剪俄罗斯法治的历史,同时运用“文化模式”、“文化转型”等理论丰富法学研究方法体系。在俄罗斯法治问题研究的现阶段,单纯的制度分析不能对俄罗斯的各种法治现象作出合理的解释,这就迫使我们寻找能够解决理论研究难题的新方法。文化哲学研究范式的引入在一定程度上为解决理论研究难题提供了新的分析方法。文化哲学范式,以其特有的文化模式、文化危机、文化转型理论,可以深入历史文化层面,对社会转型背景下俄罗斯的法治之路进行深层解读。这一范式的特殊之处在于,不同于法学侧重法制度本身的一般研究方法,它可以在较深层次上探究法律制度存在的意义与根基,回答法律制度“是什么”问题背后的“为什么”与“怎么样”的问题,在理论上形成独特的视角,进而在深层文化层面解析当代俄罗斯的法治现象。

2. 在研究视角上,运用文化运行机制理论对俄罗斯特有文化因素在法治进程中的影响力进行实证分析,为法治问题研究提供了一个重要维度。社会制度变革到一定程度没有不触动文化根基的,俄罗斯特有的各种文化因素综合作用形成了颇具特色的文化模式,这为我们研究法治问题提供了重要维度。当现代的民主化、法治化的生活方式与俄罗斯具有强大惯性的传统文化在社会发展中相遇时,文化阻滞力量与现代化的生活方式产生巨大的张力,这将对俄罗斯法治发展走向产生决定性的影响。也许只有进一步接近当代俄罗斯主导性文化模式的本质,才能厘清俄罗斯根深蒂固的文化传统经历了怎样的变迁,它与社会制度的变革存在怎样的内在关联。出于对俄罗斯发展道路的特殊性及其作为后发外生型国家法治具有一定典型性特征的关注,尤其是当代俄罗斯法治国家目标进一步深化过程中,当制度构建与固有文化传统遭遇时,法治问题就已经从制度层面跃升到了非制度性的整体文化层面。

3. 在文化层面解读俄罗斯法治,有助于解释当代俄罗斯法治发展中出现的祛西方化趋势。苏联解体后,俄罗斯确立的法治目标具有明显仿效西方的特征,经过20年的曲折发展实践,在总体上,国家法治已经表现出良性运行趋势。特别是在普京所倡导的“俄罗斯新思想”的塑造过程中,突出强调对传统文化的尊重,凸显了国家发展已经出现了祛西方化趋势,俄罗斯开始注重用自己固有的文化来有效消解制度全面转型所造成的不适。在未来发展上,当代俄罗斯法律制度能否为国家进一步发展提供有效的制度支撑,能否使具有西方文化特征的民主宪政与法治在素乏理性化和个体独立意识的国家中生根,这些都是俄罗斯通往复兴之路必须面对的重要问题。

四、研究方法

法治研究是一项跨学科的工作,需要综合哲学、政治学、法学、社会学、文化学等多学科知识和资源。在研究中笔者采用多元研究方法,主要有:(1)采用文化哲学的研究方法,运用文化运行机制理论,以文化模式为核心对俄罗斯法治进程的历史分期、主导性文化因素的作用方面等进行深入解析;(2)采用历史文化方法,通过对俄罗斯社会史、法制史、文化史等相关文献的解读,采用多学科综合交叉方式,概括文化因素内涵与构成,着重考察政治、经济、宗教等文化因素在各历史时期以怎样的方式对社会政治结构、法律制度和人的观念等发生影响;(3)应用法律文本实证研究与文化研究相结合方法,在俄罗斯法制发展中选取有代表性的法律制度进行法律文本层面的规范性分析和文化分析,探寻其法律制度的文化合法性和历史连续性。

五、研究的主要内容及创新

笔者以俄罗斯法治进程的纵向发展为历史依据,从社会史入手,对其法治进程进行分期研究。在方法上采用文化哲学研究范式,运用文化模式理论，对俄罗斯法治进程中的文化影响力进行分析。“虽然文化的影响力不像政治经济那样直接和强烈，但更为持久和稳定，它往往能够跨越时代超越政治经济体制而左右人的行为，进而影响政治经济活动和历史的进程。”①

（一）研究的主要内容

1. 俄罗斯法治问题研究范式的转换。首先，将文化哲学范式引入俄罗斯法治问题研究中。鉴于俄罗斯文化模式的特殊性，在研究法治问题时，运用文化哲学中的文化运行机制理论，通过对俄罗斯特有文化模式的体认、不同社会发展期所遭遇的深层文化危机及推动下的文化转型等问题的探究，来分析法治进程中的文化因素在何种程度上、以何种方式作用于社会观念和制度层面，并怎样以一种历史惯性方式作用于今天俄罗斯法治国家的构建。

其次，运用文化模式理论对俄罗斯法治进程进行分期。从基辅罗斯时期开始，法治因素就在俄罗斯文化母体中萌生并在历史发展中演化。俄罗斯法治进程可以有以历史发展为基础的传统式分期和以文化模式为标准的现代式分期。传统式分期以社会制度的性质为标准，大体可以分为三个时期：法治的自生自发及吸纳外来文化期（从罗斯建国到十月革命前）、社会主义法治模式的构建期（从十月革命胜利到苏联解体）、新型法治模式的探索期（俄罗斯联邦独立至今）。现代式分期以主导性文化模式为标准，以现代化因素的引入为界限，以传统社会向现代社会转型为依据，把俄罗斯法治进程分为传统农业文明方式占主导地位的传统阶段和向现代工业文明社会转换的现代阶段。

2. 俄罗斯法治在其文化母体中的萌生与发展。在本书中，我们粗略地勾勒俄罗斯法治如何在传统农业模式占主导地位的文化母体中萌生与发展。从较为原始的国家管理民主形式到社会调控的法律形

---

① 衣俊卿著：《现代化与文化阻滞力》，人民出版社2005年版，第90页。

式,都体现了一定的法治因素。随着俄罗斯统一国家的形成,其民主法治进程逐渐展开,伴随现代民主法治因素的引入,在开明君主的促动下,俄罗斯法治国家发展初具规模。但由于俄罗斯国家发展的曲折性,其法治进程也一波三折。在以往俄罗斯法治问题的研究中,人们更多地以某些特定时代为切入点进行断代式的研究,如对苏联时期社会主义法治问题的研究、对当代俄罗斯法治国家问题的研究,到目前为止尚乏从制度与文化相结合的角度对俄罗斯从古至今的法治问题进行贯通式的研究。俄罗斯社会制度变革的深层动力是由传统农业文化模式向现代工业文化模式的转换,但由于俄罗斯作为后发展国家与现代西方国家存在很大的时代落差,使这种转型要经受各种文化精神的同时挤压,俄罗斯现代法治诉求正是在这种文化转型背景下展开的。

3. 俄罗斯法治进程中文化影响力的作用图式。在俄罗斯长期历史发展中,文化影响力通过各种文化因素的交融共同发挥作用。在俄罗斯法治进程中,传统的自有文化因素、外来文化因素、内外交融后产生的新型文化因素等的影响力,通过政治文化因素、宗教文化因素、民族文化因素、社会文化因素等在国家生活的各个方面表现出来。这些文化因素交织在一起在俄罗斯社会各个层面发挥作用,对国家治国理念、法律制度、制度运行和社会结构等产生决定性影响。本书认为在俄罗斯法治进程中有两种文化因素起基础的决定性作用:一是专制的政治文化传统;二是东正教影响下的宗教文化传统。这是俄罗斯文化中两个具有核心影响力的因素,这也是俄罗斯文化模式的结构性要素,对俄罗斯长期以来占主导地位的“宗法—专制”型文化模式具有型塑作用。俄罗斯民族性格、国家观念、宗教情怀、文学精神、哲学思想等都是在“宗法—专制”型文化模式中逐渐形成的,同时它们又无时无刻地表现着这种文化模式。

4. 文化影响力在俄罗斯法治进程中的实证分析。在社会历史层面,文化影响力具有积极和消极的双重作用,本书通过市民社会演进、近代以来的立宪进程、公民宪法权利的演变、法律传统演化四个实证问题，来分析俄罗斯文化的现实影响力对法治进程的作用。在社会层面上，通过梳理俄罗斯市民社会形成的基础及其结构性特征，透视文化因素在法治的社会基础上如何发挥作用；在国家制度层面上，以20世纪以来俄罗斯三次社会制度变革为线索，通过三部不同性质的宪法，即1906年《俄罗斯帝国根本法》、1918年《俄罗斯社会主义苏维埃共和国宪法》、1993年《俄罗斯联邦宪法》，对俄罗斯的立宪进程与文化的关联进行分析；在公民权利演变层面，从上述三部宪法出发，以公民宪法权利的演变为研究对象，透视文化影响力在国家制度方面的作用；在俄罗斯法律传统的文化审视中，主要以法系理论为基础，以社会主义法系的确立与消弭为线索，对俄罗斯法律传统进行纵向透视。

5. 文化影响力作用下当代俄罗斯法治国家构建。在俄罗斯法治进程中，以俄罗斯特有文化因素综合作用产生的合力既具有积极的整合力、塑造力、创造力和推动力，又具有消极的阻滞力。当代俄罗斯法治发展中，经历了双重层面的模式转换：一是法治国家构建模式由国家主导的自上而下的建构模式向演化与建构实践共生的模式转化；二是长期以来占主导地位的“宗法—专制”型文化模式正在为“威权—法制”型文化模式所替代。这两个层面的转换一表一里，体现了俄罗斯特有文化因素的影响力。俄罗斯联邦独立后，法治发展出现了从全面移植西方法治模式到诉诸本国文化传统、再造新型法治文化的明显态势，这在三位总统的治国理念中有充分的体现。从叶利钦的“新民族思想”、普京的“俄罗斯新思想”到梅德韦杰夫的“新政治战略”，再到普京重回总统宝座后提出的“经济社会重点突破与全面发展理念”，其中都蕴含恢复民族传统打造新文化的理念，文化影响力显得越发重要。在未来俄罗斯法治发展中，如何最大限度地发挥文化影响力的积极作用、克服文化内在阻滞力已经成为时代的主题。

6. 转型国家法治进程中文化影响力的反思。俄罗斯所遭遇的文化问题在其他转型国家也同样不可避免，中国法治进程以有别于西方的模式开启,其社会治理方式同样因主导性文化因素的影响而展现出独特性。在由封闭走向开放的过程中,中国近代法治之路以一种被动的姿态开始。当代中国法治发展立足于中华文化,在现代国家治理模式中仍然延续着无法剔除的传统文化基因。在中国古代国家治理中,政治大一统模式和儒家伦理本位文化占据主导地位,形成特有的核心文化特质。中国在经历由传统到现代的社会变迁中,专制政治文化传统和伦理本位文化两个核心因素仍在不同程度上制约法治发展。打破文化"双刃剑"的悖论,克服其深层阻滞,弘扬文化传统中的合理因素是转型国家法治得以突破的前提。

(二)研究中的尝试及其面临的困难

笔者在以下两个方面进行研究尝试:

1. 以俄罗斯历史发展为背景,通过两种路径对法治进程进行贯通式研究。在历史文化整体性视角下,采取表层和深层两条路径审视俄罗斯法治进程。表层路径即通常的社会制度变革路径,以十月革命与俄联邦独立为两个历史节点。深层路径即文化模式转换路径,以彼得改革为历史节点。社会制度变革路径可将法治进程划分为三阶段:法治的自生自发及吸纳外来文化期(从罗斯建国到十月革命前)、社会主义法治模式建构期(从十月革命胜利到苏联解体)、新型法治模式的探索期(俄罗斯联邦独立至今)。

在法制演进层面上,文化模式转换路径可将法治进程划分为两阶段,即以彼得现代化改革为界限,分为斯拉夫文化促动下的法制自生自发期和外来文化冲击下的法制变革期。两条路径一表一里,能更深刻地把握俄罗斯法治进程,透视出当代俄罗斯法治发展中的深层文化问题。

两条路径分别贯彻"社会制度决定论"与"文化模式决定论"的不同思维方式,各有优势与不足,二者结合才能从根本上解析俄罗斯法治进程的复杂性与多变性。俄罗斯从彼得大帝开始,就按西方模式改造俄国社会，但并未从此走上民主法治平稳发展的征程。这是制度内部的无法解决之惑，推行法治背后有其深层的政治、经济、民族、宗教、历史等诸多因素在起作用。单纯制度层面的分析不能从根本上解释上述问题，通过宏观层面的多重维度将众多文化因素综合起来，以一种整体性的历史文化视角审视一国法治发展将更为根本。

2. 确定核心文化因素，重点分析其在俄罗斯法治进程中的影响力。笔者认为，以东正教为核心的宗教传统和专制政治传统共同塑造了俄罗斯传统中的“宗法—专制”型文化模式，这种曾占主导地位的文化模式在现代化过程中正在为“威权—法制”型文化模式所替代。在俄罗斯传统社会中，受政治和宗教两种核心文化因素的影响，“宗法—专制”型法治模式占据主导地位，并在家庭形式、国家管理、社会结构中有着明显的体现。进入现代社会，俄罗斯受全球化背景下现代法治的促动，“宗法—专制”型法治模式开始失范，有俄罗斯文化特征的“威权—法制”型法治模式正在形成。两种法治模式中均蕴含共同文化特质，即对威权型人物的需求与信赖，是其专制政治权力传统的合法性基础，这也是其法律传统神权特质的根源，这种合法性与东正教传统一脉相承。随着当代俄罗斯对法制体系的需求与信赖的提升，民主法治国家建构更为迫切。

理论研究的尝试总是与挑战相伴而生。当我们运用文化哲学中的文化运行机制理论，对俄罗斯法治的曲折发展及当代困境与未来走向进行分析时，难免会被指摘为会走向法学研究的虚无主义。为克服这一难点需要对俄罗斯法治发展作制度史与思想史相结合的纵向贯通式研究梳理，从而避免断代史式的研究方式的局限，用实证说话，对作为社会发展“活化石”的法律制度进行实证研究。

第一章　俄罗斯法治问题研究范式的转换

长期以来，人们一直认为“俄罗斯法治”问题研究是缺乏生命力的，或者前提是不存在的，“俄罗斯法治”根本就是一个虚假的命题，其法治的历史更是无从谈起。近年来，随着丰富的历史资料进入我们的视野，对俄罗斯法治研究不断走向深入，我们逐渐认识到，对俄罗斯法治发展的历史在以往的研究中存在一定程度的误读，必须站在历史的高度上重新审视俄罗斯法治问题。俄罗斯特有的复杂的文化因素，对法治进程的不同阶段产生或积极或消极的影响。鉴于俄罗斯文化模式的特殊性，在研究其法治问题时，将引入文化哲学研究范式，运用文化运行机制理论，通过对俄罗斯特有文化模式的体认、不同社会发展期所遭遇的深层文化危机及推动下的文化转型等问题的探究，来分析法治进程中的文化因素在何种程度上、以何种方式作用于社会观念和制度层面，并怎样以一种历史惯性的方式作用于今天俄罗斯法治国家的构建。

第一节　俄罗斯法治研究的困境与文化哲学范式的引入

一般而言,对俄罗斯法治问题研究有两个路径:一是对具体法律制度的微观研究,多为部门法学研究所采用;二是对法治理论本身、社会背景、意义价值和现实反思等问题进行宏观研究,多为理论法学研究所采用。这两个研究路径应当互相支撑、相互促进,才能更好地达到理论研究的目的,但从现有的研究状况来看,这两方面的结合还远远不够。微观路径的研究常常就问题而论问题,少有理论的提升,常常流于表面;宏观路径常常缺乏制度与史实的支撑,难免有空谈和玄谈之嫌。俄罗斯作为有典型代表性的转型国家,其法治的过去、现在与未来都有极强的参照价值。如何打破上述局面,将俄罗斯法治问题研究深入下去是一个极具现实意义的问题,文化哲学范式引入将成为一种尝试。

一、当前俄罗斯法治问题研究的困境

在俄罗斯法治问题研究中,理论法学担当着不容推卸的责任,在一定意义上起着方向的导引作用,但从国内现有的研究状况来看,担此重任还有很多困难。具体而言,当前俄罗斯法治问题研究主要存在以下三个方面的困境。

(一)俄罗斯历史发展的复杂性阻碍着法治的古今贯通式研究

以往在我们所接触的资料中,由于历史原因,人们的认识常常与客观史实存在一定的偏差。加之我们总是先入为主地对待俄罗斯的法治问题,致使很多问题难以深入。在人们的认识中,俄罗斯历史上

一贯缺乏民主法治的因素，更多的是专制统治。法治历史上的民主繁荣主要得益于开明君主的存在，但几乎在每一位倡导民主法治的君主之后都会出现新一轮的对专制统治的强化。也许这是俄罗斯人的矛盾性格使然，使每一次卓有成效的改革最终都会走向其反面。俄罗斯人"二律背反"的性格使这个民族一直挣扎于"东方"与"西方"之间。历史的时常中断给俄罗斯法治问题的贯通研究带来很多困难，法律制度上有时很难找到前后相继的连续性。

在俄罗斯法治发展的背后究竟是什么在起决定作用？人们常常挂在嘴边的"社会转型"真的仅指政治、经济等制度的转换吗？俄罗斯现代化具有什么样的特殊内涵？在整个人类历史发展进程中，当代俄罗斯到底处于哪个阶段？当代俄罗斯法治国家的构建与之前的法治发展史是什么关系？等等。这些问题都直接成为对俄罗斯法治问题深入研究的基础，不了解这些就无法对不同阶段法律制度确立的背景、运行实践的困境与未来的发展走向有基本的认识。

（二）法治思想史与社会制度史不能很好地结合

这一现象的出现与前一个问题一脉相承。近年来，对俄罗斯法治问题的研究为数不少，国内外学者就俄罗斯法治国家理论问题的思想史层面的梳理已经相当全面。① 在已有成果的研究方法上，学者们更多以俄罗斯法治思想的理论发展演进为线索，贯彻着理论与实践相结合的方法，但并没有真正做到历史与逻辑的统一。只有当理论研究的逻辑起点与历史发展的事实起点相一致时，人们才有可能真正理解历史。近年来，随着对俄罗斯历史的多元化认识的相应史料的增多，很多学者并不能很好地运用史学研究中已经取得的成果，或者说不能真

---

① 张俊杰著：《俄罗斯法治国家理论》，知识产权出版社 2009 年版；杨心宇、[俄]谢尔盖·沙赫赖、[俄]阿利科·哈比布林著：《变动社会中的法与宪法》，上海三联书店 2006 年版；王树义："20 世纪 90 年代俄罗斯联邦法学理论"，载《国外社会科学》2000 年第 5 期；[俄]B. B. 拉扎列夫主编：《法与国家的一般理论》，王哲等译，法律出版社 1999 年版等。

正地站在历史的高度上来关注俄罗斯法治问题,在俄罗斯法治问题研究的历史观上急需转变,需要用客观的态度来看待历史上的法治问题。

(三)法治进程与社会历史发展演进的同一性未被充分重视

出于对俄罗斯现实问题和未来命运的强烈关注,我们迫切需要从纯粹的法学研究走向对与人息息相关的文化生活方式的研究,从而寻求一种理解俄罗斯法治问题的新视角。在俄罗斯法治进程展开的过程中,与之相伴的是从传统农业文明向现代工业文明的转换,因此法治的过程同时也是现代化的过程。一般而言,落后国家在现代化过程中一直存在两个根本性的文化难题:一是民族文化与外来文化的矛盾;二是传统文化与现代化的矛盾。这两个矛盾往往一起形成复杂难解的文化难题。这就决定了如果单从法治过程的本身来分析,不可能真正地理解俄罗斯不同时代的法治现象。文化哲学为深入、系统研究俄罗斯法治问题提供了一个独特的视角,这一研究范式以文化模式为切入点,探讨俄罗斯社会发展各阶段法治的诉求与各种文化因素综合作用下形成的"合力"之间的互动关联。只有立足于作为生活方式的文化,才能更多地理解身处其中的人的活动。正如美国人类学家博厄斯所言,"我们必须把个体理解为生活于他的文化中的个体;把文化理解为个体赋与其生命的文化"。①

俄罗斯文明作为一种非常独特的文化形态,在人类历史中占据着举足轻重的地位,人对文化与文化对人的双向塑造,使我们在研究与人和文化都密切相关的法治问题时不能忽略了俄罗斯伟大的文化,这种文化历史久远、内涵丰富、生命力顽强,对俄罗斯的每一步都产生深刻的影响。在现代社会,法治由最初作为一种纯粹的西方话语,正经历着向社会生活领域全面扩张的过程,不容拒绝地走入人们的生活。

---

① [美]露丝·本尼迪克特著:《文化模式》,王炜等译,生活·读书·新知三联书店1988年版,序第2页。

在这种背景下，文化人类学家马林诺夫斯基的观点很有裨益，他说，“法学也正逐渐地倾向于不再将法律看做自立自足的话语世界，而是看做几个社会控制系统之一，其中除了由法典、法庭、警察组成的纯正式设置外，还必须考虑动机、价值、道德约束和习惯力量的概念”。[①] 在法学研究对象和视野不断扩展的情况下，文化模式成为人们理解和分析不同文化背景下人的行为的意义和依据。对此，文化人类学家本尼迪克特的理解非常恰当，她说，“当我们明确地认为，文化行为是地域性的、人所作出的、千差万别的时候，我们并没有穷尽它的重要意义。文化行为同样也是趋于整合的。一种文化就如一个人，是一种或多或少一贯的思想和行动的模式。各种文化都形成了各自的特征性目的，它们并不必然为其他类型的社会所共有。各个民族的人民都遵照这些文化目的，一步步强化自己的经验，并根据这些文化内驱力的紧迫程度，各种异质的行为也相应地愈来愈取得融贯统一的形态。一组最混乱地结合在一起的行动，由于被吸收到一种整合完好的文化中，常常会通过不可思议的形态转变，体现该文化独特目标的特征”。[②]

俄罗斯法治国家构建过程中遭遇到了固有文化的抵抗，这实际上是后发外生型民主法治国家的共同问题，这使研究具有了一种普遍性意义。苏联解体后西化资本主义制度全面确立，1993 年的俄罗斯联邦宪法对社会制度变迁进行了总结，并为俄罗斯社会的未来发展构设了图景。在法治国家构建的启动阶段，西式制度在这个习惯了计划、集权与公有制的国家中举步维艰，经过一段时期的调试后虽有所缓解，但俄罗斯文化传统所具有的内在阻滞力量又显现出来，成为法治发展的深层阻碍。实际上，俄罗斯法治在制度上并不是完全西方式的，在权力核心的定位、权力结构的构设等方面都充满了俄罗斯传统中的极

---

① [英]B·马林诺夫斯基著:《科学的文化理论》，黄剑波等译，中央民族大学出版社 1999 年版，第 30 页。

② [美]本尼迪克特著:《文化模式》，张燕等译，浙江人民出版社 1987 年版，第 45 页。

权特色,这与现代民主法治国家的价值追求是相悖的。

二、文化哲学研究范式的引入:俄罗斯法治研究方式的探索

针对近年来国内对俄罗斯法治问题的研究难以深入的现状,我们尝试着在俄罗斯法治研究中引入文化哲学研究范式。这一理论范式立足于人类历史理性与实践理性的交汇处,寻求一种理性的自知,从而能为我们深入透视俄罗斯法治问题提供一个切入点。

(一)俄罗斯法治研究引入文化哲学研究范式的可能

法学研究的法治问题作为一种文化现象,当任何一种对法治的解读都不能给人们提供普遍性的标准时,法学研究开始追求"一种更加包罗广泛的立场;它要求我们普遍地把法作为人类文化的现象来观察"。[①] 在文化的框架里,法治成为不同文化模式的组成部分和文化的表现形式。这样看来,文化模式可以对以往的法治现象进行新的解释,从而引入了一种新的立场、观点和方法,并且确定了新的研究主题。在这一研究视角的转换中,以文化模式为核心内容的文化哲学在一定意义上将成为法治研究的一种有效的范式。

在"文化哲学"一词的渊源上,据学者们考证,它最早在1910年出现于德国哲学家文德尔班发表的《文化哲学与先验观念论》一文中,到现在已有百年历史。在中国,胡适先生于1931年在《读梁漱溟先生的〈东西文化及其哲学〉》中首次提出了文化哲学概念。[②]

20世纪90年代以来,中国学术界出现了大批直接以"文化哲学"为主题的成果,对"文化哲学"这个概念人们存在不同的理解或阐释。总的说来,人们大体在三种意义上来理解和使用文化哲学:第一种理

① [德]H. 科殷著:《法哲学》,林荣远译,华夏出版社2002年版,第110页。
② 刘进田著:《文化哲学导论》,法律出版社1999年版,第1页。

解是把“文化哲学”看作文化学的元理论。也就是说,对文化研究作超越于文化学系统本身的概念、范畴、体系的更高一层的理论解释。或者说,对文化学的基本概念进行更为深入的批判式研究。第二种理解是把“文化哲学”看作哲学的一种形态。如人们曾经把不同的哲学倾向或哲学流派称为“存在论哲学”、“认识论哲学”、“分析哲学”、“实证哲学”、“语言哲学”、“自然哲学”、“精神哲学”等那样,“文化哲学”可以被看作为哲学的一种倾向或一种流派。[①] 第三种理解是把“文化哲学”看作一种关于人的生存的哲学理解范式和关于人类社会运行的历史解释模式。文化哲学不是关于文化现象的一般探讨,从哲学方法和哲学本体的双重视野出发,对文化作总体的根本的观念把握和建构。文化哲学是透过文化对象而对人的本质和主体性的根本理解与设计。[②] “文化哲学的研究自然与一般文化学、文化人类学、社会学等领域的文化研究密切相关,但是,它的聚焦点是作为人的主导性生存方式和社会历史的内在机理的文化模式及其在人类社会历史运行中的功能和作用,它提供一种深刻的历史解释模式和哲学理解范式。”[③]第三种理解模式正广泛地被人们接纳和在实际研究中加以运用,因为它作为一种哲学理解范式不但关注人的主导性生存方式,而且能够运用作为社会历史内在机理的文化模式来深刻解读人类社会历史的运行。

文化哲学作为一种历史解释模式,关注文化与历史进程本身的必然性,并不是中国学者的创造,早在20世纪初,西方以斯宾格勒、汤因比、雅斯贝尔斯等人为代表的历史哲学的一个分支在文化形态史观的视野内开始探讨文化与历史进程本身的必然性的或宿命性的关系,由此开始把文化哲学从一种关于个体生存的哲学理解范式提升为一种关于一般的历史解释模式。

在斯宾格勒看来,人类历史本身没有一般的意义、普遍的规律和

---

① 李鹏程著:《当代文化哲学沉思》,人民出版社1994年版,第1~2页。

② 衣俊卿著:《现代化与文化阻滞力》,人民出版社2005年版,第89页。

③ 刘进田著:《文化哲学导论》,法律出版社1999年版,第1页。

终极的目标，“深奥的意义仅寓于个别文化的生活历程中”，①而且人只有在文化中才有自己的历史，因此，研究历史应当从具体的文化入手。在这种意义上，斯宾格勒反复强调文化的重要的社会历史方位。在他看来，历史不是简单的自然时间的流程，而是人的生成与创造，历史就是文化有机体的兴衰沉浮，离开了具体的文化，就没有任何历史可言。②

汤因比认为人的生存服从于两种法则：自然法则和神的法则，而神的法则不是历史之外的东西，就是人的自由本身，就是文化的创造力。“人不仅生存在一种法则的支配下，而且生存在两种法则的支配之下。这两种法则中的一种就是神的法则；这种法则就是用了另一个更为光辉名称的自由本身。”③在汤因比那里，“自由的原则体现了历史演进的文化机制，汤因比无论是讨论文明的起源和文明的生长，还是文明的衰落和解体，都主张从内在的文化机制，即文化的自由和创造力来加以说明”。④

著名存在主义哲学家和历史学家雅斯贝尔斯在探寻历史的起源与目标时，一直把目光集中于历史进程的内在的文化精神。“文化是历史的躯体，它从蒙昧的人类杂乱无章的原材料中生长出来，其进程服从于各项法则，有生命的各阶段，有开端和终结。可以说，文化是有机体，它们从自身来源中获得生命。”⑤

正是在这一意义上，文化哲学可以在一个深刻而又被人熟识的层面上为俄罗斯“转型法治”问题提供一种研究方式。社会转型在深层意义上是一种文化模式的转换，文化模式不同于政治、经济制度等外

---

① [德]斯宾格勒著：《西方的没落》(上卷)，齐世荣等译，商务印书馆1963年版，第138页。

② 衣俊卿著：《现代化与文化阻滞力》，人民出版社2005年版，第65页。

③ [英]汤因比著：《历史研究》(下卷)，曹未风等译，上海人民出版社1997年版，第3页。

④ 衣俊卿著：《现代化与文化阻滞力》，人民出版社2005年版，第67页。

⑤ [德]卡尔·雅斯贝尔斯著：《历史的起源与目标》，魏楚雄等译，华夏出版社1989年版，第271页。

在形式,它以内在、不知不觉的方式规范着每一个体的行为,赋予人的行为以根据和意义。“文化模式是特定民族或特定时代人们普遍认同的,由内在的民族精神或时代精神、价值取向、习俗、伦理规范等构成的相对稳定的行为方式,或者说是基本的生存方式或样法。”①它对理解和认识特定地域、特定时代人的行为,认识民族的差异、历史演进的形式等,具有十分重要的意义。因此,在研究俄罗斯现代社会转型问题时引入文化模式这一范畴,从俄罗斯人生存的深层维度来揭示其制度选择、发展方向的定位及其他相关行为的依据与根源,这在更广泛的意义上已经超出了俄罗斯国家的范围,取得了一种更为普遍存在的价值。

法治问题不只是国家的政治法律制度本身的问题,还是一个深远历史问题和文化问题。只有站在俄罗斯文化的立场上才能更好地理解俄罗斯法治的过去、现在和未来,正是在这一意义上,俄罗斯特有的文化模式将成为理解俄罗斯法治进程的一把钥匙。

在法学研究领域,人们很早就开始从文化层面关注法律问题。我国学者已经从“法律文化”的角度较为详细地梳理了国内外学者关于法律文化的认识。② 笔者倾向于梁治平先生把“法律文化”作为一种立场和方法的研究方式。他认为作为立场和方法的“法律文化”概念至少包含这样几个方面:首先,作为一种文化现象,法律被认为是人生活于其中的人造世界的一个部分,它不但能够被用来解决“问题”,同时也可以传达意义。这是“法律文化”的基本立场。不能把法律简单归结为解决纠纷的手段和技术,法律也是符号,它在任何时候都体现价值,都与目的相关。研究者应当透过法律的功能去追问法律过程后面的根据和意义。其次,“法律文化”上的解释不仅仅有阐发行为、事件和制度等的意义,同时也能揭示事物之间的因果联系。由于解释者

① 衣俊卿著:《文化哲学》,云南人民出版社 2001 年版,第 91 页。
② 刘作翔著:《法律文化理论》,商务印书馆 2001 年版,第 34 ~66 页。

所处的位置,这就使解释主体具有了主观性。此外,对于法律的文化解释,一方面要强调法律与其他社会和文化现象之间的关联性,强调这种关联的复杂性和互动关系;另一方面还要求研究者在尽量保持视野开放的同时,对自己所处的"位置"不断进行反省。[①]

笔者正是从作为方法和立场的文化哲学出发,运用文化模式、文化转型对俄罗斯法治进程中文化因素的作用进行研究。在法学研究中,法与文化的关系一直是一个非常重要的视角。很多法学家都非常重视法与文化关系的研究,萨维尼认为"使人们普遍地认识到,现行法与其产生的历史以及时代的社会、经济、精神、文化和政治的潮流紧密相连。任何法律制度都是其共同文化不可分割的一部分,它同样对共同文化的历史产生着作用"。[②] 但正如伽达默尔所认为的那样:对任何问题的理解都是双向的,"任何理解都不可能由理解者的单一角度构成,而是理解者和被理解者的'合作'才可促成理解"。[③] 因此这种研究难免要加进研究者的主观印象,但由于"每一种文化都有其特定的法律,而每一种特定的法律也都有其特定的文化",[④]因此,对以法律制度为支撑的法治文化模式研究就具有了双重意义,这不仅仅在于厘清世界范围内的法治文化的差异,也不在于辨明不同法治文化的优劣,这种研究实际上是不同文化交流与沟通的必然,同时也是完善自身法治秩序的必需。

从上述分析来看,俄罗斯法治问题研究引入文化哲学范式的可能性有三个:一是由文化哲学的研究态度和立场所决定的,它能够提供一种较为客观的历史解释方式,在更深层次上来理解俄罗斯法治的过去、现在和未来;二是由法治问题本身决定的,法治不单纯是法律制度

① 梁治平编:《法律的文化解释》,生活·读书·新知三联书店 1998 年版,第 4 ~6 页。

② [德]伯恩·魏德士著:《法理学》,丁小春、吴越译,法律出版社 2003 年版,第 208 页。

③ 阮新邦等著:《批判诠释论与社会研究》,上海人民出版社 1998 年版,第 31 页。

④ [德]伯恩哈德·格罗斯菲尔德著:《比较法的力量和弱点》,孙世彦、姚建宗译,清华大学出版社 2002 年版,第 68 ~69 页。

构建与运行的问题,在本质上是一个文化问题,是一个关于人的存在状态的问题,法律制度的构建与运行是人类价值诉求的一种直观反映,从中我们可以看到不同文化作用下的法治价值诉求的差异;三是由法学研究的目的决定的,我们在分析别国法治历史发展过程中,其实也在审视自身,为自身的法治秩序的完备找寻出路与对策,不同文化传统中,人们在现代化的推动下已经表现出了惊人的相似和一致的法治诉求。

(二)文化哲学的核心范畴和基本理论

"文化"作为文化哲学的研究起点,学者们从不同角度和不同层面对文化进行理解,我国文化哲学学者从三个方面对文化进行了分析和总结,具有一定的代表意义。①

一是从人与其他物种的区别角度认为,"文化在最根本的意义上,揭示了人区别于其他存在的方式。文化的人本规定性,是文化最本质的规定性。文化作为历史地凝结成的生存方式,体现着人对自然和本能的超越,代表着人区别于动物和其他自然存在物的最根本的特征"。②

二是从文化的作用与价值角度认为,"作为人的'第二自然',文化形成了满足人的需要的特有的生存体系,规范着个体的行为模式。文化的价值内涵是文化的人本规定性的更为丰富的展示和具体表现。在这种意义上,文化是满足人的需要的创造活动和价值体系"。③

三是在文化的存在形式上认为,"从社会历史方位上看,我们必须反复强调,作为历史地凝结成的稳定的生存模式的文化,不是与政治、经济等相并列的现象或领域,而是人的一切活动领域和一切社会存在领域中内在的、机理性的东西;是从深层制约和影响每一个体和每一

---

① 衣俊卿著:《现代化与文化阻滞力》,人民出版社2005年版,第85~90页。

② 同上书,第84~85页。

③ 同上。

种社会活动的生存方式。实际上,我们无法离开社会历史的运行机制一般地谈论文化,反之,更无法离开历史的文化机制而理解经济和政治运行”。①

在文化哲学的视野中,文化获得了在人的生存层面和历史层面的双重意义。“当我们摆脱了传统历史决定论或本体论的理解模式,不再把文化局限于经济和政治的外在的、附属的现象,不再停留于文学、艺术、价值、观念、思想等狭义的文化定义,而在生存论或人本学的意义上把文化界定为人的基本的生存方式和社会历史运行的内在机理和图式,我们就极大地拓展和加深了当代人对于人自身的生存与社会历史运行的理解。这种生存论意义上的文化范畴包含十分丰富的内涵,离开特定的文化的解析,我们不可能形成关于人的生存和历史演化的实质性认识。”②当代美国人类学家格尔茨把文化看作一种“控制机制”。他为了更好地理解人的形象,提出了两个前提观点:“第一个观点是,最好不要把文化看成是一个具体行为模式——习俗、惯例、传统、习惯——的复合体,直到现在大体上都是这样看待文化的,而要看成是一个总管行为的控制机制——计划、处方、规则、指令(计算机工程师将其称为‘程序’)。第二个观点是,人明显地是这样一种动物,他极度依赖于超出遗传、在其皮肤之外的控制机制和文化程序来控制自己的行为。”③在此基础上他认为文化不是多重所指,也不是含混不清的,“它表示的是从历史上留下来的存在于符号中的意义模式,是以符号形式表达的前后相袭的概念系统,借此人们交流、保存和发展对生命的知识和态度”。④

以“文化”为起点,文化哲学通过三个核心范畴或相互关联的基本主题来描述历史演进的文化机制,即文化模式、文化危机和文化转型,

---

① 衣俊卿著:《现代化与文化阻滞力》,人民出版社 2005 年版,第 84 ~85 页。

② 同上。

③ [美]克利福德·格尔茨著:《文化的解释》,韩莉译,译林出版社 1999 年版,第 56 ~57 页。

④ 同上书,第 109 页。

这三者之间存在密切的联系。文化模式作为一种历史性积淀和人的精神凝结,“在较大的历史尺度上,文化模式以内在的、不知不觉的、潜移默化的方式制约和规范着每一个体的行为,赋予人的行为以根据和意义,并进而影响政治经济活动和历史的进程”。① 在具体表现形式上,文化模式作为符号体系或符号复合体,成为一种外在的信息资源。“文化模式为社会的和心理的过程提供同样的程序,用来塑造公众行为。”②“文化危机是指主导性文化模式的失效,即支配和左右人们行为的普遍的文化习惯开始失范,不再能够为人们提供安身立命意义上的生存意义和根据。”“文化危机深化到一定程度,必定引起深刻的文化转型,即一种主导性文化模式为另一种主导性文化模式所取代。”③文化转型在人类社会和历史的演进中起着举足轻重的作用。在上述三个核心范畴的作用下形成了文化哲学理论的核心,即“文化运行机制”理论,它成为分析社会历史的运行方式及其过程的有效方式。

在历时态的视野中,人类迄今为止在文化模式的演进上遵循这样的逻辑顺序,即原始社会的文化模式、传统农业文明的文化模式和现代工业文明的文化模式。“原始初民的世界是人类社会的最初形态,即人类社会的原生态。原始社会的文化模式具有强烈的自在性和自然性,只是同其他动物相比,人类在总体上有了朦胧的类的意识。这是一种典型的自然主义的文化模式。”“传统农业文明的文化模式是由人们在生产和生活中自觉或不自觉地积淀的,并自发地遵循的经验、常识、习惯、习俗、天然情感等自在的文化要素构成。因此,我们应当更确切地称经验主义的文化模式。这体现在农业文明条件下的自在自发自然经济基础,以及基于血缘关系、宗法关系和天然情感的日常交往和制度安排等方面。”“现代工业文明引起的显著变化是社会化大生产、政治、经济、社会管理、世界性的交往等社会活动领域的急剧扩

① 衣俊卿著:《现代化与文化阻滞力》,人民出版社 2005 年版,第 90 页。
② [美]克利福德・格尔茨著:《文化的解释》,韩莉译,译林出版社 1999 年版,第 113 页。
③ 衣俊卿著:《现代化与文化阻滞力》,人民出版社 2005 年版,第 90 页。

大以及以科学、艺术、哲学为主要形态的精神生产空前自觉与发达。”现代工业文明的文化模式，“这是一种理性主义的文化模式，同时也是一种真正体现人的精神自觉的文化模式，因此，在某种意义上也是一种人本主义或人文主义的文化模式。理性主义文化模式是以理性和科学知识为基础，体现着理性精神、契约精神、人本精神的自由自觉的、创造性的文化模式。这种文化模式以一种强有力的方式贯穿于一切活动之中。体现在一切社会领域之中，如体现在理性化、契约化的制度安排和经济运行机制，体现在理性的、契约的、自由的、平等的交往关系以及人的主体性和创造性，等等”。[①] 文化模式在人类生活和社会发展中具有非常重要的作用和地位。“对特定共同体中的个体而言，文化模式具有一种强制性的行为规范的功能，文化决定人格。不了解具体的文化模式，就无法深刻理解这一文化模式中的人的行为。”[②]文化模式还通过内在机理的方式制约着特定民族的经济和政治活动，从而对整个社会的运行产生影响，无论我们要推进社会的进步，还是要促使特定社会发生转型，都会遇到强大的文化阻滞力。在较大的历史尺度上，主导性文化模式的转换和更替从深层次揭示了人自身的发展和社会历史的进步。

“文化危机的最基本的含义可以简单地界定为特定时代的主导性文化模式的失范或断裂。也就是说，当一种人们习以为常地、自在地赖以生存的自在的文化模式或人们自觉地信奉的文化精神不再有效地规范个体的行为和社会的运行，开始为人们所怀疑、质疑、批判或在行动上背离，同时一些新的文化特质或文化要素开始介入人的行为和社会的活动，并同原有的文化模式和文化观念形成冲突时，我们断言，这种主导性文化模式陷入了危机。”文化危机“不是泛指任何意义上的文化变化或转化，而是指特定时代主导性文化模式所经历的脱胎换骨

---

① 衣俊卿著:《现代化与文化阻滞力》，人民出版社 2005 年版，第 93 ~95 页。

② 同上书，第 95 页。

式的质变。文化的变化、变迁、转变、转型会呈现出多样化的特征。只有当一个文明时代的主导性文化模式在人的生活中和社会运行中失灵、失范、断裂,一种新的文化精神或文化模式可能取而代之时,我们才在真正意义上经历着深刻的文化危机"。[①] 走出危机的方式就是要进行自觉不自觉的文化转型。具体来说,"文化转型,是指特定时代特定民族或群体习以为常地赖以生存的主导性文化模式为另一种新的主导性文化模式所取代。在这种意义上,文化转型并不是经常发生的社会历史现象,无论个体文化习惯的改变、价值信念或信仰的改宗,还是特定群体或特定社会某些文化特质或文化理念的一般意义上自觉的或不自觉的更新,都不能算作文化转型,只有在较大历史尺度上所发生的主导性文化观念、文化理念、价值体系、文化习惯的总体性的、根本性的脱胎换骨式的转变,才是我们所说的文化转型"。[②]

文化哲学正是在特有内涵限定的文化概念、文化运行机制理论下为我们提供了一整套的研究方式。在文化哲学的视野中解读俄罗斯法治进程,将获得全新的意义。一方面,我们可以在宏观的历史背景下对俄罗斯法治发展进程有一个总体性的理解,而不是片面地肢解其法治问题;另一方面,可以从俄罗斯法治背后的文化支配力量上考察法治发展的动力与阻力。

第二节　历史文化综合视角下俄罗斯法治进程的研究路径

当前国内对俄罗斯法治问题研究有两个进路:一是对具体法律制度的微观研究,多为部门法学研究所采用;二是对法治理论本身、社会

---

① 衣俊卿著:《现代化与文化阻滞力》,人民出版社 2005 年版,第 95 页。
② 衣俊卿著:《文化哲学》,云南人民出版社 2001 年版,第 167 页。

背景、意义价值和现实反思等问题进行宏观研究，多为理论法学研究所采用。只有这两种进路互相支撑、相互促进，才能更好地达到理论研究的目的，但从现有的研究状况来看，这两方面的结合还远远不够。微观路径的研究常常就问题而论问题，更限于“是什么”这一层面，少有理论的提升，囿于制度本身；宏观路径常常缺乏制度与史实的支撑，难免给人以空谈之嫌。俄罗斯作为当代典型代表性转型国家，其法治的过去、现在与未来都有极强的参照价值。如何打破当前国内研究中的困境，将俄罗斯法治研究深入下去是一个极具现实意义的问题，历史文化综合性视角引入将成为一种研究上的尝试。历史文化综合性视角从社会制度演进和历史文化发展的双重层面，整合两种研究路径，即以社会制度为基础的一般路径和以制度演化深层动力为内容的文化模式转换特殊路径。两种路径交融能够避免单线式研究，在历史文化层面上探寻俄罗斯法律传统，更好地理解其当代法治之特质，从而将研究推向更深层面。

一、历史文化综合性视角的基本立场

在法学研究对象和视野不断扩展的情况下，文化行为成为人们理解和分析不同历史背景下人的行为的意义和依据，表现出特有的整合功能。对此文化人类学家本尼迪克特的表达非常恰当，她说“一种文化就如一个人，是一种或多或少一贯的思想和行动的模式。各种文化都形成了各自的特征性目的，它们并不必然为其他类型的社会所共有。各个民族的人民都遵照这些文化目的，一步步强化自己的经验，并根据这些文化内驱力的紧迫程度，各种异质的行为也相应地愈来愈取得融贯统一的形态”。[①] 从这一理论出发，俄罗斯法治进程研究在对

① [美]露丝·本尼迪克特著:《文化模式》，王炜等译，生活·读书·新知三联书店1988年版，第45页。

象上则会发生转变,即从惯常的制度层面走向文化模式的思考。

（一）研究对象从社会制度到文化模式的扩展

对俄罗斯法治进程研究笔者曾采取双重路径,一种以制度为基础的一般路径,另一种以制度演化深层动力为内容的特殊路径。一般路径以社会制度变革为标准,特殊路径以主导性文化模式转换为标准。在决定关系上,一般路径贯彻的是以社会制度来决定研究的基调和范围(简称社会制度决定论);特殊路径贯彻的是以文化理念转换来决定研究的视野(简称文化模式决定论)。一般路径可以较为清晰地从历史演进的纵向上认识俄罗斯传统中的法制发展进路,特殊路径则可以在制度演化的背后触摸到深层肌理性问题,为理解当代俄罗斯法治问题提供较为深入的视角。两种路径从根本上各自贯彻不同的思考重心,制度变革视野下法治研究具有单线式和局部性的特征,不能更好地与俄罗斯历史文化传统紧密地结合,有些根基不牢。历史文化视野下的法治进程研究,虽然重视历史文化传统的挖掘,但用“文化哲学”的概念和理论阐释法学问题同样表现出不足,在研究对象上容易无的放矢,言之无物。如果在理论研究中将两种理路相融合,则可以形成一种综合性视角,促动俄罗斯现代法治问题研究在方法论上的转向。从以制度(社会制度与法律制度)为基础的研究走向以制度为载体对历史文化等多方面因素引入的综合研究,从而形成历史文化综合视角的基本立场。

以俄罗斯整体性历史为背景,对其法治进程进行宏观的纵向考察,可以在历史文化认识层面上形成对该问题的独特视角,同时俄罗斯国家内部多元文化因素的引入对于深入地理解不同时代的法治问题有积极意义。俄罗斯由传统农业文明条件下自在自发的经验型文化模式向工业文明条件下自觉理性文化模式的转换,将是一个漫长的过程,以往多次政治制度、社会制度及其意识形态的变革与更替都在这一过程中进行,俄罗斯文化内部的政治传统、经济模式、宗教信仰、民族心理等很多因素都起决定作用。将多元文化因素引入法治研究的过程中,在视域融合的背景下透视俄罗斯法治发展的过去、现在与未来可以使问题研究走向更深层次。

(二)研究方式从分立到相融的整合

俄罗斯法治国家构建过程中遭遇到了固有文化的抵抗,这实际上是后发外生型民主法治国家都面临的共同问题,这使研究具有了一种普遍性意义。苏联解体后西化资本主义制度全面确立,1993 年的俄罗斯联邦宪法对社会制度变迁进行了总结,并为俄罗斯社会的未来发展构设了图景。在法治国家构建的启动阶段,西式制度在这个习惯了计划、集权与公有制的国家中举步维艰,经过一段时期的调试后虽有所缓解,但俄罗斯文化传统所具有的内在阻滞力量又显现出来,成为法治发展的深层阻碍。实际上,俄罗斯法治在制度上并不是完全西方式的,在权力核心的定位、权力结构的构设等方面都充满了俄罗斯传统中的极权特色。这些问题单从转型后的法律制度出发进行研究很难深入。

俄罗斯每一段社会发展历程都是构成历史积淀深厚、文化传统悠久的民族文化的一部分,与世界上其他民族一样,都紧随现代化潮流,并在不同程度上推动和影响着人类社会历史的发展。"一个国家,一个民族的历史、文化和传统有着不可分割的历史继承性,它无法因为一次或数次战争、一场或数场革命,或因为大相径庭的政治制度和社会制度的更迭,或因为意识形态的差别而被隔断。从国家和民族完整的历史发展进程的角度,从通史的角度看待历史和现实问题,更容易找到问题的症结所在。"①正是基于对于一个国家历史发展整体性的探寻,在对俄罗斯法治进程的考察中应当引入多元的视角。从制度变革的表层路径、到政治、经济、历史、文化等多种因素综合考虑的历史文

① 张建华著:《俄国史》,人民出版社 2004 年版,自序第 9 页。

化视角下的深层路径、再到表层与深层相联结的综合分析,解读俄罗斯法治发展史则会实现一种方法论的转向。

二、俄罗斯法治进程研究的一般路径:社会制度决定论及其局限

俄罗斯法治研究的一般性路径选择与俄罗斯历史发展密切相关。由于俄罗斯历史发展的复杂性,在其国内对于历史分期也存在众多争议。对于俄罗斯历史分期问题其国内存在很大的分歧,据统计,当前在俄罗斯国内的供10年级使用的历史教科书多达60余种,以至于普京总统力排众意要统一历史教科书。其目的在于一方面让国人建立起统一的历史观,培养和增强民族自尊心与价值感;另一方面对抗西方文化的入侵。普京认为,对主要历史时期应当有正式观点,俄罗斯有关部门开始制定和实施具体工作,相关文件已经出台。[①] 在2013年7月2号公布的《历史文化标准草案》中,俄罗斯历史时期从古至今分为七个时期:第一个时期从古罗斯到莫斯科大公国、第二个时期从大公国到王国(15世纪到17世纪)、第三个时期从王国到帝国(17世纪到18世纪)、第四个时期俄罗斯帝国(19世纪到20世纪初)、第五个时期苏维埃制度形成与演化、第六个时期苏维埃制度的全盛与危机(1945年到20世纪80年代初期)、第七个时期从苏联解体到新俄罗斯产生(1985~2012年)。不同时期列出了相应的大事记,这为如何理解俄罗斯历史发展阶段提供了一种不同以往的思路。

(一)社会制度决定论下法治进程分期及其价值

如果以俄罗斯社会制度性质变革为标准,在研究路径上一般可以

---

① 张盛发:"普京重任总统后再次治理俄罗斯历史教科书问题",载《俄罗斯东欧中亚研究》2013年第6期。

分为三个时期:在俄国史背景下的国家与法的发展期,时间是从罗斯建国到十月革命前;苏联史背景下的国家与法的发展期,时间从十月革命胜利到苏联解体;俄罗斯史背景下法治国家发展期,时间从俄罗斯联邦独立至今。在这一划分基础上,我们将俄罗斯法治进程相应地划分为三个阶段:法治的自生自发及吸纳外来文化期(从罗斯建国到十月革命前)、社会主义法治模式建构期(从十月革命胜利到苏联解体)、新型法治模式的探索期(俄罗斯联邦独立至今)。这种对于俄罗斯从古到今的法治发展史的纵向划分,以国内历史学者们对俄罗斯历史的理论分期为理论依据,以关键性史实为关节点,以社会制度性质为现实基础,具有一定的客观价值,能够再现一定的历史真实。

以社会制度决定论为导向,一般路径使用的研究方式单一性较为明显,这一研究路径中所贯彻的主要是时间维度研究方式,这是我国目前在俄罗斯法学研究领域运用最为广泛,也是较为有效和保险的研究方式。一般路径研究的确在国内俄罗斯法学研究特别是在部门法学领域取得明显的效果。在微观法律制度层面把握不同阶段法治发展的基本状况,主要贯彻的是法律实证主义的研究方式,以法律制度文本为主要研究对象。微观制度层面的研究成果较为丰富,如在宪法学、刑法学、行政法学、经济法学、诉讼法学等领域对俄罗斯法律问题研究正在走向全覆盖和细致入微的深入研究。

(二)社会制度决定论研究意识的局限

从社会制度变迁的角度来看,俄罗斯法治进程可以分为三个时期,采取的是从不同制度背景出发透视法治发展的分析方式,在研究意识上贯彻的是社会制度决定法治研究的范围和深度的方式,笔者将其简称为“社会制度决定论”的研究方式。制度史的分段研究可以了解法治发展不同阶段关注的基本问题,并进而阐发决定与被决定的关系,这仍然是一种表层的研究路径。这一路径无法解释完备法制为何不能从根本上化解社会危机,无法形成纵向全面的整体性视角。事实上，在人类制度史的背后还有更为深层的支配力量，这便是人类社会变迁的历史力量，是历史的有意识与无意识的结合，能够从根本上解答"为什么历史发展到某一特定阶段会发生激烈的变革"这一问题。

在俄罗斯法治进程中，虽然从彼得大帝开始，就按西方模式改造俄国社会，但俄罗斯并未从此走上民主法治发展的征程。叶卡捷琳娜二世时期虽然提倡法治，但是其个人专制丝毫没有受到动摇。亚历山大二世宣布废除农奴制度，引进资本主义因素，可当改革一触及皇权与统治制度时便终止了。20 世纪初，俄罗斯的社会民主主义作为新自由主义的代表，非常推崇法治对政治的优先地位。索洛维耶夫提出"以法的力量反对力量的法"的思想原则，强调"法律秩序是符合道德发达的人的需求的社会状态"，[①]但现实却有悖于这个理论，"力量的法"很难受到"法的力量"的制约。十月革命后，俄国虽然在形式上完成了跨越资本主义"卡夫丁峡谷"，但专制主义以相对隐蔽的方式仍然存在。20 世纪 90 年代，叶利钦仿效西方模式进行激进改革，但"许多改革所必需的法律无法在议会通过，而已经通过的许多法律在地方又无法落实"。[②] 这是制度内部的无法解决之惑，法治的推行背后有其深层的政治、经济、民族、宗教、历史等诸多因素在起作用。在制度框架中分析问题解决不了上述问题，因为这种制度决定论的研究范式束缚了视域的广度和视域的交融。

在宏观层面的多重维度中将政治、经济、民族、宗教、历史和文化等因素综合起来，以一种综合视角研究一国法治发展将更有意义，这更有利于对俄罗斯法治进程的总体性把握，它不仅在更深层面解答法律制度"是什么"背后的"为什么"的问题，并且对"将会怎么样"有种理论上的预期，这对转型国家有极强的启示意义。宏观层面研究把握不同历史时期不同社会制度下国家治理理念对法治的影响，主要贯彻

---

① 董晓阳："浅谈自由主义的俄国化问题"，载《东欧中亚研究》2002 年第 4 期。
② 董晓阳："村社意识与俄罗斯社会发展"，载《东欧中亚研究》2002 年第 6 期。

的是法社会学的研究方式,也开始关注俄罗斯不同时期因社会制度不同而产生的法治诉求的差别,在时间维度中考虑法律之外的因素,如历史、文化、经济发展等因素,寻求法律制度与国家性质,与政治理念,与历史文化传统等方面的关联。这一层面的法律研究成果目前在国内尚属于少数派,主要在法理学、宪法学和法史学等领域有零星成果。

三、俄罗斯法治进程研究的特殊路径:文化模式决定论的引入

为克服一般性研究路径的局限,我们寻求另外一种路径,尝试从制度变革背后的深层动力入手。借助于文化转型理论,以主导性文化模式为标准,对俄罗斯法治进程作两阶段划分。

(一)文化模式决定论的选择与法治进程分期

以现代化因素的引入为界限,以传统社会向现代社会转型为依据,把俄罗斯法治进程分为传统农业文明方式占主导地位的传统阶段和向现代工业文明社会转换的现代阶段。这一路径要借助于文化转型理论与文化模式研究范式。在一般意义上,文化转型,是特定时代特定民族或群体习以为常地赖以生存的主导性文化模式为另一种新的主导性文化模式所取代,这并不是经常发生的社会历史现象,只有在较大历史尺度上所发生的主导性文化观念、文化理念、价值体系、文化习惯的总体性的、根本性的脱胎换骨式的转变,才是真正的文化转型。从原始社会的文化模式、到传统农业文明的文化模式再到向现代工业文明的文化模式的转换,人类经历着漫长的过程。

在这一研究路径中,我们选取过渡阶段的标志性事件是 17 世纪的彼得一世改革。以彼得一世改革为界限俄罗斯历史进程可以分为两大阶段:第一阶段是传统农业文明的文化模式占据主导地位自生自发的传统阶段,第二阶段是由传统农业文明向现代工业文明文化模式转换的过渡阶段。尽管这一改革与此前的历史有着密切的关系,“以

前的进程为其做了准备”，彼得一世改革时代是由俄罗斯文化发展的各条线索造就的，其中许多兴起于14世纪。不只是一个17世纪造就了向近代的过渡，而一切都是俄罗斯文化“自然的”和合乎规律的发展。[①] 两大阶段划分打破了社会制度的界限，可以在文化转型意义上对俄罗斯法治的深层背景进行揭示，分析其中的独特性，解释其法治现象。从决定关系上看，这种分期方式将“文化模式转换”这一动力性因素引入法治研究的视野，笔者将这一研究路径称为“文化模式决定论”路径。它在时间维度的基础上引入人的因素，具体而言，就是具有现代意识的人在俄罗斯的生成问题，包括经济、政治、历史和文化等多重现代化因素影响作用下的俄罗斯的现代化。

（二）两阶段分期的理论依据：现代化因素的引入

俄罗斯现代法治进程以俄罗斯的现代化诉求为起点，从17世纪彼得一世打开通往西方的“窗口”开始，现代法治的因素正式开始进入俄罗斯社会生活中。正是在彼得改革的推动下，传统农业文明条件下自在自发的经验型文化模式开始被工业文明条件下自由自觉的理性文化模式所取代。虽然后人对彼得一世的改革褒贬不一，但它在事实上却为西方法治文化的传入打开了一扇大门，也促进了俄罗斯人现代化的进程。“彼得一世的改革是俄罗斯历史上独一无二的改革，为什么这么说？因为在他之前和之后也有各种各样的改革，但是它们触及的只是局部领域，如经济、行政或军队。而彼得大帝的改革却触及各个领域，甚至包括日常生活领域。”[②]西方文化在俄国传播的决定性活动是从18世纪开始的，“这是俄罗斯文化启蒙非常重要的一步，它不仅缩小了俄国与欧洲在物质文明上的差距，而且开启了民智，打破了

---

① 雷永生著：《东西文化碰撞中的人：东正教与俄罗斯人道主义》，华夏出版社2007年版，第17页。

② 中央电视台《大国崛起》节目组编著：《俄罗斯》，中国民主法制出版社2006年版，第28页。

俄国在精神上的闭塞状态,使俄国人在思想上和文化上开始融入西方世界”。[①] 可以说,彼得一世的改革从根本上改变了俄国倾向东方的状态,是改变俄国历史发展方向的最为重大的事件之一,更根本的作用在于它使俄罗斯人的生活方式走向现代化。

人们对彼得改革的评价一直存在两种截然相反的观点。一种把改革俄罗斯的举动看作为应对紧急事态,特别是为了应付北方战争的压力而采取的一系列、更确切地说是一堆杂乱无章、互不相关的特殊措施;另一种看法把这些措施描述为一个范围广泛、全新和内在协调的规划指导下的行动。[②] 事实上,在彼得改革的作用下,东正教的影响力在一定程度上开始下降,西方外来文化全面冲击俄罗斯社会。自 17 世纪以后,俄国社会发生了很大的变化,在很多方面为法治的发展创造了条件,最根本有两个方面:一是个体层面的;二是社会层面的。

首先,在个体层面,改革使俄罗斯人的个体意识获得发展。历史学家米罗诺夫认为:“贵族在 17 世纪初萌生自我意识,但发展缓慢,因为国家和社会都不支持人的个性发展。俄国古典文学反对个人主义,赞扬所有形式的集体主义,作品中的主人公多是小人物,而不是天才和英雄。但是,人的个性发展要求是不可阻挡的,改革后渗透到了所有社会阶层,只是表现形式不同而已。”[③]他同时又在不同层面具体描述了社会底层的工人、女性农民如何追求自己的个性自由。“工人们不再像从前那样单纯反对工资低和工时长,开始反对师傅和工厂行政人员的粗暴态度、打骂及对女工的性侵犯,反对雇主用‘你’称呼他们,反对用对待‘孩子’、‘奴隶’、‘农奴’、‘物品’的态度对待他们。”“除了集体抗议之外,工人还经常向民事法院提出诉讼。这表明社会下层希望获得作为‘人’应当受到的尊重。女性农民——社会的最底层也

① 雷永生著:《东西文化碰撞中的人:东正教与俄罗斯人道主义》,华夏出版社 2007 年版,第 17 页。

② 同上书,第 211 页。

③ [俄]鲍里斯·尼古拉耶维奇·米罗诺夫著:《俄国社会史》(下),张广翔等译,山东大学出版社 2006 年版,第 309 页。

开始起来捍卫个人尊严，对公婆和丈夫的虐待及控制她们外出打工提出上诉。追求城市时髦是农民个性发展的另一种表现。”①

其次，在社会层面，帝俄时期俄国社会具备了很多现代化的特征。除了个体个性意识的形成外，在俄国社会再现了具有现代意义的小型民主家庭，同时市民社会和法制国家也出现了雏形。“人民获得了个人权利和公民权利，个人不再依附于家庭、公社和其他集体组织，人民成了独立的人，获得了自决权，脱离了集体和家族的束缚”；“小家庭不再受集体的监督，摆脱了家族和邻里关系的束缚”；“村社和城市公社改变了自给自足的封闭状态，不断融入大社会和国家管理机制”；各集体组织转化成等级，等级又转化成职业团体和阶级，最后形成了市民社会，社会不再受国家和政权机关的压制，成为实现国家权力和管理的主体；随着公法的不断发展，国家管理机关的权力受到法律监控，俄国逐渐变成了法制国家。在社会现代化过程中，市民和农民在法律、社会及政治关系上从最高政权的臣民变成了国家的公民。②

公民个体意识的提升是现代法治形成的基础性前提要件，现代化的核心要素是人的现代化，人只有具备了充分的主体性地位，才可能去获取更多的权利与自由。市民社会与法律制度是法治国家的结构性要素，是法治走向完善发展的支撑条件。如果只从社会制度变革层面分析问题，无法对上述各要素达到整体性把握，而以文化模式转换为标准对俄罗斯法治进程的分期则能够在宏观意义上进行制度演化深层动因的透视。

---

① [俄]鲍里斯·尼古拉耶维奇·米罗诺夫著：《俄国社会史》(下)，张广翔等译，山东大学出版社2006年版，第309页。

② 同上。

第三节 历史文化综合视角下俄罗斯法治进程分期

每个民族都有自己特定的文化符号,正是在这个文化符号体系中,其社会事件、行为、制度或过程可以在深层上被人理解。“理解一个民族的文化,即是在不削弱其特殊性的情况下,昭示出其常态。把他们置于他们自己的日常系统中,就会使他们变得可以理解。他们的难于理解之处就会消释了。”①在文化转型背景下来理解俄罗斯的法治进程,将其法治的发展过程尽量地置于他们自己的日常生活系统中,这可以在一定程度上消解我们以往对其各种独特法治现象的难以理解。

一、俄罗斯法治进程中的两次制度变革

单从社会制度的变迁来看,在俄罗斯社会发展史上,20 世纪以来发生的两次社会变革的激烈程度恐怕不是一般国家能够承受得了的。十月革命后苏联的迅速崛起,造就了人类发展史上的一段奇迹。然而历史似乎又与多灾多难的俄罗斯民族开了一个玩笑,在不到一个世纪的时间里,昔日红遍了半个地球的“红色帝国”轰然坍塌,这让习惯了计划、集体主义和国家行为的俄罗斯人彻底迷失了方向,但这个顽强的民族并没有就此沉沦,在短短的 10 余年的时间里又重新回到世界的舞台,寻回了举足轻重的话语权。究竟是什么使其在强大之后迅速地衰落,又是什么使俄罗斯能够濒临毁灭而重生?俄罗斯从苏联时代的崛起与衰落,再到后苏联时代的复兴与重建,这些都较为典型地代

① [美]克利福德·格尔茨著:《文化的解释》,韩莉译,译林出版社 1999 年版,第 113 页。

表了后发展国家的现代化之路。

(一)苏联的崛起与衰落

在世界历史的发展中,俄罗斯曾不止一次地崛起,但又在极强中迅速地衰落,在衰落之后,这个民族又会再度寻找一条迅速崛起的道路,这样一个过程到今天仍在持续。

苏联的崛起用马克思主义的社会形态理论解释是十月革命在帝国主义链条最薄弱的环节上的胜利,是对"资本主义卡夫丁峡谷"的成功跨越,然而,如果按照马克思的社会形态理论对苏联社会主义制度的解体似乎又解释不通。马克思主义理论是一种不断发展的理论,除马克思早年的社会形态理论,马克思晚年在《资本论》中又系统地提出和论述了历史过程的多样性和统一性以及多角度观察人类历史演进的新视角问题,这对于深入剖析苏联的崛起与衰落有一定的助益。

马克思晚年通过对东方各国历史与现实的研究,认为东方各国特有的"亚细亚生产方式"一直伴随欧洲的奴隶、封建和资本主义时代而存在。此时马克思意识到在《德意志意识形态》和《政治经济学批判》序言中所概括的历史演进的序列不是绝对普遍的适用公式,它只是对西欧的历史才更具有典型意义。因此《资本论》及其手稿中,马克思通过对历史事件的具体分析,深刻地回答了"怎样认识历史发展道路,它是统一的还是多样的?"这个问题。[①] 马克思认为,历史发展的统一性和一致性是不容置疑的,因为它基于人类生活的共同性。与历史的统一性根源一样,历史的多样性同样根植于各民族不同的生活环境和生存方式。马克思的这一历史哲学理论为我们多角度地观察社会历史提供了基础。

(二)后苏联时代俄罗斯的重建

在后苏联时代,西化民主法治国家治理模式与俄罗斯固有文化传

---

① 张奎良著:《马克思的哲学思想及其当代意义》,黑龙江教育出版社 2001 年版,第 171 页。

统的碰撞，使俄罗斯的特殊性日益显露出来。在国家发展模式上，单纯的演化形式不能适应俄罗斯发展的紧迫性，单纯的建构模式不能与其特定的历史文化传统相融合。苏联解体后的俄罗斯，社会转型进入了一个新时代，这个新时代的标志就是走有自己文化特色的发展之路。

俄罗斯在十月革命前一直走的是西化道路，彼得在某些领域实行了西化政策，在当时"这是非西方强国自愿实行西化的第一个范例"。[①] 汤因比在20世纪70年代分析认为，"俄国在某些方面的西化实际上有碍于全面的进步。强大的传统文化力量的抵制使沙皇专制政府无法实行充分有效的西化。吸收西方资本主义的技术时也必须实行政治和社会的自由化，这是维护俄国的独立以及军事上与西方的均势而必须付出的代价"。[②] 彼得当时的政策是使俄罗斯帝国从一个东正教大一统国家变成现代西方世界的一个区域性国家，使俄国人自立于西方民族或西方化的民族之林。这种政策的目的是，在现代西方生活方式逐渐流行的世界里维护着俄国的政治独立和文化自主，在遵循某些国际行为准则的西方俱乐部里为俄国争取一个会员资格。但这种西化始终被严格地局限在少数领域里，从未对俄国的生活与文化产生深刻的影响。[③] 在汤因比看来，"彼得体制的俄国曾经试图把西方工业的一片幼芽嫁接到东正教的传统俄国社会这一具有排斥性的枝干上。由于它的现代化改革纲领不彻底，所以这种尝试失败了。俄国在马克思主义的体制下开始全面地探索一种工业化的、非资本主义和非西方的社会制度的可能性。但是，对于资本主义迄今不能解决的工业社会问题，共产主义是否能够提供一个实际而人道的

① ［英］阿诺德·汤因比著：《历史研究》，刘北成等译，上海人民出版社2000年版，第354页。

② 同上书，第356页。

③ 同上书，第354～355页。

解决办法,人们还在拭目以待”。[①] 俄罗斯的现实已经给了汤因比一个确定的回答。

社会制度的更替是历史发展一种显性的表达,正如斯宾格勒所言,“我们关心的并不是某时某地出现的历史事实本身是什么,而是它们的出现有什么意义,表示什么”。[②] 如果把苏联的解体和俄罗斯的独立仅仅看作一政治问题,那么对于这个问题也不能只作狭隘的理解,社会转型具有总体性,某些领域的局部转型及其缺少内在精神引导和价值支撑的转型,在一定意义上其后果可能会与人们的初衷背道而驰。苏联解体后俄罗斯的发展在双重层面上标示着社会转型已经进入到一个新的阶段:制度的重建与俄罗斯精神觉醒。这两个层面的发展并不是一蹴而就的,也是经过了长期的社会实践。

上述俄罗斯历史中的两次制度变革,并不是文化哲学意义上的真正社会转型(文化转型),真正的社会转型常常是在潜移默化中进行的,制度变革只是转型过程中在社会层面较为激烈的表现,单纯制度的转换和变革还不是社会转型的全部。

二、文化转型:俄罗斯社会变革的深层本质

人们通常把苏联解体俄罗斯重建看作俄罗斯的社会转型,在文化哲学的视野中,这一看法并不全面。20 世纪以来俄罗斯社会的两次制度变革的背后有着更为深层的本质和动力,在历史发展的总体性中分析制度的变革更具有根本的意义。社会制度变革不能完全等同于真正的社会转型,但为尽量地与人们的一般说法能够衔接起来,我们将社会转型区分为深层转型与直观转型,并认为深层转型是直观转型的

---

① [英]阿诺德·汤因比著:《历史研究》,刘北成等译,上海人民出版社 2000 年版,第 356 ~357 页。

② [德]奥斯瓦尔德·斯宾格勒著:《西方的没落》(上册),齐世荣等译,商务印书馆 2001 年版,第 18 页。

深层动力和根本原因。

(一)俄罗斯社会转型的双重内涵

文化转型是一个内涵广泛的概念,在本质上是一种多重转型,在经济基础上是生产方式的转换,在制度上则包括政治、经济、文化制度的转轨,在思想观念层面则包括社会心理及其价值理念的变革,在日常生活层面则是生活方式的根本转变。

在俄罗斯传统农业生产中,由专制国家、土地公有和农村公社所构成的牢固的三位一体模式,长期地作用于社会生活的各个方面。固有的传统、习俗、习惯、经验、常识、天然情感等自在的文化因素十分强大,自然主义或经验主义的文化模式在一定意义上以超稳定的结构占据主导地位。在文化危机和文化转型的驱动下,俄罗斯的现代化是不可避免的,同时也促动了俄罗斯社会的现代转型。

当代俄罗斯社会转型在内涵上至少包括四个方面:国家的政治转轨、经济转型、传统价值观念的变革和生活方式的转换,这四个方面又区分为现实直观层面和深层观念层面的双重转型。在现实直观层面,社会转型表现为制度变迁,包括政治、经济和文化制度的转轨。社会制度的变迁与更替是激烈的并具有毁灭性,其标志是旧体制的覆灭和新制度的确立。在社会转型过程中,苏联社会主义制度为当代俄罗斯资本主义制度所替代,新的政治体制、财产所有制形式和文化形态开始确立。在深层层面,社会转型的表现是深刻的、不易被人觉察的。当代俄罗斯人生活方式的转换和价值观念的变革是社会转型所带来的深层后果,这种转换与变革是复杂、缓慢的,要经历传统与现代、东方与西方、理论与现实等诸多方面的冲突与切换。

在表层与深层的双重转型意义上,俄罗斯的大国传统、民族性格、宗教观念、哲学理念及政治思维等诸多要素的影响作用都将在社会转型期内呈现出来,对社会转型形成或积极或消极的影响。社会转型说到底是一种文化转型,对当代俄罗斯而言则面临深刻的文化冲突。为了尽快使俄罗斯渡过转型期遭遇的困境、实现法治国家的目标，以宪法为核心的法律制度全面构建成为一个急迫的问题。现实直观层面的政治转轨是社会转型的最为根本的部分。在直观现实层面，俄罗斯应以相对完善的法律制度体系保证转型期社会的良性发展，从而尽量减少政治改革、经济转型对人们生活的冲击与震荡，保证国家稳定发展，使俄罗斯现代社会转型获得必要的合法性。观念转型则为转型制度提供发展与创新的必要根基，表现为理性与契约化文化精神的融入与确立。

（二）俄罗斯社会转型的深层动力

在文化哲学意义上，俄罗斯现代社会转型是一种长期以来占主导地位的文化模式在内外交困中失效，不能够继续为人们提供生存根据，文化危机则从深层次上表现出来，从而引发深层的文化转型的诉求，在社会显性层面则表现为改革与革命。人们一般认为，是从彼得大帝打开通往西方的窗口时代起，社会转型开始启动。事实上，在彼得之前，西方文化和新事物已经对俄罗斯社会发生了影响，俄罗斯社会从传统农业文明向现代工业文明的转变就已经启动。“整个 17 世纪是为彼得大帝的改革做准备的时代。”①彼得改革时是俄国内外交困时期，当时俄国落后于欧洲国家，政治上内乱不断，世袭贵族巧弄权术，东正教干涉政权；经济上明显落后于其他欧洲国家；军事上经常遭到邻国的进攻；文化教育极为落后。

在内忧外患的情况下，彼得一世下决心改革。他亲率俄国大使团出访欧洲，通过与欧洲先进国家的比较，彼得一世看到了俄国的极端落后与封闭，由此展开了社会习俗、文化教育、政治、军事和宗教等一系列改革。彼得一世仿效西方的社会经济改革持续了 20 多年，虽然

---

① ［俄］瓦·奥·克柳切夫斯基著：《俄国史教程》（第 3 卷），左少兴等译，商务印书馆 1992 年版，第 362 页。

后人对其改革评价不一,但彼得改革加速了俄罗斯现代化的进程,促进了俄罗斯由传统农业社会向现代工业社会的转型。

进入20世纪,俄罗斯经历了两次激烈的社会制度变革:十月革命胜利后社会主义制度的确立和苏联解体后俄罗斯联邦资本主义国家制度的确立。十月革命对长久以来的君主专制制度进行彻底摧毁,建立起一种前所未有的新型社会制度。苏联解体后,俄罗斯确立起一种与苏联截然相反的社会制度。但这种革命与变革并未完成从传统农业社会向现代工业社会的转型,仍然只是处于由传统向现代的转变过程中。因此总体上看,当代俄罗斯仍处于由传统农业文明的文化模式向现代工业文明的文化模式转换的过程中。俄罗斯社会制度的变革仍然只是社会转型过程中社会制度层面的剧烈而直观的表现。就俄罗斯而言,虽然在苏联时期军事、航天等工业领域的发展已经处于世界领先地位,但这种发展是不平衡的,因此在一定程度上其生产方式、人们的生活方式、观念形态等仍然是传统农业文明模式的。

20世纪以来俄罗斯在现代化的过程中经历的两次制度转型,虽然所确立社会制度在性质上截然不同,但变革的现实需求具有惊人的相似之处:社会制度运转中出现的危机难以在现存的体制内得到解决,于是革命或变革旧体制成为一种迫切的需求,并最终变革旧体制,建立新制度。社会转型在直观层面上表现为社会制度的变革,在深层方面则是由传统农业文明社会向现代工业文明社会的转型,是传统农业文明模式向现代工业文化模式的转换。因此,文化转型是俄罗斯社会转型的深层机理,它是推动其法治进程的深层动力,在这个意义上我们可以更好地理解俄罗斯法治进程中的各种问题。

俄罗斯的社会转型和现代化具有特殊的历史定位,它的现代化与西方发达国家的现代化有一个很大的时代落差,"即它不是在西方工业文明方兴未艾,朝气蓬勃之际来实现由传统农业文明向现代工业文明的社会转型和现代化,而是在西方工业文明已经高度发达,以至于出现自身的弊端和危机,并开始受到批判和责难而向后工业文明过渡之时才开始现代化过程的。这种社会转型的特殊历史定位带来了前所未有的文明冲突和文化碰撞，它使原本应以历时的形态依次更替的农业文明、工业文明和后工业文明及其基本的文化精神转化为共时的存在形态，不同的文化精神同时压着这个寻求现代化的国家”。[①] 结果，不但普通民众面对文化的冲突无所适从，即使知识精英也由于对不同文化精神的利弊的不同理解而相互分裂。全球化的进程进一步加剧了这一文化冲突和文化矛盾，围绕着理性主义文化而发生的矛盾和危机又以本土文化与全球文化、民族文化和世界文化、边缘文化与中心文化等形式表现出来。[②] 这些文化危机和文化冲突把文化问题变成了当代俄罗斯发展背景中的焦点性问题。

（三）当代俄罗斯特殊历史情境中的法治发展与文化的双重影响力

当代俄罗斯的法治进程正处于特殊的历史情境中，社会转型带来了前所未有的文明冲突和文化碰撞，不同的文化精神同时挤压着这个寻求现代化的国家。以理性化契约化为核心文化精神的现代法治，要在有着千百年东正教文化传统和专制统治政治文化传统的俄罗斯社会中扎下根来，需要克服来自传统之中内在的文化阻滞力，这种阻滞力通过个体的行为和社会结构表现出来，通过人们的日常生活潜移默化地渗透到政治、经济、法律等各种非日常的生活领域，阻碍着法治社会的生成。俄罗斯在寻求适合自己发展道路的过程中，越来越意识到自身文化问题的重要性。在法治发展的现阶段，要真正打破困境，必须从根本上逐渐限制和消除来自俄罗斯社会内部的具有结构性特征的文化影响力的消极影响，为法治的进一步深化创造条件。

在现代国家发展中，法治的现代化程度是评判一个国家现代程度

---

① 衣俊卿：“论 20 世纪的文化状况”，载《哲学研究》2010 年第 2 期。

② 同上。

的基本维度。作为后发展国家,当代俄罗斯的法治进程与现代化过程处于同步发展之中,这是由俄罗斯现代化的特殊历史定位决定的。俄罗斯现代化的特殊历史定位与中国现代化的历史定位有着根本的相似之处。当代中国与俄罗斯法治进程均处于由传统农业文明向现代工业文明转型的历史情境之中,在法治进程中强调和重视文化问题,这也正是现代化的题中应有之义。对于俄罗斯等转型国家而言,现代化的进程将与法治进程同时展开,正是在这一双重进程中,俄罗斯等后发展的转型国家遭遇到了共同的文化问题:一方面是本国文化与外来文化的冲突;另一方面是传统文化与现代文化的冲突。有人将这形象地概括为是"古今中外"的问题。要真正打破当代俄罗斯法治发展的困境,必须从根本上逐渐限制和消除来自俄罗斯社会内部的具有结构性特征的文化影响力的消极方面,在俄罗斯特有文化模式中寻求其现代法治的合理因素,破解法治进程中的文化消极影响。

三、俄罗斯法治分期的理论历史背景

俄罗斯作为一个古老而充满神秘色彩的民族国家,其历史发展疑团重重,这也必然决定理论上历史分期的争议颇多。

在俄罗斯国内根据不同标准,对俄罗斯历史的分期存在很大的分歧。18 世纪前半期,被认为是俄国第一位历史学家的 B. 塔季谢夫(1686～1750 年)从建立强有力的君主政权的政治信念出发,认为俄国历史就是君主制的发展史。他把俄国历史分成:专制统治时期(862～1132 年)、采邑贵族政治时期(1132～1462 年)、从伊凡三世开始的君主制恢复时期(1462～1613 年)。[①]

19 世纪初的俄国历史学家 H. 卡拉姆辛(1766～1826 年)认为,历

---

① 曹维安著:《俄国史新论:影响俄国历史发展的基本问题》,中国社会科学出版社 2002 年版,第 5 页。

史是由伟大人物创造的，伟大人物的生活经历就是人民的历史，他把俄国的历史与专制制度的历史等同起来，认为“人民的历史属于沙皇”，在其历史著作《俄罗斯国家史》中，卡拉姆辛把俄国历史分为6个时期：君主政权的前奏——从邀请瓦良格王公到弗拉基米尔（862～1015年）；专制政体的消失——从弗拉基米尔到雅罗斯拉夫二世（1015～1238年）；罗斯国家的灭亡与俄罗斯国家逐渐复兴——从雅罗斯拉夫二世到伊凡三世（1238～1462年）；专制政体的确立——从伊凡三世到伊凡四世（1462～1533年）；沙皇专制的重建和向僭主制的突变——从伊凡四世到鲍里斯·戈杜诺夫（1533～1598年）；大动乱时期——从鲍里斯·戈杜诺夫到米哈依尔·罗曼诺夫（1598～1613年）。[①]

历史学家C. M. 索洛维约夫（1820～1879年），从“有机发展”的理论出发，对俄国历史进行了新的分期。他在《远古以来的俄国史》中试图阐明俄国历史事件的“内部联系”，确定历史过程的规律性。索洛维约夫重视自然地理环境的作用，认为“国家的自然条件”、“部落的自然条件”和“外部事件的进程”是俄国历史发展的前提基础。索洛维约夫承认国家、个人在历史上的巨大作用。他把国家看作“人民必需的形式”，把政府看作“人民认可的历史生活的产物”，认为伟大人物是自己时代、自己人民的儿子。由此出发，索洛维约夫不是仅仅把俄国历史分成几个时期，而是强调俄国各个历史阶段之间的相互联系：第一个阶段，从“氏族制度”经过“世袭领地关系”，走向“国家方式”（从古代到16世纪）；第二个阶段，准备走向新制度、彼得一世和改革时代（17～18世纪中期）；第三个阶段，实现改革的时代（18世纪下半期～19世纪下半期）。[②]

19世纪末的俄国历史学家克柳切夫斯基强调“殖民过程”（自然

---

① 曹维安著：《俄国史新论：影响俄国历史发展的基本问题》，中国社会科学出版社2002年版，第6～7页。

② 同上。

因素）、“商业贸易”（经济因素）在俄国历史中的重大意义，并认为国家（政治因素）在俄国历史发展中有巨大作用。依据地理、经济和社会的标准，克柳切夫斯基在他的《俄国史教程》中把俄国历史分为四个时期：第聂伯河、城市、商业的罗斯（8～13 世纪）；伏尔加河上游、封邑王公、自由农业的罗斯（13～15 世纪中期）；伟大、莫斯科、沙皇——大贵族的、军事——农业的罗斯（15 世纪中期～17 世纪头 20 年）；全俄罗斯、皇帝—贵族、农奴制经济、农业和轻重工业时期（17 世纪初～19 世纪中期）。

在苏联史学界，一般将从公元 2 世纪到苏联时期的历史统称为苏联史。有学者将公元 2 世纪至 18 世纪末的历史称为苏联古代史，将 18 世纪末至 1905 年第一次资产阶级革命的历史称为苏联近代史，将 1905 年第一次资产阶级革命后的历史称为苏联现代史。有的学者将公元 2 世纪至 1917 年十月革命的历史称为“从远古时代至伟大十月社会主义革命前历史”，此后历史称为“从伟大十月社会主义革命到今历史”。另有学者将公元 9 世纪至 19 世纪中期的历史称为“封建主义时期”，将 1861 年农奴制改革至 1917 年十月革命的历史称为“资本主义时期”，将 1917 年十月革命后的历史称为“社会主义时期”。

苏联史学界的分期观念不同，俄国思想家 H. 别尔嘉耶夫（1874～1948 年），1946 年在西方出版的《俄罗斯思想》一书中，从社会思想史的角度也即国家的政治和文化变迁的角度将俄国历史分为五个时期：基辅罗斯时期（9～13 世纪）；蒙古统治时期（13～15 世纪）；莫斯科时期（15～17 世纪末）；彼得堡时期（18 世纪～1917 年）；苏维埃时期（1917 年～他所处的时代）。

苏联解体后，史学界开始重新解释俄国历史的分期问题。一些史学家又回到索洛维约夫、克柳切夫斯基等革命史学家的分期，还有一些史学家则尝试进行用新价值观和方法论重新分期。如有人提出了历史的选择性观念，或者从俄罗斯文明的角度来认识俄国历史并进行分期。①

俄罗斯学者在编写新的历史著作时则一般称为《俄国史》，内容包括了从远古至20世纪末的俄国历史。②

在西方史学界，一般习惯将公元10世纪至1991年的历史，乃至今天俄罗斯的历史统称为《俄国史》(Russian History)，其中把公元10世纪到1917年十月革命这一阶段称为“沙皇俄国”时期(Tsar’s Russia)或“帝俄史”时期(Imperial Russian History)，将1917年十月革命至1991年苏联解体这一阶段称为“苏维埃俄国”(Soviet Russia)或“苏联”(Soviet Union)时期，将1992年以后的俄国史称为“新俄罗斯”时期(New Russia)或“俄罗斯联邦”时期(Russian Federation)。

在中国史学界，对俄国史和苏联史已经有了较为严格清晰的学术界定，俄国史涉及的主要是从公元10世纪左右俄罗斯人的第一个国家——基辅罗斯建立到1917年2月沙皇制度被推翻的历史，苏联史涉及的主要是从1917年的二月资产阶级革命到1991年年底苏联解体的历史，而在此之后的历史通常称为俄罗斯史。③

近代俄罗斯历史的发展为我们提供了一幅既波澜壮阔，又谜团纷纭的图式：这里有彼得一世急行军式追赶西欧的大规模改革，也有历史发展的停滞与困惑；这里有叶卡捷琳娜二世“温文尔雅”面纱遮掩下的“开明君主专制”，也有农奴制度下的惨无人道和专横暴虐；这里有资本主义的迅猛发展与卓著成就，也有落后的边远城镇与低矮的农舍与其并存；这里有现代化的历史性跃进，也有现代化进程的持续性断裂。

“一个国家，一个民族的历史、文化和传统有着不可分割的历史继承性，它无法因为一次或数次战争、一场或数场革命，或因为大相径庭的政治制度和社会制度的更迭，或因为意识形态的差别而被隔断。从

---

① 曹维安著：《俄国史新论：影响俄国历史发展的基本问题》，中国社会科学出版社2002年版，第6~7页。

② 张建华著：《俄国史》，人民出版社2004年版，自序第8~9页。

③ 同上。

国家和民族完整的历史发展进程的角度，从通史的角度看待历史和现实问题，更容易找到问题的症结所在。”①俄罗斯所走过的每一段历程都是构成历史积淀深厚、文化传统悠久的俄罗斯民族历史的一部分，与世界上其他民族一样，都在紧紧追赶世界现代化潮流，并推动和影响着人类社会发展的历史。

按前述各种标准与原则的历史分期对于理解法治发展显得有些杂乱，如何既从历史中来，又不迷失在历史之中是研究当代俄罗斯法治问题的前提。俄罗斯的法治进程以历史为背景，可以有不同的分期，以社会制度为依据的微观分期和以现代化为标准的宏观分期能在不同层面上对法治问题作出理解。这对于在纷繁复杂中认识俄罗斯法治发展有所助益，它不仅仅是一种新视角，更是一种基本立场的确立。

四、历史文化综合视角下俄罗斯法治进程的两个阶段

以文化模式转换为标准的两大历史阶段划分背景下，俄罗斯法治阶段也相应地划分为两个阶段。第一阶段我们可将其称为斯拉夫文化促动下俄罗斯法制自生自发期；②第二阶段可称为外来文化冲击下的俄罗斯法制变革期。这种分期方式将近代以来的几次制度变革整合到一个阶段之中，这为我们提供了一个历史文化整体性视角。每个阶段中分为不同的亚阶段，这有利于更清晰地透视俄罗斯法律传统的发展史，在微观具体层面把握其法治进程。

（一）斯拉夫文化促动下俄罗斯法制自生自发期

人类文明发展具有内在的规律性，在远古时代虽然欠缺交流的方式和可能，但在不同的地域内文明却可能同步发展达到基本一致的高

① 张建华著：《俄国史》，人民出版社 2004 年版，自序第 9 页。

② 由于法治是一个现代概念，在俄罗斯被广泛使用开始于晚近时期，为突出研究对象和内容，我们使用“法制”概念更为合适，主要关注的是社会制度变迁引发的法律制度的变革问题。

度。如德国历史学家亚斯贝尔斯，在批判西方基督教信仰下的历史观时提出“历史轴心期”理论具有一定信服力。他认为，在公元前 800 年至公元前 200 年发生的精神过程标志人类历史正处于一个轴心时期，人类最不平常的事件集中在这一时期。在数个世纪中，在中国、印度和西方这三个互不知晓的三个地区，“人类全都开始意识到整体的存在、自身和自身的限度”。“通过在意识上认识自己的限度，他为自己树立了最高目标。”①这种精神发展的不约而同，也可以在社会发展与国家治理中表现出来。

在很多人看来，不同法律传统中的法学思想方法与各国的国民形象是一致的，但“只要论及国民性、民族性或民族精神结构之类的问题，都必须作冷静的分析，一方面，应尽量避免因‘故乡月最圆’的习性而生的孤芳自赏之虞，又须谨防陷入被丧国者或流亡者的意识所渲染的过度的卑躬屈膝”。② 俄罗斯法律传统孕育于俄罗斯的民族文化之中。俄罗斯民族兴起于公元 6 世纪，这一时期斯拉夫部族集团开始分划，出现了西斯拉夫人、南斯拉夫人和东斯拉夫人，东斯拉夫人被认为是后来俄罗斯、乌克兰、白俄罗斯这三个民族的祖先，相近的血缘、地缘关系和长期的共同生活为其奠定了历史、语言和文化的基础。③

到彼得时代，俄罗斯社会经历了由原始习惯法调整发展到文明发展较高阶段以制定法为主要的社会调控手段，法律从形式到内容均得到了发展。从公元 9 世纪罗斯建国开始，在有相关史料记载中，法律形式从形成于 11 ~ 13 世纪的《罗斯法典》、到 1497 年法典（编纂于莫斯科大公伊凡三世在位期间）、1550 年“律书”（编纂于伊凡四世在位期间）、1649 年《法律大会》（由沙皇阿列克塞·米海伊洛维奇颁布，又称《阿列克塞·米海伊洛维奇法典》）。这些法典和律书一方面标示着

---

① ［德］亚斯贝尔斯著：《历史的起源与目标》，魏楚雄、俞新天译，华夏出版社 1989 年版，第 8 页。

② ［日］大木雅夫著：《比较法》，范愉译，法律出版社 2006 年版，第 117 页。

③ 张建华著：《俄国史》，人民出版社 2004 年版，第 4 页。

彼得改革前俄罗斯法制传统的发展，另一方面也对后世产生深远影响。上述相关法律制度也成为透视俄罗斯历史发展的活化石。在法律制度层面上通过法律所规定的内容我们能够了解当时的立法状况，如对社会各阶级的法律地位、所有权、债、婚姻家庭与继承、犯罪与刑罚、法院组织与诉讼等问题的法律规定。同时也可以通过具体制度透视当时国家、社会等方面的发展状况、国家管理模式和理念及主要社会矛盾等问题。弗里德曼认为，"给予法律制度生命和真实性的是外面的社会世界"。在这一理念的支配下，弗里德曼认为法律制度的职能得到了扩展，除了实现正义、解决争端、进行社会控制、建立规范本身、实现工具性职能外，还存在一种历史记载的职能，被他称为"记录的职能"，而且"这主要是现代法律制度和古老帝国法律制度的特点"。[①] 在这一意义上，古老的法律制度可以成为研究一个国家、民族和社会发展的化石。梅因认为，对于人类早期社会状态雏形的了解，主要来自三种记录：一是各种文明的记事；二是特殊民族保存下来的关于他们的原始历史的记录；三是古代的法律。对于前两种或者因为数量少或者因为可能被歪曲和篡改而具有研究上的局限和不可信，但"对于大部分的古代法律却并未发生过这些毫无根据或合理的疑虑，这是非常值得重视的事实"。[②] 对古代法律的研究在一定程度上具有相对的客观性和真实性。虽然古代的法律并不见得完整，但"如果我们能集中注意力于那些古代制度的断片，这些断片还不能合理地被假定为曾经受到过改动，我们就有可能对于原来所属社会的某种主要特征获得一个明确的概念"。[③]

(二)外来文化冲击下的俄罗斯法制变革期

这一时期从17世纪中后期开始到现在，可分为三个亚时期，分期

---

① [美]劳伦斯·M.弗里德曼著：《法律制度——从社会科学角度观察》，李琼英、林欣译，中国政法大学出版社2004年版，第21页。

② [英]梅因著：《古代法》，沈景一译，商务印书馆1959年版，第69~70页。

③ 同上书，第70页。

的标准和阶段与一般路径基本相同。第一亚时期是从彼得一世改革到1917年十月革命前,帝国法制发展期(欧洲文化冲击下的封建专制主义文化为主导);第二亚时期是从十月革命到俄罗斯联邦独立前,社会主义法制发展期(马克思主义俄国化的社会主义文化为主导);第三亚时期是从俄罗斯联邦独立到现在,现代法治发展时期(现代西方自由主义文化的广泛渗透及其与传统文化复兴为特征)。

1.第一亚时期:帝国法制发展期

这一时期在法制形式上,出现了一系列规范性文件。彼得一世颁布的《一子继承法令》(1714年)、《军事条例》(1716年),叶卡捷琳娜二世的《关于建立郡制的法令》及一系列恩许状、尼古拉一世时期的《俄罗斯帝国法律全书》(1832年)及其以后的一系列刑事方面的立法,1903年俄国《刑法典》、1906年《俄罗斯帝国根本法》等。透过上述法律文件可以看到这一时期法制在形式上在各方面取得了很大的成效。从法律概念到法律制度、从司法权的独立到对司法公正的诉求、从习惯法主治到成文法地位的上升,法治在形式上得到发展。在法律规范层面,“刑法概念得以完善;民法不断进步,个人的民事法律权利迅速扩大;诉讼程序由辩论式变为侦查式,后又变为混合式。法律通过自身的发展逐渐取代了个人专断和风俗习惯”。法律规范覆盖了社会生活的各个领域。① 在法律运行层面,“司法权和行政权分离,使所有居民不分年龄、性别和社会地位享有平等的司法保障,公民权利增加。法院在19世纪30年代就已经相当公正,1864年司法改革后对贪污受贿、因循拖延以及司法不公提出上诉的现象几乎消失”。“在19世纪60~70年代大改革时期,成文法在城市获得权威地位,在农村也逐渐排挤了习惯法。”②

① [俄]鲍里斯·尼古拉耶维奇·米罗诺夫著:《俄国社会史》(下),张广翔等译,山东大学出版社2006年版,第307~308页。

② 同上。

2. 第二亚时期：社会主义法制发展期

在这一时期，重点是侧重于保护和建设新型政权，建构社会主义法治模式。十月革命取得胜利后，列宁亲自领导创立社会主义法制工作，颁布了一系列法律、法令。这些法律、法令对建立和巩固新生的苏维埃国家机关与法律制度、保护无产阶级革命成果、创建新的社会主义经济、确立和维护有利于无产阶级的社会关系与社会秩序等方面都起了巨大作用。在社会主义法制构建的初期，以 1918 年《俄罗斯社会主义苏维埃共和国宪法》为基础逐步展开，先后编纂了民法、刑法、土地法、劳动法、刑法、刑事诉讼法和民事诉讼法等重要法典。对于苏联当时的一系列法律，俄罗斯学者有着这样的评价："苏联时期的法律规定了民主、联邦制和男女平等，尽管只是形式上的，但却因此产生了巨大的影响，人们先是熟悉了公民权利、联邦制和性别平等的思想，之后，逐渐认同，并在适宜的时机和条件下实现了这些思想。"①在司法体制建立过程中，苏俄形成了统一的审判机关体系：人民法院、省法院和苏俄最高法院。为了审理特种案件，在与普通法院统一体系平行之下临时设立各种特别法院，如军事法庭、军事运输法庭等。苏联成立后，依据 1924 年《苏联宪法》，设立了苏联最高法院。

3. 第三亚时期：现代法治发展时期

这一时期，主题是试错与回归传统。主要特点是从移植型法治到诉诸本国文化传统新型法治模式的探索。俄罗斯作为苏联解体后的法定继承国，从社会制度到观念都发生了根本性的变化，在法制方面进行全面的完备。在立法方面，逐步实现全面覆盖。在民主制度方面，总体来说是采取移植西方模式，进行民主宪政国家的构建。在法律制度构建方面，苏联解体后，俄罗斯联邦借鉴西方法治模式展开全面的制度构建，力求完备。1993 年《俄罗斯联邦宪法》已经完全不同

---

① [俄]鲍里斯·尼古拉耶维奇·米罗诺夫著：《俄国社会史》(下)，张广翔等译，山东大学出版社 2006 年版，第 308 页。

于前苏联和俄罗斯联邦苏维埃的所有各个时期的宪法，它已彻底放弃了“社会主义”及其立法原则，转而采用西方式的“民主政治”、“主权在民”、“三权分立”等宪法原则。1993年《俄罗斯联邦宪法》在社会转型背景下对俄罗斯政治、经济、社会和文化等方面的变化进行总结，为俄罗斯社会制度的运行提供了法律依据；为全面地确立起西式的法治在制度上提供了依据；在精神导向上发生了明显地转向：人的个性自由得以突出，对人与公民的权利与自由的保障成为宪法的核心目标之一，对市民社会的培育与打造成为国家的一项主要任务，私法自治精神得到普遍确立等，这些转变与现代法治精神相契合。①

俄罗斯不同时期社会制度的性质有着本质的差异，但它却具有相同的文化底色。如果社会转型理论中的文化模式是一种宏观意义上文化模式，那么在一个民族一个国家内部长期积淀形成的主导性生活方式则可以看作一种微观意义上的文化模式，或者可以称为“亚文化模式”。在俄罗斯民族内部长期占有支配地位的是俄罗斯式的“宗法—专制”型文化模式，它型塑了俄罗斯法治的模式。在现代化过程中，俄罗斯长期占主导地位的“宗法—专制”型文化模式开始失范，在民主法治成为一种人类共同诉求的背景下，现代理性化的“威权—法制”型文化模式正逐渐成为俄罗斯的主导性生活方式。俄罗斯联邦独立后，法治发展出现了从全面移植西方法治模式到诉诸本国文化传统、再造新型法治文化的明显态势。在未来俄罗斯法治发展中，如何最大限度地发挥核心文化因素的积极作用、克服其消极影响越发引人关注。

小结

在这一章中，我们着重分析了文化哲学研究范式对俄罗斯法治研

① 杨昌宇、陈福胜著：《俄罗斯社会转型与宪政之路——文化哲学的视角》，社会科学文献出版社2009年版，第65页。

究的价值,认为俄罗斯社会制度变革的深层动力是由传统农业文化模式向现代工业文化模式的转换。当代俄罗斯法治问题研究所面临困境的一个核心问题是,我们并没有真正把俄罗斯文化作为一种独特的文明形态并深入进去,并没有从作为生存方式意义上的文化来理解俄罗斯的法治进程。在这种情况下,引入文化哲学研究范式就显得非常必要。文化哲学作为一种研究态度和立场,它能够提供一种较为客观的历史解释方式,在更深层次上来理解俄罗斯法治的过去、现在和未来。在历史文化综合视角下纵观俄罗斯法治进程,贯彻社会制度决定论的一般路径和贯彻文化模式决定论的特殊路径的结合,使问题研究进入一个更为深刻的层面。一般路径贯彻的是以社会制度来决定研究的基调和范围;特殊路径贯彻的是以文化模式转换来决定了研究的视野。两种研究路径各有优劣,一般路径带有主观裁剪俄罗斯法治历史的倾向,理论风险与不确定性并存。特殊路径虽能在制度背后的深层把握问题,但又容易言之无物。两种路径交融能够避免单线式研究,促成一种方法论上转向,即在历史文化综合性视角下审视俄罗斯法治进程,在法律传统中寻求俄罗斯特有文化的影响力。

第二章　俄罗斯法治在其文化母体中的萌生与发展

如前所述,文化转型背景下孕育了俄罗斯的法治诉求,虽然最初的法治形式与现代法治形式相比还很原始,但在实质上却具有了法治的功能。在相应研究领域,无论东方还是西方,人们或者先入为主地认为在这个国家里从古到今都不存在民主法治的传统;或者认为,在世界范围内各国的民主法治进程中,俄罗斯法治进程开始的较晚并发展迟缓。我们一直认为在十月革命前俄罗斯国家政治生活中少有民主的气息,但从史料的记载情况来看,法律、法典、议事机构、权力牵制、司法体制等内容在俄罗斯历史上并不少见。事实上从公元9世纪罗斯建国开始,民主法治就在俄罗斯母体文化中萌生。

第一节　俄罗斯法治在传统农业文化模式中的萌生

俄罗斯历史学家利哈乔夫曾经非常气愤地驳

斥关于俄罗斯没有民主传统的看法,他说,“对俄罗斯的评价中一个共同的地方是确认在俄罗斯没有民主传统、正常国家政权的传统,那些政权几乎不考虑人民的利益。这还是一个偏见”。① 同时利哈乔夫指出,在俄罗斯的历史资料中随处可以找到证明其存在民主传统的事例,他举例说,在公元945年,俄罗斯人和希腊人之间签订的条约包含这样的话语:“以所有大公和俄罗斯土地的人民的名义”,同时,大公们经常参加大公会议——“古代大会”。古罗斯大公通常从侍卫会议开始自己的一天,参加侍卫会议的有军人和世俗人士,经常召开大公大会。大公通常要与自己的老侍卫们——“思考问题的贵族们”协商。大公的杜马是在大公身边的常设会议。“不把自己的想法告知议论纷纷的幕僚”,“不与自己的幕僚预测前景”,大公就不会处理政务。② 由此可见,古罗斯时期,在大公们的日常管理活动中,民主形式已经存在。在社会生活中,法律成为主要的调控手段。

一、基辅时期国家管理的民主形式

从已有资料的记载来分析,基辅罗斯在政治制度方面已经达到了一个相当民主的程度,无论在高级政治机构中还是基层社会管理中,民主形式都有相应的表现。

莫斯科中央集权国家尚未形成之前,古罗斯曾经是公国林立的封建割据国家,各公国的大公虽各自为政,但并不具有专制的权力。在10~14世纪,市民大会(“вече”,亦译“谓切”、“卫彻”、“维切”)是古罗斯大贵族限制大公权力、城市民众发表意见的机构。这种市民大会不但决定大公对外宣战和宣布和平等重大问题,而且有推举和罢免大公、批准法律以及与其他国家缔结各种约定等权利。有的基辅大公就

---

① [俄]德・谢・利哈乔夫著:《解读俄罗斯》,吴晓都等译,北京大学出版社2003年版,第23页。

② 同上书,第18页、第23页。

是经过市民大会的同意后才登上大公宝座的。基辅的主要政治机构是大公办公厅、“杜马”(duma)即贵族委员会和“卫彻”即市民大会,他们分别对应着基辅公国的专制或君主政治、贵族政治以及民主政治。在司法和行政方面,大公居于关键地位。他与选举出来的以及他自己任命的官员们共事,并且要与地方的官员们进行协调。大公的政府是个后来者,因此不得不被嫁接在已经充分发展了的地方机构上,在城镇里尤其如此。

贵族杜马是从基辅大公与其身边的高级扈从们之间的协商和合作中发展而来的,它随着基辅罗斯的发展而不断扩大,既反映了贵族阶层的崛起,同时也受到罗斯皈依基督教的影响,高级神职人员在杜马中也有了一席之地。

基辅公国的民主成分在“卫彻”或市民大会这种形式中得到了某种表达,它类似于西方的诸蛮族王国中自由人的集会。各家的家长都有权参加这个会议。它们通常在集市上举行,就诸如战争与和平、紧急立法、与某个王公的冲突或王公之间的冲突等重大问题做出决定。卫彻中所盛行的、常常难以驾驭的、通过一致同意的方式进行决策的做法,可以认为是直接民主的一种应用。①

二、基辅时期社会调控的基本法律形式与内容

在世界范围内各国的民主法治进程中,俄罗斯法治进程开始的较晚并发展迟缓,以至于人们常常认为俄罗斯与现代意义的法治还完全不沾边。通过对俄罗斯历史考察我们发现,在11世纪初至13世纪初形成的《罗斯真理》,在一定程度上为我们展现出了罗斯社会政治、经济与文化发展的全景,被认为是罗斯社会法律发展的集大成。《罗斯

---

① [美]尼古拉·梁赞诺夫斯基、马克·斯坦伯格著:《俄罗斯史》(第7版),杨烨等译,上海人民出版社2007年版,第44~45页。

真理》也称《罗斯法典》,被认为是俄罗斯的第一部成文法典。《罗斯真理》作为一部巨型法律汇编,以罗斯社会长期实行的习惯法为核心,历经两个世纪之久最终形成。它虽然比起《汉谟拉比法典》(公元前16世纪)、《查士丁尼国法大全》(公元6世纪)在时间上要晚很多,但在俄罗斯法制史上占有重要的地位,从内容上可以了解到俄罗斯当时的社会制度,各种居民和奴隶的法律地位和国家结构,犯罪和刑罚的种类以及民法的个别制度。①

在法律制度方面,基辅罗斯大公们都十分重视法律制定和编纂。公元1000年左右,奥列格大公已经建立起来以基辅为中心的幅员广大的国家。为巩固自己的统治,奥列格制定一部《罗斯法令和法律》,其中把居民分为自由人和奴隶,把自由人分为富人和穷人,并明确规定:抢劫富人财产的穷人要受到严厉的惩罚。弗拉基米尔在位期间,编纂了《雅罗斯拉夫法典》,这是第一部用斯拉夫文写的书面法律条文大全。在这部法典里虽然残留着多神教习俗的痕迹,如血族复仇等条例,但是在基督教思想影响下,这种血族复仇已经受到了限制。后来,在公元1054~1073年间,雅罗斯拉夫大公的三个儿子——伊季亚斯拉夫与他的两个弟弟斯维亚托斯拉夫、弗谢沃罗德又一起编纂了《雅罗斯拉维奇法典》,规定废除血族复仇,改为处以罚金。弗拉基米尔·莫诺马赫(公元1053~1125年)大公制定了一部新的"俄罗斯法典",叫作《弗拉基米尔·弗谢沃罗德维奇章程》,该章程有一系列解除债务人的债务,减轻农民负担的条例。随着基督教在罗斯的传入和生根,基督教教义渐渐进入俄罗斯社会和人们的日常生活中。如罗斯多神教时期,偷盗、凶杀、抢劫被认为个人行为,而基督教认为偷盗、凶杀、抢劫是罪行,要以上帝名义对行为人审判并处以惩罚;罗斯多神教时期,家庭是一夫多妻制,实行父亲财产平均分配给儿子,基督教谴责多配偶制,反对财产平均分配给子女(与仆人生的子女、非婚生子女不应

---

① 张寿民著:《俄罗斯法律发达史》,法律出版社2000年版,第8页。

得到财产)。后来,多神教的许多观念和习俗都慢慢地淡出了基辅罗斯社会,而基督教的许多原则在罗斯渐渐地固定下来了。“法律变成基辅罗斯社会注意的中心,并且成为这个时期俄罗斯文化的一个新现象。”①

通过对史料的分析可以看到,基辅罗斯时期的法律渊源已经出现了多元化趋势。习惯法是 9～10 世纪基辅罗斯的主要法律渊源。同时,基辅罗斯与拜占庭条约有相当部分内容是来自基辅罗斯的法律,因此这些条约也是探讨基辅罗斯法律的重要史料。② 在基辅罗斯诸王公立法活动中制定和颁布了一系列教会条例,因此以教会条例为基本内容的立法也是罗斯社会法律的渊源。

在法律内容上,基辅罗斯时期已经较为明确地涉及了国家法、民法、刑法、法院及诉讼等内容。③ 根据《罗斯法典》的记载可以看到,当时基辅社会已达到相当高的发展水平,特别是在贸易和金融领域。它也因其刑罚的不寻常的温和性而引人注目:更多地诉诸罚款而不靠死刑。在世界法制发展史上,《罗斯法典》(形成于 11 世纪初至 13 世纪初)占有极为重要的地位。《罗斯法典》成为俄罗斯后来法制发展的重要基础。15 世纪伊凡三世统一俄罗斯时,颁布了《伊凡三世法典》(也称《1497 年法典》),该法典以《罗斯法典》等一系列法典法律为基础,统一了当时纷乱庞杂的司法体制。

第二节　俄罗斯民主法治进程的自觉展开

从《罗斯法典》的形成、到 15 世纪伊凡三世统一俄罗斯后对国家行政制度的创设和司法体制的构造、到 16 世纪中央政府的权力对波

① 任光宣著:《俄罗斯文化十五讲》,北京大学出版社 2007 年版,第 46 页。
② 张寿民著:《俄罗斯法律发达史》,法律出版社 2000 年版,第 7～8 页。
③ 同上书,第 14～24 页。

雅尔权力的制约、再到17世纪国家参政主体的多元化，俄罗斯法治进程已经在母体文化中悄无声息地展开。在不同阶段，虽然在俄罗斯特有文化心态的影响下，民主法治化的进程时而加速、时而中断，但总体趋势是向前发展的。

一、俄罗斯统一国家的形成与法治的自觉发展

如果将法治形式化理解为"法的统治"，那么在俄罗斯历史上其法治进程的起点可以追溯得很远。在民主法治进程中，有两个形式上的要件是必备的，法制的完备与发展是形式要件之一，民主的表达方式是要件之二。俄罗斯统一后，伊凡三世在位期间颁布的《1497年法典》被认为是"欧洲第一部统一的法典"。在国家管理体制中，他保留了古老的领主杜马制度，这些都在形式上证明俄罗斯对民主法治的追求。

（一）《1497年法典》：俄罗斯第一部统一法典

伊凡三世统一俄罗斯后，开始着手进行中央集权式国家的建设。为加强中央集权，进行法律制度的构设，被认为是"欧洲第一部统一法典"的《1497年法典》颁布实施，它将以前零散的法律规范系统化，同时"证明了罗斯法学思想的最高成就"。[①]

该法典不仅为中央官署的工作定出了规则，而且也为地方行政管理定出了规则。该法典规定了食邑贵族的权利，限制了他们专横恣肆，扩大了他们对大公所负的责任，确定了他们的义务和权利的范围。颁发给食邑贵族的规章文书确定"俸禄"和"税收"的数额，而且俸禄已经不由他们自己收取，而由城市的百人长和农村的村长收集。缩短

---

① ［苏］B. B. 马夫罗金著：《俄罗斯统一国家的形成》，余大钧译，商务印书馆1991年版，第221页。

了食邑贵族担任该职位的任期。地方上选任当权者,即城市的百人长和农村的村长,被吸收参加行政管理。根据《1497 年法典》,“地方选任者”被吸收为全权代理人和乡长的法庭的成员,他们从“善良”、“优秀”者即富裕者中间选出。他们审判偷窃和抢劫等“坏”事,这些措施具有积极意义,因为它们削弱了全权代理人和乡长的权力,减轻了人民群众处境的困难,批准并加强了选任者的地方行政管理权。[①]

依据《1497 年法典》,建立了中央集权的国家行政制度,建立了统一的司法制度和诉讼程序。《1497 年法典》主要内容是关于诉讼方面的规范,它划分了各种法院的权限,规定了统一的司法收费,规定许多案件适用纠问式诉讼形式,强调了书面文件作为主要司法证据的意义,体现了司法中央集权化的趋势。

(二)原始议会形式的发展演变

俄罗斯的历史漫长而曲折,从公元 9 世纪基辅罗斯的建立到公元 15 世纪俄罗斯的统一,这期间也有 600 年左右的时间。伊凡三世统一俄罗斯后,建立起强有力的中央政府机构,领主“杜马”仍然是重要的决策机关,有关国家的一切重大问题均由王公和杜马商讨决定。但随着大公政权君主专制的强化,领主杜马的性质和成分发生了变化,工作变成经常性的,职能复杂化了,不是所有领主都可以和君主一起开会,领主必须受恩赐才能进入杜马。在伊凡三世时代,事实上“领主杜马成了封建割据旧制度的残余——领主后裔、被国君一下子封为‘领主’的留里克后裔、格季明后裔的集中地。他们把领主杜马看作他们这个阶层的机关,想通过杜马控制国家,影响国君,以保持其昔日权利和特权的残余。因此,领主杜马也成为反动的领主反对派反对壮大起

① [苏]B. B. 马夫罗金著:《俄罗斯统一国家的形成》,余大钧译,商务印书馆 1991 年版,第 218 ~219 页。

来的君主专制政权和中央集权机构的集中地”。[①] 在这种背景下，国君为管理国家在领主杜马之外的服役贵族和正在产生中的官僚身上寻求到了支持，此时，“真正的国家行政主要不是集中于杜马，而是集中于中央各衙门。好妄自尊大的领主还可以以自己的‘门第’自豪，每天从清晨起傲慢地高踞于杜马中，但是建立国家机器所需要的真正细心和耐心的复杂工作在中央各衙门中进行”。[②]

如果抛开民主法治的标志性制度特征，在功能实质上，俄罗斯一直有着独特的民主形式，虽然有时被迫中断。伊凡三世时期建立了两种全国性的管理机构——宫廷和政厅，在此基础上形成了新的国家管理体制。在国家政权方面，这一时期俄罗斯国家的政权形式是等级君主制，俄罗斯大公和封建的领地贵族共享国家权力。大公是俄罗斯国家的君主，处于国家政权的核心地位，他既享有全部立法权和司法权，又享有国家机关和军队的最高指挥权。同时，大公的权力还受到波雅尔杜马的限制。波雅尔杜马又称为大贵族杜马，它是封建贵族的政权机关，组成人员包括波雅尔、杜马贵族和杜马官员。其中，波雅尔的影响力最大，他们大都是莫斯科公国的封侯后裔。在法律上，波雅尔杜马的职能和地位并没有明确的规定。而是根据习惯法、传统或惯例，以及大公和波雅尔杜马之间实际力量的对比而有所不同。

1549 年 2 月 27 日伊凡四世在莫斯科召开了有统治阶级各等级参加的“协调会议”。出席会议的有波雅尔、司书、高级僧侣以及莫斯科封地贵族的代表。会议的中心议题是改革与编纂新法典。这是俄国历史上的第一次缙绅会议。[③]

在俄罗斯有无民主传统问题上，东西方一般认为这是一个没有议会传统的国家。近年来，随着研究的深入和大量史料的引入，这种认

---

① ［苏］B. B. 马夫罗金著：《俄罗斯统一国家的形成》，余大钧译，商务印书馆 1991 年版，第 220 页。

② 同上，第 220 页。

③ 白建才著：《俄罗斯帝国》，三秦出版社 2000 年版，第 71 页。

识正在发生变化。对于议会的发展,历史学家已经给出了较为明确的认识线索。“无论在西方还是在东方都存在这样一种根深蒂固信念,就是在俄罗斯没有议会制度的经验。的确,在20世纪的国家杜马之前我们不曾有过议会,就连国家杜马的经验也微不足道,但是在彼得大帝之前议事机构的传统就很深远。我说的不是市民大会,在蒙古统治前的罗斯大公在开始自己的日程时,就常常与自己的侍卫和大贵族坐在一起‘思考杜马’。与‘市民们’,‘男修道院院长和神甫’及全体人民的大会是经常性的,他们奠定了具有确定的届次和各个阶层缙绅大会的坚固基础。16~17世纪的缙绅大会具有书面报告和决议。当然,伊凡雷帝曾经残酷‘戏弄民众’,但是,他还不敢正式取消‘与整个国家’协商的古老习俗,至少还得装出他是‘按古老仪规’统治国家的样子。只有彼得大帝在实施改革时结束了构成广泛的旧俄罗斯会议和‘全体民众’代表大会。直到19世纪下半期才恢复社会——国家生活,但是,终于恢复了这个社会的‘议会的’生活;它没有被忘记!”①杜马是俄文“дума”的音译,本意为“思想”、“思考”、“思维”,后来引申出议会之意。它是俄国式的议会,在俄国历史上自古就有。但不同时期的杜马在俄国的政治生活中所起的作用不同,如10~18世纪曾出现过作为沙皇政府咨议机构的波雅尔杜马或称领主杜马、1785年设立的作为城市管理机构的城市杜马等。真正具有立法权的现代意义上的杜马则是国家杜马。

在18世纪至19世纪初,国家最高权力机构的名称几乎随着每一位新皇帝的执政而改变。18世纪初叶前为波雅尔杜马;彼得一世时期1711年开始为参政院;叶卡捷琳娜一世和彼得二世时期是最高秘密会议;安娜·约安诺芙娜时期为内阁会议;伊丽莎白·彼得洛芙娜时期是最高宫廷会议;彼得三世时期是最高宫廷委员会;叶卡捷琳娜二世

① [俄]德·谢·利哈乔夫著:《解读俄罗斯》,吴晓都等译,北京大学出版社2003年版,第34页。

时期是御前会议;亚历山大一世时期为国务会议或被称作常设咨询议会。尼古拉一世将政治决策权转给自己的办公厅,而亚历山大二世转给大臣会议,亚历山大三世转给大臣委员会,在尼古拉二世时期1906年以前决策权都归大臣委员会,从1906年开始决策权才转给大臣会议。1906年俄国出现了具有立法职能的议会,它由两院组成:国家杜马和国务会议。议员由土地所有者、城市和农民三种选民选举产生,工人被列入城市选民团。立法权由议会和皇帝共同行使。此外,议会还有讨论预算权和国家管理的最高监督权,但政府成员要由皇帝任命并对其负责。①

1549年伊凡四世召开第一次缙绅会议后,经过一年多努力工作,新法典编纂完毕。1551年2月伊凡四世再次召开有宗教界代表和世俗封建主代表参加的会议,讨论通过了新法典。新法典规定,审判权和行政权集中于中央,废除王公领地司法特权,地方权力由封建贵族、商人、手工业者和农民选举的地方长官行使,他们对中央政府负责。这部法典在一定程度上加强了中央政府的权力,削弱了波雅尔的权力。②

二、法治化进程的加速与间断

从古罗斯开始,俄罗斯实质意义上的"法制国家"一直处于自生自发的形成时期,17世纪以后,彼得一世、叶卡捷琳娜二世、亚历山大一世、亚历山大二世和尼古拉二世等君主进行的改革使国家机构体系不断完善,视野不断开阔,促进了俄罗斯的现代化,为其民主法治化创造和准备了条件。19世纪60~70年代的"大改革时代",沙皇政府进行的一系列政治、经济、司法等改革,在一定程度上推进了民主法治的制

① [俄]鲍里斯·尼古拉耶维奇·米罗诺夫著:《俄国社会史》(下),张广翔等译,山东大学出版社2006年版,第202~203页。

② 白建才著:《俄罗斯帝国》,三秦出版社2000年版,第71页。

度化,加速了俄罗斯民主法治化的进程。在民主化进程中,彼得一世和亚历山大二世的改革对俄罗斯民主法治的发展起到了催化和加速作用。

(一)彼得一世改革引入了现代民主法治的气息

西方国家一直是彼得心仪的典范,他希望把俄国的一切,包括政府、社会、日常生活和文化等都西方化与现代化。除了众所周知的军事改革外,彼得还进行了行政改革,包括中央政府、地方政府和教会。彼得改革的重大成就有以下几个方面:第一,大力吸收西方近代自然科学的成果,大力引进在自然科学基础上发展起来的西方技术和工业成果,用以促进俄国的工业和科学技术的发展,为俄国走向世界提供了物质基础。第二,文化、教育、科学事业有了重大的进展。彼得认识到,不发展科学技术文化教育事业,就不可能摆脱俄罗斯的落后状态,也不可能巩固改革的成果。在教育方面,首先,他改变了过去教育由教会一手把持的状况,把教育大权交给政府;其次,他要求改革学校的教学内容,增加一些实用性的科学技术。并根据彼得的命令,成立了俄国科学院。第三,在制度文明方面,彼得虽然不会触动君主专制的根本制度,但也有一些意义重大的改革。如城镇行政管理改革,彼得把城镇居民分为三个行会,第一类是豪商富贾、钱庄老板、医生和大手工业主;第二类是小手工业主和商贩;第三类是普通工人、粗活工和自由小市民。每年由全体居民改选市长,管理城镇的终身行政官则由第一类行会和市长任命。这种管理体制给予城镇以微弱的自主权,尽管极其有限。

(二)亚历山大二世改革加速了民主法治化进程

1861年2月19日亚历山大二世签署法令废除了长久以来存在的农奴制。《解放农奴宣言》被很多历史学家称为“历史上最伟大的立法”,虽然不免有些夸大,但这确实是一项伟大的改革,因为人身束缚从俄国人的生活中消失了,广大民众获得了人身自由。据统计,这次改革直接影响了约5200万农民和2000多万私有土地主农奴的地位。同时代美国内战之后获得解放的黑人奴隶也不过400万,并且俄国是通过和平的法律程序解决的。① 人身自由是其他一切自由的前提,俄罗斯自上而下对农奴制的废除使人身依附关系消失。

接下来,亚历山大二世在地方行政、司法、财政、教育和军事等方面全面推行改革,其中地方行政改革和司法改革具有民主法治的标志性意义。几个世纪以来,俄国的地方政府一直是行政管理和政治生活中的薄弱环节。有关地方自治改革的法律,强化了地方政府管理,促进了现代化和民主化的趋势,具有深远意义。

为推行地方行政改革,沙皇政府制定了《关于省和县地方自治机构》的法令草案,1864年1月由亚历山大二世批准生效。根据该法令,在省和县设立地方自治机构。地方自治机构由自治会议及其执行机关自治局组成,均由选举产生。县自治会议由地主、市民、村社农民三个阶层分别选举的各自的代表组成,省自治会议的代表由各县自治会议选举产生。自治会议3年选举一次,每年召开一次会议,负责政策和预算的制定。自治主席和委员若干人,由自治会议选举产生,每3年改选一次。县自治局主席由省长批准,省自治局主席由内务大臣批准。沙皇政府对城市行政机构进行了改革,规定在城市中建立无等级的城市自治机关城市杜马及其执行机关自治局。城市杜马由纳税人选举产生,自治局由市长和数名成员组成,市长为城市杜马和自治局主席,大城市市长由内务部批准,小城市市长由省长批准。按照地方自治会议和城市杜马选举法等有关规定,地方自治机构都被控制在地主贵族手里,城市杜马则被控制在大资产阶级手里。同时,地主贵族和大资产阶级都要受沙皇政府的严格监督。虽然地方自治机构和城

---

① [美]尼古拉·梁赞诺夫斯基、马克·斯坦伯格著:《俄罗斯史》(第7版),杨烨等译,上海人民出版社2007年版,第343页。

市杜马的职权有限，只能管理地方经济、教育、卫生和社会救济等领域，但这毕竟改变了过去地方行政官员完全由地主贵族充任的现象，使一般农民和市民也有机会参与地方行政管理，这无疑是基层民主的一大进步。[①] 地方自治委员会和城市杜马的活动促进了自由主义观点和情绪在社会各界的广泛传播与发展，绝大多数民众都希望制定宪法、组建议会，推动了俄罗斯民主法治的进一步要求。

废除农奴制后沙皇政府着手司法改革。亚历山大二世确立了以"迅速、公正、仁慈"为指导的改革三原则。1864 年 12 月沙皇批准了以西欧司法制度为模式的新的司法章程，仿效西欧进行一系列改革。在此之前，沙皇俄国的司法审判制度虽有法律，但并非人人平等，贵族享有特权；司法附属于行政，政府控制司法；审判秘密进行，不准被告提出辩护，即予判决；法官知识浅陋，待遇低微，随意判决，贿赂公行。在一定意义上，"俄国司法系统相比较地方政府来说更需要一场改革"。[②] 陈旧、官僚、繁杂、腐败的司法系统基于当时的等级制度，无法体现法律面前人人平等的原则，且主要依靠书面的和秘密的程序，司法系统被那些有知识和有思想的俄国人所深恶痛绝。有人这样评说俄国的旧法庭，"旧的法庭啊！一想起它，就使人毛骨悚然，浑身起鸡皮疙瘩"。[③] 司法改革最具有意义的内容是将司法从行政中分离出来。司法机构不再是行政官僚机构的一部分，而是政府的一个独立部门。法官除了法庭的裁决外不能解职或者调任。司法程序具有公开性和口头性的特征，而不再是以前的官僚性秘密。当事人可以在法庭上进行陈述，并取得足够的法律援助。司法制度改革使俄国产生了新的律师阶层，并且他们很快地取得了显著的地位。新的司法制度有两种法律程序，即一般程序和简易程序。陪审团审讯程序运用于重罪案审理

---

① 白建才著：《俄罗斯帝国》，三秦出版社 2000 年版，第 351 ~355 页。

② [美]尼古拉·梁赞诺夫斯基、马克·斯坦伯格著：《俄罗斯史》(第 7 版)，杨烨等译，上海人民出版社 2007 年版，第 346 页。

③ 同上。

中,而治安法官则处理较轻的民事和刑事案件。各法庭组合成单一系统,最高法院为其最高机构。所有俄罗斯人在法律面前人人平等,且受到一样的对待。除普通法庭之外,还有军事和宗教法庭以及处理当地农民问题的习惯法的特殊法庭。

司法章程根据法律面前人人平等的原则,规定对所有人依照同一法律,遵循同一程序进行审判,用同一法院,取代了旧的等级法院;根据司法独立的原则,规定司法人员不受行政任命和撤职,审判完全依照法律进行;根据司法公开的原则,确立了公开的诉讼程序,建立了陪审员制度和律师制度,规定审判公开举行,原被告均须出庭,被告可有辩护律师辩护,由陪审员决定被告有罪或无罪,再由院长和两名法官量刑或释放;法官改为终身制,慎选廉能之士担任,并提高其待遇,借以养廉。总之,司法改革贯彻了资产阶级法律原则,是当时各项改革中比较彻底的改革。规定政治案件不归陪审法院审理,即由高等司法厅或参政院审理。

人们对"大改革"给予积极的评价,认为它朝着改变俄国的方向大大地前进了一步。"法庭还有地方自治机构具有重要的政治意义,因为它们作为公众利益的核心机构享有了比在一般情况下俄国所允许的更大的表达意见的自由。"①"可以肯定地说,虽然俄国依然是沙皇专政,但是它在很多方面都有了变化。在这些变化中非常重要的一个方面就是政府的改革也带动了经济的发展和社会的变迁。""俄国资本主义的发展,农民阶层的演变,贵族的衰落,中产阶级的上升,特别是专业团体和无产阶级的壮大,公共领域的发展——所有这一切都受到亚历山大二世立法的影响。俄国确实在向现代国家的路途中开始迈开了大步。"②

事实上,在彼得一世时期,国家机构的活动就已经被纳入法律框

---

① [美]尼古拉·梁赞诺夫斯基、马克·斯坦伯格著:《俄罗斯史》(第7版),杨烨等译,上海人民出版社2007年版,第347页。

② 同上书,第347~348页。

架内,各机构本身具有专门的职能。在亚历山大一世时期,随着专门负责国家法律问题的机构——内务会议的建立。俄国实行了分权制原则。从这时起,国家机构体系的运行非常规范,各机构职能明确:立法权,确切地说是立法咨询权属于国务会议;行政权属于各部;监督权归参政院;司法权归法院。最高政权则负责联合和协调所有的权力分支机构。新的司法制度强化了法在国家管理中所起的作用,使司法得以从行政管理中完全独立出来,"司法改革为俄罗斯国家体制提供了新的合法保障,比以往更加明确地划清了国家管理过程中法规和最高行政命令之间的界限"。[①] 由于1864年司法改革和1906年议会建立,俄国的立法、行政和司法权最终实现分离,国家各机构的活动被纳入代议机关制定的法律框架内。[②]

三、俄罗斯传统中有无法制因素的理论争议

对于十月革命前俄国国家传统中是否存在法制因素在理论上是有争议的。一种理论认为,俄国人法的意识与法律传统非常薄弱,"俄罗斯人民大部分只受习惯约束,在布尔什维克革命以前不曾把法看成社会秩序的基础。对他们来说,法律等同于君主的一时爱好,主要作为一种行政手段"。[③] 另一种理论认为,俄国传统中存在一定的法制因素,历史如果不在20世纪初被中断,俄罗斯有形成法制国家的趋势。[④]

俄罗斯社会历史学家米罗诺夫通过制度考察认为,从基辅罗斯、莫斯科公国到俄罗斯帝国,实际上国家始终被迫地同社会一道分享权

---

① [俄]鲍里斯·尼古拉耶维奇·米罗诺夫著:《俄国社会史》(下),张广翔等译,山东大学出版社2006年版,第144页。

② 同上书,第205页。

③ [法]勒内·达维德著:《当代主要法律体系》,漆竹生译,上海译文出版社1984年版,第186页。

④ 在本书中所使用的"俄罗斯法制"与"俄罗斯法治"是有区分的,由于法治是一种现代观念,"俄罗斯法制"的使用在时间上主要指十月社会主义革命之前的各发展阶段。

力，这成为帝国时代一大特色。“在俄国政体向法制国家转化之际，俄国社会也从国家管理的客体逐渐变为国家管理的主体，俄国人则由臣民晋升为公民。大大促进了上述转化过程的积极因素是，在17～20世纪，国家始终被迫同社会一道分享权力，准许具有相应实力的市政自治管理机构与之并存，因为国家还未曾有过足以胜任的管理机关。最高政权一方面与其行政管理机构；另一方面又同城市和农村公社以及市民和贵族社团分享施政和管理的权利。这成了帝国时代的一大特色，也成了连接俄国各个不同历史时期的纽带。”①米罗诺夫认为，俄国法制的发展如果不被1917年革命所中止，则一定会走上民主法治之路，因为他认为，在帝国存在的最后10年中，俄国政体在法律上属于法制国家，因为法律被正式赋予宪法意义，民众获得了宪法、议会和民权。这样，在200多年里，俄国由传统统治下的人民君主制走向了合法统治下的国家。在俄国，法制国家已初具规模，法律至上、司法行政及权力分散是其本质属性，依据行政法规及合理制度施政的官僚阶层是其基本工具。② 这种变化的产生直接源于社会生活的客观要求，随着国家行政管理范围的进一步扩大，大权独揽的君主越来越感到难以应对，认为只有在遵从法律原则的条件下，政权才能得以确立和巩固，才能培养公民的遵纪守法意识（如果统治阶级遵纪守法，公民也会仿而效之）。因此，这一时期的俄国帝王（包括尼古拉二世）都一致认为，“对众人而言，皆应遵循同一之法。若朕先行违法，则何人还将遵纪守法视为己任？即便朕可以超于法之所限，然而，朕并不想为之。朕不信世上尚有不合法之公正。恰恰相反，朕甚感理应率先遵纪守法。他人可不求全责备，朕则难以逃脱公正之审判”。③

由于19世纪末和20世纪初国际社会风起云涌，战争加重了国内

① ［俄］鲍里斯·尼古拉耶维奇·米罗诺夫著：《俄国社会史》（下），张广翔等译，山东大学出版社2006年版，第174页。

② 同上书，第170页。

③ 同上书，第173页。

危机,使俄罗斯民主法治进程显得越发复杂。民主立宪活动未能从根本上改变国家长期积存下的顽疾,社会矛盾无法化解,十月革命彻底推翻了俄罗斯帝国。与此同时,法治的自生自发发展被彻底中断,随之而来的是社会主义法治模式的建构与尝试,苏联解体后,在“法治国家”建构被宪法明确后,新型法治模式的探索期展开。

四、法治国家思想的萌生与发展

如果俄罗斯法治国家在制度构建方面主要是自生的,那么在法治国家思想研究领域却具有很多外来的因素。在俄语中“法治国家”常常表述为“правовое государство”,其基本含义是,国家受法的限制,国家政权的活动必须严格依法办事。

俄罗斯法治国家理论的产生与形成大体可以分为两个阶段:18 世纪至 19 世纪中叶为法治国家思想的萌芽时期,从 19 世纪 60 ~ 70 年代至十月革命前后是法治国家思想发展迅速、法治国家理论形成的时期。俄罗斯历史上,寻求对权利和自由的法律保护,排除国家对其非法干预和限制的法治国家思想在 18 世纪就萌生了。[①] 俄国在向西方学习的过程中,受到包括法律文化在内的西欧文化的广泛影响,特别是人文主义和自由主义的影响。在 18 世纪的俄罗斯,就有了对法治国家一些不太成熟的认识。彼得一世改革打破俄国闭关自守的落后状态,在改革过程中翻译了大量的西欧立法,并对西方先进制度进行仿效。在叶卡捷琳娜二世执掌政权期间,西方自由主义思想在俄国得到传播。有的俄国学者把她称作自由主义的第一个传播者,她引入启蒙思想,使俄国人接触了自由平等的理念。例如,她限制适用拷打等肉刑。1767 年她亲自起草完成的《圣谕》,是一项充满了自由、平等、慈善、公正、理智等字眼的法令。《圣谕》宣称要建立一个禁止富人欺

① 张俊杰著:《俄罗斯法治国家理论》,知识产权出版社 2009 年版,第 15 页。

负穷人的法令，百姓不是为君主创造的，相反，君主是为百姓创造的。叶卡捷琳娜二世试图按照启蒙思想建立一个公正、人道的社会。《圣谕》的结尾这样写道："千万不要！千万不要在这次制定法律之后，地球上还会有某个比我们更公平，因而是更繁荣昌盛的民族。如果这样，那我们的法律意图就没有实现，我不想看到这样的不幸。"正是本着这样的理念，叶卡捷琳娜二世 1785 年颁布的《俄罗斯帝国城市权力和利益诏书》，规定城市拥有不动产者、商人、"名誉市民"等有权组成"市民会"，可选举市长以及等级性的行政和司法机关，实行自治；最富有的商人集团代表还享有一系列优待和特权。同年还颁布了《俄国贵族权利自由和特权诏书》，此状规定贵族有权开设工厂和在庄园中举办集市，享有选举县和郡的贵族领袖以及结社和向君主上书请愿等权利。

19 世纪 60 ~ 70 年代，"法治国家"术语从德国引入俄国。在此之前，在"十二月党人"革命过程中，一些先进的头脑清醒的俄国人把欧洲制度文明的思想理论引入了俄罗斯，并传播开来。"法治国家"观念为俄罗斯政治法律意识所掌握。受到当时俄国君主专制制度的影响，在起初的一段时期内，俄罗斯学者和法学家们是慎重地、比较少地使用它。亚历山大二世改革之后的俄国社会生活的各个领域开始发生重大变化，取消农奴制，设立了陪审法院，改组了检察机关，设立了律师团体，公布了资产阶级民主的诉讼程序，规定了公开、言辞、辩论的诉讼原则，如果沙皇不是遇刺身亡，还准备通过宪法。绝大多数居民在俄国历史上第一次获得了最起码的权利，其中包括支配自己生活的权利、自由迁徙的权利、财产权等。但在总体上，此时的俄国，由于等级与特权还被看作正当的，因此个人权利的获得更多来源于帝王的赐予，并且还存在等级的差别，分权也只是表现为恩许，与西方法治理论中公民权利的平等享有和权力制衡有着质的差别，与法治国家基本观念相距甚远，只能算是带有法治国家思想的因素。不过这仍是历史的一种进步，臣民的权利范围扩大了，国家权力又受到相应的制约，为法治国家理论的形成和发展创造了条件。

在19世纪和20世纪之交，随着外来政治文化对俄罗斯影响的加深，对法治国家在理论上的认识和理解有了进一步的发展，到十月革命前，法治国家基本特征在理论上取得了共识，这为理解法治国家确立了基本的原则。

1917年十月革命和国内战争结束后，新型社会主义国家通过了苏维埃宪法，这使学者们把法治国家思想与社会主义结合起来，认为社会平等和公平的社会主义思想不仅与法治国家制度相一致，而且在这些条件下能够成为现实。① 随着新经济政策的实行，苏联出现了大规模的立法运动或法典编纂运动，布尔什维克和全俄苏维埃代表大会要求加强革命法制，切实遵守革命法制。列宁和联共(布)中央认为建立和加强法制具有首要意义，并宣布法制是国家生活的基本原则之一。列宁屡次提出加强革命法制的主张，指出必须“不允许丝毫违背我们的法律”。民主的法制原则和法制的民主原则都受到高度重视，使千百万劳动者获得有秩序地参与国家管理的机会和“为争取自己的权利而斗争”。由于切实实行了这些伟大的法制原理和合理的法律政策，所以20年代是苏联社会主义立法和法制大规模、正规化发展的时代，这极大地推动了苏联社会的法律化并使社会主义法制得到巩固。在法制发展实践中，一些法学家在20年代中期提出了对苏维埃国家适用法治国家观念的问题。但当时的立法制度和立法、法律合宪性保障、维护公民权利和合法利益等方面的制度与机制都未充分发展，全社会的法制观念和法律素质也未达到必要的水平，苏维埃共和国还不具备法治国家的基础条件，因而还不是一个法治国家。苏维埃国家政权应当在自己建立起来的法律条件下进行活动则成为一种时代的愿望，“这是一种符合社会主义制度和国家政权的本质愿望，是符合人类

① 张俊杰著:《俄罗斯法治国家理论》，知识产权出版社2009年版，第21页。

进步的法律文明的愿望，是与当时正在发展的法制的趋向吻合的愿望”。[①] 但这种愿望在 20 年代末期就开始受到批判，并被指责为“资产阶级法治国家观念”的翻版，学术研究开始走向政治化，这导致一系列学术禁区的设置和学术僵化。“法治国家”概念长期受到摒弃或否定而无人敢于问津。法治国家思想遭到否定，加之党与国家一体化的行政命令体制和对斯大林的个人崇拜，从 30 年代中期到 50 年代初期，苏联社会主义法制便受到严重践踏和破坏。它从实践上根本摒弃了法治国家思想。[②]

苏联时期经过几个历史性阶段的根本转换，到 20 世纪 80 年代，苏共重新提出了社会主义法治国家思想，但遗憾的是由于体制僵化而产生的各种矛盾和问题的堆积已经到了积重难返的程度，任何理论也无回天之力，苏联社会主义国家最终走向了消亡。

苏联解体后，摆脱危机的俄罗斯联邦逐渐开始重建法治国家。从 1993 年《俄罗斯联邦宪法》对法治国家原则的确立到现在，经过法治国家制度的全面构建及其实际运行，当代俄罗斯的法治理论正在形成。

小结

在本章中，我们粗略地勾勒了俄罗斯法治如何在传统农业模式占主导地位的文化母体中萌生与发展。从较为原始的国家管理民主形式到社会调控的法律形式，都体现了一定的法治因素。随着俄罗斯统一国家的形成，其民主法治进程逐渐展开，伴随现代民主法治因素的引入，在开明君主的促动下，俄罗斯法治国家发展初具规模。但由于

---

① 王人博、程燎原著：《法治论》，山东人民出版社 1989 年版，第 415 页。

② 同上。

俄罗斯国家发展的曲折性,也使其法治进程一波三折。在以往俄罗斯法治问题的研究中,人们更多地以某些特定时代为切入点进行断代式的研究,如对苏联时期社会主义法治问题的研究、对当代俄罗斯法治国家问题的研究,到目前为止尚乏从制度与文化相结合的角度对俄罗斯从古至今的法治问题进行贯通式的研究。俄罗斯社会制度变革的深层动力是由传统农业文化模式向现代工业文化模式的转换,但由于俄罗斯作为后发展国家与现代西方国家存在很大的时代落差,使这种转型要经受各种文化精神的同时挤压,俄罗斯现代法治诉求正是在这种文化转型背景下展开的。

第三章　俄罗斯法治进程中文化影响力作用图式

在俄罗斯法治进程中,以特有核心文化因素为基础,形成独特的文化影响力作用图式,它通过民族性格、国家观念、哲学意识、宗教情结、文学精神等现实载体加以表现,展示出独特的魅力。笔者认为,在俄罗斯法治进程中,专制政治传统和以东正教为核心的宗教传统这两种核心文化因素共同作用,形成了俄罗斯独特的文明形态,产生了在俄罗斯传统中占主导地位的“宗法—专制”型文化模式,这种文化模式通过各种文化因素以“合力”的形式作用于法治的运行层面,这种文化核心因素作用下的俄罗斯法治进程异常艰涩。俄罗斯联邦独立后,法治发展出现了从全面移植西方法治模式到诉诸本国文化传统、再造新型法治文化的明显态势,“宗法—专制”型的主导性文化模式正在被“俄罗斯式的法治”型文化模式所替代。如何最大限度地发挥文化影响力的积极作用、克服文化内在阻滞力已经成为时代的命题。在历史的维度上考察俄罗斯法治进程中的核心文化因素及其影响对转型国家有重要的意义。当下各转型国家正处于转型期的多重文化矛盾之中，传统文化与外来文化、“普世主义”和民族主义、文化霸权与文化自主、理想主义和功利主义、大众文化与精英文化等的矛盾冲突，这些矛盾的处理和解决直接关系到国家价值体系的构造。

第一节　俄罗斯法治进程中两种核心文化因素

在俄罗斯特有的各种文化因素中，专制式的政治文化传统与东正教的宗教情怀是构成其整个文化的核心要素和支撑性力量。很多人认为俄罗斯文明由东正教、专制制度和农奴制三个互相联系的因素组成，“东正教是俄罗斯文明的精神支柱，专制制度是俄罗斯文明的政治核心，农奴制是俄罗斯文明的经济支柱”。[①] 虽然对于农奴制能否成为俄罗斯文化的基本特征存在争议，但东正教与专制政治文化传统在俄罗斯发展中确实起着支柱作用。东正教在一定程度上主导着俄罗斯人的精神世界，专制制度维护着世俗世界的统治，同时二者之间不是截然分开的，东正教通过各种形式广泛地渗入政治生活中来。正是在东正教与专制政治统治的影响下，形成了俄罗斯独特的文明形态。在这两种核心文化因素的作用下，形成了一种“宗法—专制”型的主导性文化模式，它长期作用于俄罗斯法治进程的推进。

一、古罗斯文化的两个来源

古罗斯又称基辅罗斯，是 9 ~ 12 世纪东欧平原上的一个封建国家，被认为是俄罗斯、白俄罗斯和乌克兰三大民族的共同渊源。古罗斯文化的形成与发展以东斯拉夫传统为基础，同时受其他国家和民族

---

① 刘祖熙著:《夏日堂史集》，人民出版社 2007 年版，第 2 页。

文化的影响，其中拜占庭文化对其影响尤为深远。

东斯拉夫文化传统的烙印深厚。公元前最后几个世纪，斯拉夫人以布格河为界分为东西两支。居住在第聂伯流域的是东斯拉夫人，他们是俄罗斯人、白俄罗斯人、乌克兰人的祖先。公元882年东斯拉夫人的国家——古罗斯国在第聂伯河中游波良部落联盟的首府基辅建立。

据《往年纪事》说，古罗斯国家是由海外的瓦良格人（又称诺曼人，系日耳曼人的北支）的王公留里克帮助建立的。由于斯拉夫人各部落内讧不休，战乱频仍，他们派代表越海去邀请瓦良格王公来治理。

拜占庭文化对古罗斯文化的影响深远。拜占庭文明是以君士坦丁堡为中心的中世纪璀璨的、融合性的文明。拜占庭的文化构成中保留了大量罗马文化，同时又结合了许多其他元素，集希腊文化传统、基督教思想和东方风格于一身，对罗斯民族的宗教信仰、民族性格、文字印刷、文学和艺术等方面产生深远影响，拜占庭文明对罗斯起了型塑作用。

拜占庭文明是一种混融性十分明显的文化，拜占庭帝国原来虽为罗马帝国的一部分，但因其远离罗马帝国文化中心，拜占庭属于希腊文化与亚洲东方文化的范围内，在罗马帝国灭亡之后，该地区的文化发展更多地倾向于对希腊文化的全面吸收，希腊文化在拜占庭的主导作用逐渐替代了罗马文化的主导作用。

拜占庭帝国从罗马文化中吸收了罗马帝国的行政管理制度、官僚机构和立法制度这些罗马文化中的优秀成果，拜占庭的行政机构直接沿袭了已在西欧地区灭绝的罗马帝国的行政体制，没有与罗马帝国固有的行政体系背道而驰。另外，拜占庭帝国虽然信仰东正教，但东正教教廷与罗马教皇教廷根源统一，这在宗教上更加证明了拜占庭帝国与罗马帝国的无法割舍性。拜占庭地区靠近亚洲东方地区，东方文化中，叙利亚文化、阿拉伯文化等都在自身文化的发展中客观对拜占庭文明起到了补充作用。可见拜占庭文明是古希腊文化、古罗马文化、基督教文化、古代亚洲东方文化的一种优秀的汇融。①

拜占庭文明的另一个主要特征是拜占庭文明对古典文化进行了成功的改造。拜占庭文明对希腊古典文化有着较好的保存,但并不是一味地保留,虽然拜占庭文明有着较强的尚古倾向,却没有一味拘泥于此。拜占庭立国后,基督教在拜占庭有着其在西欧完全不同的发展道路,形成独具特色的东正教文化体系,然而其发展的时间尚短,缺少系统性与理性,无法满足古典文化氛围浓厚的拜占庭国家、大众思想上的需求。此时,基督教教义等与古典文化的修辞学、哲学完美地结合,使基督教文化系统化、理性化,可以被大众所接受,为国家统治阶级所利用,控制大众精神。而古典文化与基督教的宗教大众化所结合,摈弃了其无法为大众所接受的弱点,古典文化被适当地注入了大众性与普遍性,古典文化的发展趋势比其在西欧的发展趋势好得多。此时,西欧的文化早已被基督教的神权文化所控制,古典文化及其作用早已荡然无存,而拜占庭的东正教思想并不排除人性思想与文化,并且君权始终控制神权,使神权为国家服务,做到使神权无法垄断文化,十分恰当地做到了神性与人性的归流合一。②

在宗教信仰方面,罗斯人起初信奉多神教,公元 988 年宣布基督教为国教。接受基督教可以被视为一个进步现象,新的宗教有助于国家的统一和国家政权的巩固,并强化了中央集权的政治体制。在政治、经济和文化不发达的情况下,宗教是传播文明的最好形式。罗斯接受基督教为罗斯社会注入了新的活力与生机,为罗斯的发展注入了养分,对其民族性格的形成有重要影响。罗斯接受基督教之时正处于其民族性格形成之时,因此俄罗斯民族性格中带有浓厚的宗教情结。宗教所宣扬的理论也逐渐融入俄罗斯民族血液中,如基督教所宣扬的选民意识使罗斯民族具有极强的使命感,他们自认为是上帝的选民,

---

① 杨龙:“浅析拜占庭文明的特点和影响”,载《内蒙古农业大学学报》(社会科学版)2010 年第 5 期。

② 同上。

潜意识中带有俄罗斯民族集体主义,而有些演变为沙文主义精神。而基督教隐忍、受苦的教义使罗斯民族具有坚忍顽强的个性。在宗教影响下形成的“弥赛亚”思想,即“救世”、“上帝选民”思想也在俄罗斯人内心根深蒂固。因此,基督教的传入影响了整个民族的思维方式、价值取向和精神气质。俄罗斯作家列夫托尔斯泰认为,同俄罗斯人民交谈,最终总要谈到他的上帝。

接受基督教之后,拜占庭传教士基里尔和梅福季创造了斯拉夫字母。文字是民族文化形成与发展的载体,有了统一的文字,罗斯内部联系加强了,与欧洲国家特别是拜占庭的联系也加强了。同时传入的还有标点符号、制造书写材料技术及书籍装订技术。随着文字的出现,罗斯最早的翻译文学发展起来,并且在中世纪罗斯文学中占有重要地位,拜占庭译著的传入使罗斯出现了多种文学形式,如人物传记、经书、编年史等,罗斯最早的《往年纪事》就是模仿拜占庭的年代纪事史书。口头创作和书面作品是古罗斯主要的文学形式,其中书面文学的发展被认为与罗斯皈依基督教有着密切的关系,因为大部分编年史都是由教会里的修士们着手编写的,而这些人也成了俄罗斯史上首批历史学家。此外拜占庭文化对罗斯建筑和绘画艺术也产生深刻的影响。①

拜占庭文明的优秀成就是多方面的,包括法律、宗教、学术与教育和艺术方面(包括历史、文学、建筑等),如在法律方面,查士丁尼组织法典编撰委员会,由法学家特里波尼安主持,于公元 534 年完成的对《民法大全》的编撰就是拜占庭帝国法律发展的最高成就,这部法典对加强中央集权和保护私有财产有着超越时代和地域的意义。它所规定的法律体系继承了罗马法律体系,汇集了全部罗马法律文献,使罗马法律全面地保存下来,在汇编、整理的过程中摘除其矛盾与失效的

---

① 梅春才、杨迪:“拜占庭文化及其对古罗斯文化的影响”,载《中外企业文化》2014 年第 12 期。

法律条款,使罗马法律体系更加明畅。《民法大全》是欧洲历史上第一部系统完备的法典。12 世纪起,《民法大全》成为西欧各国研究、制定本国法律的基础。西方法学家至今仍沿用此法典中公法和私法的划分界限。法典的私法部分对近代欧洲各拜占庭文明,以及各资本主义国家的立法都产生了重要的影响。可见《民法大全》对欧洲法学、立法等相关于法律的各个方面的重大影响。

拜占庭文明对东斯拉夫文化产生了重大影响,君士坦丁堡被东斯拉夫人看作他们所共同拥有的宗教和文化中心,尤其是对于俄罗斯文化。公元 988 年,弗拉基米尔大公在接受东正教洗礼之后,东正教在俄罗斯逐渐获得统治地位,俄罗斯接受西里尔字母体系形成自己的俄文字母体系,并接受东正教成为自己的国教,文学、哲学、建筑、绘画等各个方面均受到了拜占庭文明的影响。拜占庭文明对斯拉夫文化的影响是不可估量的,它把斯拉夫文化纳入欧洲文化圈,并且以拜占庭文明为基础,逐渐形成有强烈时代性、地域性的斯拉夫文化。

二、俄罗斯政治文化的渊源及其演变

俄罗斯地处欧亚大陆和东西文化的边缘,两种文化在这里交会,形成了独特的俄罗斯文明。远古时代的俄罗斯,从文化上说,落后于周边国家。当它从蛮荒状态逐步解脱时,受到外来文化的强烈影响,正是在东西方文化的碰撞和交融中,俄罗斯文化得以形成。[①] 外来文化对俄罗斯文化的发展有很大的影响,它对于俄罗斯来讲更像是一种激励因素,因为俄罗斯的发展需要一种外力的推动。9 世纪的罗斯接受的是斯堪的纳维亚的影响,10 世纪受到的则是拜占庭的熏陶,13 世纪至 15 世纪这种外力源自蒙古鞑靼人,而 18 世纪至 20 世纪则分别

---

① 雷永生著:《东西文化碰撞中的人:东正教与俄罗斯人道主义》,华夏出版社 2007 年版,第 8 页。

源于西欧和美国。[①] 对于俄罗斯文明的起源问题,一直存在争议。

在文化渊源上,很多人认为,俄罗斯最早受到的主要是斯堪的纳维亚文化与拜占庭文化的影响。利哈乔夫认为“在俄罗斯文化形成过程中,拜占庭和斯堪的纳维亚起了决定性的作用”。[②] 正是在斯堪的纳维亚文化的影响下,早期俄罗斯人在政治体制上确立起大公统治与限制大公权利相结合的议事制度,这对以后俄罗斯政治文化的发展产生深远影响。在拜占庭文化的影响下,希腊罗马文化传统和基督教文化传统为俄罗斯宗教文化的形成奠定了基础。

要考察俄罗斯政治文化的渊源,首先要考察的是俄罗斯的历史起源问题,但在翻阅史料的过程中会发现,俄罗斯的国家起源问题至今仍具有很多不确定性。正如美国学者所说,“第一个俄罗斯国家即基辅公国的起源问题是一个极其复杂且具争议的问题。俄罗斯历史的其他部分都没有这么多,这么繁杂的难题”。[③]

(一)诺曼起源说的权威影响

在解释基辅罗斯产生的问题上,虽然理论纷争频传,但诺曼起源说一直占据着优势地位。18 世纪在彼得堡科学院工作的德国学者根据《往年纪事》中所记载的这段传说和其他史料,得出结论说,基辅罗斯国家起源于诺曼人。但这一学说遭到沙皇俄国和苏联时期许多人的激烈反对,其中包括著名自然科学家罗蒙诺索夫。他在 1757 年奉女沙皇叶丽萨维塔·彼得罗芙娜之命完成的《古罗斯史》第一卷中就说,《往年纪事》关于“邀请瓦良格人为王”的记述是虚构的,因为瑞典史料中根本没有提及留里克这个人以及他来到罗斯的史实。时至今日,俄国学术界对这个问题仍争论不休。赞成者有之,反对者有之,也

---

① [俄]叶·米·斯科瓦尔佐娃著:《文化理论与俄罗斯文化史》,王亚民等译,敦煌文艺出版社 2003 年版,第 152 页。

② Лихачев Д. С . Раздумья о России. Издательсво “Logos”,1999,С. 35.

③ [美]尼古拉·梁赞诺夫斯基、马克·斯坦伯格著:《俄罗斯史》(第 7 版),杨烨等译,上海人民出版社 2007 年版,第 21 页。

有学者认为有关留里克的传说是实际事件的反映，但它又绝不像编年史作者所叙述的那样。在这场持续了200多年的争论中，反对者始终拿不出令人信服的证据来否定这一学说。国际史学界，英国、美国、丹麦、瑞典等国的学者都支持这一学说。“这一观点强调来自斯堪的纳维亚半岛的维京人（the Vikings）——也就是古代挪威人（Norsemen），在俄国历史编纂学里则通常称为诺曼人（Normans）——在很大程度上给俄罗斯带来政府、内聚力乃至文化等方面的作用。这样，俄罗斯历史的诺曼时期便被视为其随后之演变的基石。”[①]

（二）罗斯政治文化传统的确立

按照诺曼起源说，斯堪的纳维亚文化是早期俄罗斯政治文化最重要的渊源。那么斯堪的纳维亚文化是如何影响早期俄罗斯政治文化形成的呢？这还得进行一下历史的追溯。据被认为是俄罗斯最早的历史性著作《编年纪事》[②]记载，罗斯人即原来生活在北欧斯堪的纳维亚半岛的日耳曼部落，被东斯拉夫人称为罗斯人，意为北方人或诺曼人、瓦良格人。公元9世纪时，东斯拉夫人各部落争战不断，给各方都造成巨大损失，大家都精疲力竭。于是他们商议：“我们为自己寻找个王公吧，由他来治理我们，根据法律裁决（我们的纠纷）。”瓦良格人距他们最近，而且和他们长期交往，在他们眼里，瓦良格人精明能干，瓦良格社会被治理得井然有序。这样他们选派代表，渡海来到瓦良格人那里，恳切地说道：“我们那里土地辽阔，物产丰饶，却没有秩序。请到我们那去称王，治理我们吧。”瓦良格人的首领留里克欣然接受了邀请，偕同两个兄弟率领众亲兵来到诺夫哥罗德，自称王公，建立了留里

① ［美］尼古拉·梁赞诺夫斯基、马克·斯坦伯格著：《俄罗斯史》（第7版），杨烨等译，上海人民出版社2007年版，第21页。

② 公元1113年由基辅别彻尔修道院一位叫涅斯托尔的僧侣完成，该书是俄国历史上最古老的一部编年史著作，基本按年代顺序记述了东斯拉夫人和古罗斯国家的历史，从传说时代起一直写到公元1110年，其资料来源主要依据拜占庭帝国的编年史、斯拉夫人的历史著述、关于罗斯编年史的手稿、王公贵族的档案以及民间传说等，是古罗斯最重要的文献。

克王朝。这就是著名的"瓦良格人应邀为王"的故事。[①] 后来这些雇佣军因为军事实力而成为统治者。这时，他们就已经"形成了紧密的氏族集体，而不是一群偶然结合的寻求商业利益和丰裕的供养人。他们竭力用大家必须遵守的长幼次序制度作为固定的规则，来代替凭个人勇敢或个人成就而采取的不合制度的意外行动，并且认为自己不是雇佣的、契约规定的国土保卫者，而是根据权利，或者根据对战斗和捍卫工作的胜任程度而落在每个人身上的继承性义务来保卫国土的"。这种原来只在罗斯各公国实行的制度虽然在 11 世纪和 12 世纪已经开始瓦解，但它对俄罗斯的政治文化却具有深远的影响，以致当沙皇无后时选择新皇帝并不只在皇族中，而往往要在贵族中进行。[②]

罗斯人从斯堪的纳维亚接受了公国——军事体制，这种体制在相当大的程度上是"靠自己的国家性和社会性传统支持的：市民大会的规章和地方行政官吏的习俗"。对大公权利的限制表现在两个方面：一是决策的集体化；二是祖先财产共有制。从前者来说，大公从来不是个人决定重大事情。"在蒙古统治时期，罗斯大公在开始自己的日程时，就常常与自己的侍卫和大贵族坐在一起'思考杜马'。与'市民们''男修道院院长和神甫'及全体人民的大会是经常性的，他们奠定了具有确定的届次和各个阶层代表的缙绅大会的坚固基础。"16 世纪至 17 世纪的缙绅大会具有书面报告和决议。大公"作为罗斯国土的最高保护人，考虑和思考关于罗斯国土的事情，关于自己和自己的亲属的荣誉"。"对领地的管辖、亲属的评判、亲戚的照料和整个国土的保护，都属于大公的职务。不过大公在领导罗斯和他的亲属的时候，遇到比较大的事情并不由他一人裁决，而是召集王公们开开全体会议，他负责这个亲属会议的决议的执行，一般来说，他是整个专制王族的意志的代表者和执行者。这就可以说明王公之间的关系，这种关系

---

① 白建才著：《俄罗斯帝国》，三秦出版社 2000 年版，第 5 页。

② 雷永生著：《东西文化碰撞中的人：东正教与俄罗斯人道主义》，华夏出版社 2007 年版，第 10 页。

大家都认为是正确的。"大约在9世纪下半叶到12世纪,这里并没有纯粹的君主制,而是实行"以年长者为首的共同统治制"。[①]

(三)蒙古鞑靼文化对罗斯政治文化的冲击

蒙古鞑靼人入侵改变了罗斯文化发展的走向。从13世纪至15世纪蒙古鞑靼人占领的250年的时间里,蒙古鞑靼文化成为影响俄罗斯文化的最重要因素。有俄罗斯学者认为,"鞑靼—蒙古对俄罗斯来说,是一所大学校"。[②] 蒙古鞑靼文化的影响首先和集中地体现于政治文化上。为加强统治,金帐汗国采取一系列重要措施:第一,扶持投靠自己的俄罗斯王公,使之成为自己统治的助手,号令其他公国必须服从他的领导,反抗者都将遭到残酷的镇压;第二,扶持东正教会,抵制罗马天主教会的渗透;第三,对罗斯进行户口调查,登记造册,作为征收贡赋、征集士兵和摊派徭役的依据;第四,将蒙古的军事政治组织形式移植于罗斯,建立由蒙古军官统领的十户长、百户长、千户长、万户长组织,用以监督整个罗斯的政治和社会生活。[③]

政治文化的影响具有滞后性,"虽然罗斯人最终赶走了蒙古人,但是这种蒙古鞑靼的政治文明的影响并没随着蒙古人的失败而消失,相反,它在俄罗斯大地上长期起着加强封建专制制度的作用"。[④]

15世纪末至16世纪初,俄罗斯摆脱了蒙古鞑靼人的统治后,形成了以莫斯科为中心的中央集权国家。莫斯科中央集权国家形成后,需要一种与之适应的社会体制。当时,东正教拜占庭国家的专制制度经验对莫斯科诸大公颇有诱惑力,成为莫斯科中央集权国家

① [俄]瓦·奥·克柳切夫斯基著:《俄国史教程》(第1卷),左少兴等译,商务印书馆1992年版,第173页。

② Савицкий П. Г., Геополитические заметки по русской истории, Москва: Изд Эксмо-Пресс, 2003, С. 221.

③ 雷永生著:《东西文化碰撞中的人:东正教与俄罗斯人道主义》,华夏出版社2007年版,第14页。

④ 同上书,第15页。

的选择。[1]

在俄罗斯其后的历史中，“专制制度”成为一种显性的统治体制。对于专制思想的起源，有学者认为，“专制思想作为一种严格的权力很早就存在于古罗斯人的意识之中，在古罗斯就有其社会基础和存在土壤”。[2] 俄罗斯著名的文化史学家康达科夫认为，“专制制度是深深而有机地植根于民族——俄罗斯土壤上的一种统一的社会文化形式，专制制度与俄罗斯文化深层结构特征和俄罗斯社会文化的动态特色相适应”。[3] 另外，也有人主张，“专制制度作为一种社会体制源自东正教拜占庭。东正教拜占庭改变了早期基督教的君主概念，认为尘世的君主不再是上帝的仆人，是神所选定的优秀人物，其权力是上帝的恩赐。在拜占庭，既然皇帝的权力是神授的，那么皇权就大于教权”。[4] 在最初的语义上，俄语专制制度“самодержавие”一词，“既不同于拜占庭的帝国理念，也不同君主的不受限制的专制权力相联系，只是要求摆脱外来政权的统治，不再向任何人纳贡，谋求独立做自己国家主人的期望”。[5] 但后来这一词汇在历史实践中的基本内涵发生了变化。

（四）专制政治传统的形成

专制制度和专制思想无论来自哪里，在事实上通过政治体制等方面都对俄罗斯历史产生深远的影响。1547 年伊凡雷帝登基时自称“沙皇”（царь），在俄语中“царь”，是“цесарь”的缩写，意为恺撒。此后，“沙皇”就成为俄罗斯君主的正式称谓，这一称谓不但表明君主具有神性，同时也赋予沙皇以至高无上的权力。因此伊凡雷帝被认为是俄罗斯“专制制度思想的奠基人和实践者，伊凡雷帝时代才真正开始

---

① 任光宣著：《俄罗斯文化十五讲》，北京大学出版社 2007 年版，第 55 页。
② 同上书，第 56 页。
③ 同上书，第 57 页。
④ 同上书，第 56 页。
⑤ 刘祖熙著：《夏日堂史集》，人民出版社 2007 年版，第 8 页。

了俄罗斯社会的专制政体和文化形式”。①

伊凡雷帝认为，专制制度是治理国家唯一可能的和完美的形式，他第一次解释了俄罗斯君主专制政权的基本原则，使专制思想在俄罗斯扎根，并且愈来愈深入俄罗斯的政治文化中。其专制思想可以归结为以下几个主要方面。② 第一，专制制度是俄罗斯国家的选择。俄罗斯历史上的封建割据、大公之间“内讧”和“多头领导”局面导致了诸公国的危机和衰败。伊凡雷帝深深地认识到，只有统一的中央集权国家、专制体制和个人独裁的君主才能让俄罗斯走上真正的强国之路。第二，沙皇专制制度具有神性的起源。伊凡雷帝视俄罗斯为神赐的一块宝地，认为从弗拉基米尔大公时代“罗斯受洗”起，俄罗斯人就成为上帝选中的民族，俄罗斯诸大公及包括他本人在内的俄罗斯君主都是上帝选中的专制者，执政都是秉承上帝的意旨。他当沙皇不是个人对权力的爱好，而是上帝赋予他的一种职责和使命。第三，皇权无限论思想。伊凡雷帝认为专制君主的权力是无限的。沙皇是俄罗斯大地上最高的、唯一的专制者，他的权力不应当受到任何法律和任何人的限制。第四，无限的皇权是国家长治久安的保证。伊凡雷帝认为皇权无限论对内是坚持真理和遏制邪恶的可靠保障。皇权无限论在俄罗斯无论对内还是对外都是一种强大的思想武器。大权在握的俄罗斯沙皇不但可以维护社会稳定，避免大贵族的纷争造成的混乱，而且可以防御外来敌人的进犯，保卫自己国家的独立和安全。第五，君臣的关系问题。伊凡雷帝认为，君主要亲自管理国家，不能让大臣插手，“自古以来俄罗斯的所有王国都是专制君主亲自治理，而不是大贵族和达官贵人”。“如果自己不掌权，那还叫什么专制君主?”③因此，一般认为，在“伊凡雷帝时代，俄罗斯文化是在中央集权国家专制制度的

---

① 任光宣著:《俄罗斯文化十五讲》，北京大学出版社 2007 年版，第 56 页。

② 同上书，第 58 ~59 页。

③ 莫斯科:《古罗斯文学文献》(16 世纪后半叶)(俄文版)，文学艺术出版社 1985 年版，第 31 页。

条件下发展的。专制制度作为俄罗斯的一种国家体制，与俄罗斯东正教教会联合在一起，使俄罗斯文化带有奴性的性质，束缚和制约文化发展的进程"。[①]

二、俄罗斯宗教文化的渊源及其影响

文化神学认为，宗教是文化形式的根基，对人类文化形式的生成和演变具有重要意义。著名文化神学家蒂里希对宗教与文化的关系从总体上作了概括，认为"宗教是文化的实质，文化是宗教的表现形式"。[②] 宗教从本质上看也是一种重要的文化形式，但宗教与语言、艺术、哲学、科学等文化形式的地位并不相同，它们之间的关系不是并列的，而是"深层"与"表层"的关系，是实质、精神与载体的关系。[③]

宗教作为文化模式的一部分，以确定的符号形式作用于一个民族的精神气质并进而对社会生活秩序发生影响。"宗教符号用于综合民族的社会精神气质——格调、性格，以及他们的生活质量，它的道德及美学风格和模式——以及他们的世界观——他们所认为的事物真正存在方式的图景，他们最全面的秩序观念。"[④]在格尔茨看来，宗教是文化体系的基本构成部分，具有这样几个本质性规定："(1)一个象征符号体系，它所做的是(2)在人们中间建立强有力的、普遍的和持续长久的情绪及动机，依靠(3)形成有关存在的普遍秩序的概念并(4)给这些概念披上实在性的外衣，它(5)使这些情绪和动机看上去具有独特的真实性。"[⑤]在俄罗斯文化中，东正教作为一个象征符号体系，在人们

---

① 任光宣著：《俄罗斯文化十五讲》，北京大学出版社 2007 年版，第 72 页。

② ［美］蒂里希著，何光沪选编：《蒂里希选集》（上卷），三联书店 1999 年版，第 412 页。

③ 陈树林："文化模式中的宗教"，载《世界宗教研究》2009 年第 3 期。

④ ［美］克利福德・格尔茨著：《文化的解释》，韩莉译，译林出版社 1999 年版，第 109 ~110 页。

⑤ 同上书，第 111 页。

中间建立强有力的、普遍的和持续长久的共同性，并进而对形成普遍的秩序观念产生深刻的影响。罗斯社会及其以后的历史发展都深受东正教的影响，其文化精神的很多方面都具有浓重的东正教色彩。俄国著名文化史学家米留科夫认为，东正教会是俄国精神文化的主要因素，“在俄国人民的历史生活中，教会和宗教的文化影响绝对地占据着主流支配地位”。[①]

（一）东正教在俄罗斯的传播及其影响

从古到今不少的学者都认为，俄罗斯真正的文化史始于罗斯受洗。著名的俄罗斯神学家格·弗洛罗夫斯基（1893～1979年）指出："罗斯是从拜占庭受洗的。而这件事立刻就决定了她的历史命运，她的文化历史道路。这件事立刻就把她纳入了明确的和已经形成的关系和影响范围中。罗斯受洗是俄罗斯精神的觉醒，是召唤她从'富有诗意的'幻想走向精神清醒和深思熟虑。与此同时，古罗斯通过基督教同所有周边文化世界产生了创造性的和活跃的相互影响。"[②]基督教文化成了罗斯在10世纪所受到的拜占庭影响的主要内容，它的核心教义就是爱：既爱上帝，又爱他人。

关于罗斯人在各种宗教中选择信仰的传说很有意思，有的认为罗斯人拒绝了伊斯兰教，因为它禁止喝酒，而“喝酒是罗斯人的最大乐趣”；有的认为他们拒绝犹太教，是因为它是一个没有国家的失败民族的信仰，于是他们选择了拜占庭的礼拜仪式和信仰。[③]

事实上，古罗斯国家对宗教的选择主要是基于国家利益和地缘政治的考虑，为了能在西方与东方、北方与南方的对峙中求得最有利的

---

① П. Н. Милюков, Очерки по истории русской культуры. Т. 2, Ч. 1, . М.: Прогресс-Культура, 1994, С. 17.

② 雷永生著：《东西文化碰撞中的人：东正教与俄罗斯人道主义》，华夏出版社2007年版，第11页。

③ ［美］尼古拉·梁赞诺夫斯基、马克·斯坦伯格著：《俄罗斯史》（第7版），杨烨等译，上海人民出版社2007年版，第31页。

地位,在伊斯兰教、犹太教、罗马基督教和拜占庭基督教中,选择了拜占庭的东方基督教。“这一选择决定了几百年乃至上千年俄罗斯文化发展的方向和文明的特点。文字、教义、礼仪、建筑、绘画和政治法律制度以及生活方式、世界观,无不打上拜占庭的烙印。”①基督教渗透到基辅社会和文化的方方面面,在政治方面,新宗教主张国家的团结,强调与拜占庭以及整个基督教世界的联系,因而赋予基辅公爵及其公国一个更为坚固的意识形态基础。基辅的文学、艺术、法律、礼仪和习俗从此都打上了拜占庭的烙印。② 基督教以一种容易理解的斯拉夫仪式的形式走近广大民众,并给民族文化的发展以强大的动力。

拜占庭文化的影响对于俄罗斯进入欧洲文明是一个重要的契机,对其文化的发展具有不可估量的作用。罗斯基督教会一开始就与政权合作,政教合一不仅是这一时期的特点,而且成为俄罗斯长期的社会发展和政治文化的基本特征。共同的基督教文明“不断缓和了多民族国家形成中不可避免的矛盾对立和痛苦过程。古罗斯国家并不是在单一民族的基础上发展起来的,而是在统一宗教的基础上发展起来的”。③ 基督教成为古罗斯的国教后,罗斯也就进入了国际基督教世界,国际地位发生改变,“使其成为可依照欧洲公认的行为规范行事的文明主体”。④

罗斯受洗(公元988年)之后不久,就出现了文化的“黄金时期”,古罗斯的文学和艺术诞生,并逐渐发展出自己的文学和艺术的独特形式。拜占庭的宗教信仰对古罗斯人的精神生活有着长期而深刻的影响。“基督教的修道生活特别对罗斯北部和东部边区的东斯拉夫移民社会心灵的形成,打下了深刻的烙印。它使人们注重个人内心生活的

---

① 刘祖熙著:《夏日堂史集》,人民出版社2007年版,第2页。

② [美]尼古拉·梁赞诺夫斯基、马克·斯坦伯格著:《俄罗斯史》(第7版),杨烨等译,上海人民出版社2007年版,第31页。

③ 曹维安著:《俄国史新论:影响俄国历史发展的基本问题》,中国社会科学出版社2002年版,第44~45页。

④ 同上书,第44页。

自由,而不关心世俗政权;对生活意义的理解不在于外界的财富,而在于内心精神生活的和谐一致,在于社会的正义性。这一切,又为日后俄罗斯文明的形成奠定了基础,使东正教成为俄罗斯文明的核心。”①

(二)东正教对罗斯社会法律领域的影响

在俄罗斯的历史上,东正教一直是人们日常生活的重要内容,发挥着伦理道德的教化作用,对于政治、经济、各种文化形式及其法律生活等多方面产生影响的同时,已经深入深层的文化精神之中。

英国法律史家梅因在研究历史时坚信,流传下来的古代的法律能在一定程度上反映出当时所处社会的基本状况。“法律,尤其是古代法,并不像一般认为的那样,只是一种非常专门化的制度。它却是一面能够全面反映人类物质生活和精神生活的镜子。而且,由于种种原因,这种材料虽然不一定能够完整地留传下来,但多半是真实地保存下来了。因此,从这类特殊材料中,我们不难窥见各种古代文明的面貌,那些文明的创始者们,他们的思虑、生活、信仰、偏见……”②

我们在对俄罗斯法律史的考察中发现,东正教对法律的影响非常深刻。从基辅罗斯开始,到俄罗斯统一和帝国的建立,东正教的教理教义对俄罗斯法律发展产生深远的影响。在基辅罗斯时期,东正教的思想体系成为古罗斯法律的渊源,宗教理论和观念是基辅罗斯法律形成的重要和基础因素,教会法与罗斯法律密切相连。在宗教作用下罗斯法律思维和立法活动得到发展,一方面使进一步沿用外国法具有了更多的优先性,另一方面在对本土的习俗和法律传统的合理化与改造的过程中夹杂进了新的法律和发展趋向。在俄罗斯的法学研究者看来,宗教思想体系对于古罗斯法律发展至少具有三个功能:一是选择性功能,二是结构性功能,三是思想形成功能。选择性功能的作用在

---

① 曹维安著:《俄国史新论:影响俄国历史发展的基本问题》,中国社会科学出版社2002年版,第44页。

② 梁治平著:《法辩》,中国政法大学出版社2002年版,第36~37页。

于能够帮助人们根据自身的特点在大量的国外法律形式中选择和取舍最符合自己的形式,基辅罗斯大公在东正教的影响下选择了相应的法律规范和法律观念。结构性功能主要表现在它与国内理论发展密切相关,在理论研究的基础上可以孕育出新的法律原则、规范和标准,虽然在形式上它们是抽象的建议、假说、模型和详解等,但在实质上可以对立法者发挥作用。在基辅时期这种功能是不言而喻的,宗教神学理论的解释者的经验和宗教权威者的引证都被奉为法律解释的典范。思想形成功能主要通过东正教的教化功能来发挥。东正教信仰深深地注入基辅大公们的法律意识中,并逐渐融入新法律之中。①

第二节　俄罗斯法治进程中的主导性文化模式

俄罗斯文化在历史上既备受关注同时也颇多指摘,正如俄罗斯国学大师利哈乔夫所言,"有人指责俄罗斯,有人夸赞俄罗斯;一些人认为它的文化不是独立的,是模仿的。另一些人以它的散文、诗歌、戏剧、音乐和圣像画自豪……一些人在俄罗斯看到了过渡国家性原则,而将其国民理解为顺民。另一些人则指出俄国人民的无政府主义原则和经常性的叛乱、拒绝当局;一些人指出我国历史缺乏确定的目的性。另一些人则在俄罗斯历史中看到'俄罗斯思想',在我们身上存在着被夸大的自我使命;但是,如果不准确地理解过去和本质的东西,要走向未来是不可能的。"②

在俄罗斯法治进程的推进中,文化起着至关重要的作用,特殊的文化因素和特有的文化内涵都将俄罗斯的法治进程打上深深的独特

---

① С. Б. Глушачеко, А. В. Евссев, Т. Е. Конюкова, А. О. Лядов, М. В. Сальников. Российское право IX-XIX вв. (исторческое зарисовки). Санкт-Петубург, 2002. С. 22.

② [俄]德・谢・利哈乔夫著:《解读俄罗斯》,吴晓都等译,北京大学出版社 2003 年版,作者自序。

的烙印。在当代法治国家的构建中，西化激情过后的冷静思考，让俄罗斯文化传统重新进入人们的视野中。

一、俄罗斯文化的属性之争及其文化特质

（一）俄罗斯文化的属性之争

俄罗斯文化被认为是一种具有混合特征的文化，既有东方特征，也有部分西方属性，对于它到底属于东方还是西方在俄罗斯历史上一直存在不同的认识。大体说来有三类。①

一些俄罗斯文化史学家认为俄罗斯文化属西方文化。如利哈乔夫认为俄罗斯文化属于欧洲文化，它具备欧洲文化的三大特征，即欧洲文化是一种个性文化，是容易接受其他个性和文化的一种文化，欧洲文化具有自由性，是一种建立在创作的自我表现自由之上的文化。俄罗斯文化正是具有欧洲文化的上述三大特征，因此在类型上属于欧洲文化。②

有的文化史学者认为俄罗斯既不属于西方也不属于东方。这种认识和看法在俄罗斯已经有一定的历史。早在19世纪，俄罗斯的著名思想家恰达耶夫在《哲学书简》里，对俄罗斯历史、俄罗斯文化等问题提出了独特的看法。他承认俄罗斯的一些区域与东方诸国接壤，但他认为“我们的心却不在那里，我们的生活不在那里，而且将永远不在那里”③“我们既不属于西方，也不属于东方。我们既没有西方的传统，也没有东方的传统”。别尔嘉耶夫也持这样的观点。

斯拉夫主义者由于不满足于俄罗斯历史与西方历史的外在差别，于是就在人民生活的深处寻找内在差异，用以说明俄罗斯的与众不

---

① 任光宣著：《俄罗斯文化十五讲》，北京大学出版社2007年版，第8~10页。

② ［俄］德·谢·利哈乔夫著：《解读俄罗斯》，吴晓都等译，北京大学出版社2003年版，第16~17页。

③ ［俄］索洛维约夫等著：《俄罗斯思想》，贾泽林、李树柏译，浙江人民出版社2000年版，第12页。

同,“他们依据黑格尔的历史哲学,抱定目的要证明俄罗斯人属于世界历史民族之林,这些民族都一一将自己独特的始初,逐渐发展成为人类历史发展的新阶段或世界精神的新阶段”。[①] 斯拉夫主义者正是从民族的特殊性出发在俄罗斯的古代寻找不同于其他民族的新因素得以发展的天赋,寻找能在全人类的发展中向前迈进的独特的精神类型的天赋。

俄罗斯文化史学界还有人认为俄罗斯“是一个介乎于东西方之间的国家”,并且从这种意义上讲,俄罗斯“注定要进行文明的选择,并由此产生社会历史不稳定这种危险”,俄罗斯所处的这种地域状况和特征使俄罗斯和俄罗斯文化总是处在十字路口,其选择时而偏向西方,时而偏向东方,而且在这种左右顾盼、来回“摇摆”中产生文化的困惑、矛盾乃至斗争。

在文化方面,俄罗斯人曾有着明显的自信,20 世纪初,一大批充满爱国主义激情的知识分子,对俄罗斯文化给予了极高的评价。“俄罗斯并不是一个文化贫瘠的国家,而是一个有着千年文明史和丰富文化的强国……假如俄罗斯今天已彻底灭亡,那么,它已经给世人留下了永远不可磨灭的历史足迹,它是伟大国家当中的最伟大的国家之一。它并不是以空喊口号来炫耀自己的伟大,而是以累累的硕果屹立于世界民族之林。我们可以这样设想一下。假如没有俄罗斯文化,人类社会将会变得多么枯燥和寂寞。”[②]

俄罗斯人的这份自信不是盲目的,除了对世界文明的贡献,对自身而言,今天留存下来的各种文化因素依然对其社会生活和国家发展发生着深刻的影响。这些文化因素从来源上看,有传统的自有文化因素,有外来文化因素,有内外交融后产生的新型文化因素。从文化因

① [俄]Н. П. 巴甫洛夫 – 西利万斯基著:《俄国封建主义》,吕和声等译,商务印书馆 1998 年版,第 5 页。

② [俄]Т. С. 格奥尔吉耶娃著:《俄罗斯文化史》,焦东建等译,商务印书馆 2006 年版,第 468 页。

素的属性上看,有政治文化因素、宗教文化因素、民族文化因素、社会文化因素等。这些文化因素并不是界限分明的,它们总是纠缠在一起以“合力”的形式共同发生作用。前文分析的东正教和专制政治文化传统是俄罗斯法治进程中起着举足轻重作用的两种核心文化力量。

(二)俄罗斯文化的两大核心特征

俄罗斯文化的独特性毋庸置疑,其独特性是围绕着核心特征展开的。前文已经提到,在俄罗斯历史传统中,有两种文化传统起着支撑作用,一个是主要体现在国家制度层面的专制主义政治文化传统,另一个是在精神层面的东正教文化传统。这两种文化不是完全独立的,你中有我,我中有你,并与各种文化因素交织在一起共同发挥作用。

1. 学者们对俄罗斯文化特征的基本分析

对于俄罗斯文化的基本特征,学者们已经有很多的概括和解释。当前有的学者基于俄罗斯文化的现象的综合表现,从描述性的角度认为俄罗斯文化具有六个主要特征:

第一,俄罗斯文化具有欧亚特征。这主要基于俄罗斯是一个横跨欧亚两大洲的国家,欧亚特征主要表现在俄罗斯的社会构建、宗教信仰、民族性格、思维方式、生活习惯等方面。在国家体制上,是一种带有欧亚文化特征的俄罗斯特有的专制制度——沙皇专制制度。在宗教信仰上,俄罗斯民族信仰的是东正教,它是基督教传统与俄罗斯古代多神教传统的一种独具一格的结合,是一种既有别于西方宗教,又有别于东方宗教(佛教和伊斯兰教)的教别。根据俄罗斯文化的这一特征,在总体上俄罗斯文化被很多学者称为是一种“欧—亚文明”。第二,俄罗斯文化是一种二元文化现象。俄罗斯文化在文化的各个层面是由两个或多个互为依存、互为对立甚至互相斗争的部分或方面构成的,而且这种多元局面贯穿于俄罗斯文化发展的自始至终。俄罗斯文化的许多现象都是两极的矛盾统一。如专制思想与自由思想、斯拉夫派与西欧派、传统与反传统、“自然派”与“纯艺术”、欧洲因素与亚洲因素、官方文化与“地下文化”、集结与个体,等等。第三,俄罗斯文化具有宗教性。第四,俄罗斯文化具有包容性。第五,俄罗斯文化具有使命意识。第六,俄罗斯文化具有历史继承性和俄罗斯民族精神。①

有的学者基于俄罗斯文化在深层结构上所具有的东西方矛盾二元性认为,俄罗斯文化具有七大属性:二律背反的双重性;历史发展的连续性和离散性的对立;时空超越性;基督宗教性;追求形而上学的精神性;自觉的国家性;崇尚共同性。②

有学者从国家、社会和个人的关系角度出发,认为俄罗斯文化具有下面四个特点:国家政权的专制主义形式;人民集体主义的心态;个人不大的经济自由范围;社会服从于国家。③

2. 俄罗斯文化的核心特征

前述学者们对俄罗斯文化特征的分析一般都强调自然地理环境、地缘政治地位和政治——文化因素等综合在一起对俄罗斯文化形成时起着特别重要的作用。并没有特别强调其中的核心文化要素的特别地位和影响。俄罗斯核心文化特征的形成与其自然地理环境、政治文化传统有着密切的关联。俄罗斯拥有辽阔的地域和大量的空闲地,这既引起农业生产采用粗放的耕作方式,也导致农民经常地进行移民活动。而不利的气候条件、较短的农业耕作期、收获的无保障又使农民的经济效益十分低下。这一切都迫使俄国农民在土地使用和日常生活方面长期保存集体主义的农村公社传统,使土地所有制关系模糊不清,延缓了私有制的发展。同时,辽阔的地域也需要巨大的国家政权机关,以监督社会和经济生活的各个方面,与社会保持最低限度的联系。这是专制统治文化形成的自然基础。

由于连续的军事冲突,对付亚洲游牧民族的侵袭,与西欧无休止

---

① 任光宣著:《俄罗斯文化十五讲》,北京大学出版社 2007 年版,第 11 ~22 页。

② 朱达秋、周力著:《俄罗斯文化论》,重庆出版社 2004 年版,第 21 ~44 页。

③ [俄]C. A. 基斯利钦:《俄国史问答》,罗斯托夫 1997 年版,第 48 页。转引自曹维安著:《俄国史新论:影响俄国历史发展的基本问题》,中国社会科学出版社 2002 年版,第 10 页。

的竞争,以及为寻求更肥沃的土地而不断进行的移民与扩张,都需要经常动员全国的社会力量和经济力量。从自己的利益和需要出发,俄罗斯国家往往以最极端的方式调整社会机构的职能。经常干预社会和经济生活中的私人领域,使社会服从于国家。这都势必造成官僚机构的专横,使社会下层在权利义务关系上处于消沉和无所作为的状态,从而制约俄国公民社会的形成。这也同时导致了俄罗斯国家主义文化占主导地位状况的形成。

俄罗斯在自然经济基础上形成的集体主义再到皈依东正教而最终形成的国家主义,是其文化的主色调。“这种国家主义文化以东正教思想意识为支柱,以俄国农民的集体主义心态和‘好沙皇’思想为基础,长期表现为以国家为中心,以国家为目的。只要国家能包容社会,包容一切,它并不拒绝以任何方式来改革国家机构。但不管是改革,还是动乱,甚至革命,最后的结局总是国家主义文化及其思想意识的加强。”①

二、俄罗斯法治进程中主导性文化模式由传统向现代的转换

在俄罗斯法治进程的推进中,文化起着至关重要的作用,多种独具特色的文化因素综合作用,以“合力”的形式对俄罗斯的法治进程产生影响。在俄罗斯当代法治国家的构建中,当代政治精英们重提俄罗斯思想的重要作用,把目光投向历史文化传统,认识到了“如果不准确地理解过去和本质的东西,要走向未来是不可能的”。②

(一)俄罗斯传统中的“宗法—专制”型文化模式

在俄罗斯的历史发展中,在东正教和专制政治统治的长期影响

① 曹维安著:《俄国史新论:影响俄国历史发展的基本问题》,中国社会科学出版社2002年版,第10~12页。

② [俄]德·谢·利哈乔夫著:《解读俄罗斯》,吴晓都等译,北京大学出版社2003年版,作者自序。

下,“宗法—专制”型文化模式一直居于统治地位,并在家庭形式、国家管理、社会结构中有着明显的体现。这种“宗法—专制”型文化模式中的“宗法”与中国传统意义上的“宗法”有着本质的不同,简单地说,中国的“宗法”是在宗族规约意义上使用的,宗族礼法成为伦理国家的结构性支撑。俄罗斯的“宗法”有与中国相类似的地方,有宗族意义,但它背后有强大的东正教的支撑和影响。因此,俄罗斯的“宗法—专制”型文化模式是神人共治,人的统治却是以神的名义。

俄罗斯“宗法—专制”型文化模式在家庭组织中表现较为明显。根据居住地和身份的不同,从 18 世纪到 20 世纪初的俄国帝俄时期,家庭组织主要分为农民家庭、城市家庭和贵族家庭三大类,不同类型的家庭中宗法专制的色彩都较为浓厚。1861 年农奴制度改革前,信奉东正教的农民通常生活在复合式宗法制家庭中,这种家庭包括两三代直系亲属,既是亲属组织也是经济组织。“复合式宗法家庭是个小专制王国。父亲或者祖父是全家最有经验、年龄最大的男人,他在家中施行颇似 17 世纪俄国沙皇般的宗法制管理和基于合法性的信仰以及父权神圣的传统统治。”①这种宗法制具有这样几个特征:“第一,它以家庭成员公认的个人(比如祖父或者父亲)权威为基础;第二,家庭成员放弃权利追求,视服从家长为理所当然;第三,家庭成员不认为家长的强制破坏了自身的权利,并认为自己与家长的关系没有矛盾;第四,家长对公共福利的贡献最大,他要始终以家庭利益为重。”②在大家庭中,个人必须顺从,必须受诸多的规范和强制的束缚。同时,由于农民家庭还要受村社的监督,村社有权干涉和调节农民家庭内部关系,因此个人就必须要受双重的束缚。这种农民的宗法制家庭得到了国家权力关系主体的支持,主要有两个原因:一是有效管理的需要。“作为专制体制的载体,宗法制家庭以家庭成员绝对服从家长、家庭中集体

---

① [俄]鲍里斯·尼古拉耶维奇·米罗诺夫著:《俄国社会史》(上),张广翔等译,山东大学出版社 2006 年版,第 239 页。

② 同上书,第 243 页。

对个人的控制为基础。地主和国家通过与家长结盟,并在他们的支持下控制农民。家长也需要地主和国家的支持以控制家庭成员。”[①]二是能够减轻国家管理的成本。“复合式家庭带来的福利比较高,即保障村社、地主和国家所需要的农民支付能力。”在村社、地主和国家的支持下,农民家庭造就了农民的独特性格。

到19世纪中期,俄罗斯城市也像农村一样,习俗的力量很大。据有关城市家庭内部关系资料,这一时期复合式家庭在商人、市民、手工业者和城市农民中居于主导地位,宗法—专制型关系在其中占主导地位。家长管理整个家庭及其所有成员。家长的命令必须绝对执行,对不服从者和有过失者实行包括体罚在内的惩罚。家长对外界、城市团体和国家代表整个家庭。家长在家中有无限的权力,他主宰着家庭财产和每个家庭成员的命运。[②] 这一时期调整家庭内部关系的规范包括两个方面:一是道德规范;二是法规。道德规范以16世纪的文学作品《治家格言》为代表,它汇集了公民对待世俗权力、宗教和家庭所应遵循的行为规范。后来又出现了《父亲的遗嘱》、《子孙操守》、《修身守则》等规范家庭内部关系的著作。1649年《法律大全》是规范家庭内部关系的最重要的依据,其各种规定在17~18世纪具有现实意义。根据1649年《法律大全》,如果孩子对父母说粗话,动手脚,占有父母的财产,不孝顺年老的父母,就要遭到鞭打。法律禁止孩子起诉父母、同父母对簿公堂、对父母提出任何诉讼。除杀害子女外,父母对任何父母权力之外的事不负有责任。在相当长的历史时期中,俄罗斯的现实生活都以类似的法令为基础,这种东正教影响下的宗法制成为最重要的日常生活方式。人们这样来评价家庭宗法统治,“奴役精神主导着父母与子女之间的关系,并被宗法制的虚假神圣性所掩盖”。[③] 在俄

① [俄]鲍里斯·尼古拉耶维奇·米罗诺夫著:《俄国社会史》(上),张广翔等译,山东大学出版社2006年版,第244页。

② 同上书,第256页。

③ 同上书,第252页。

国城市,特别是大城市和工业城市中,随着生活条件的改善、教育的普及和更加自由的法律及其报刊和文学作品等的推动,妇女、孩子在家庭和社会中的法律地位和实际状况得到改进。

俄国的贵族家庭一般以小型家庭为主,但无论是复合式家庭还是小型家庭,贵族家庭内部关系的基础都包括:等级制,家长无限的统治权;家庭成员的职能、权利和义务取决于其性别和年龄,共同的家庭利益对个人利益的控制;人在家庭和社会中发挥作用的重要性,家庭对社会的微弱自治;社会舆论对家庭有重大作用;孩子服从父母,妻子服从丈夫。这些都成为社会秩序的必要而牢固的基础。①

从上述的分析可以看出,到 19 世纪中叶,宗法—专制型关系在各等级家庭中仍居于主导地位,它的基础是男人统治女人,家长统治所有家庭成员,等级制、按照年龄和性别划分地位,家庭公共利益高于个人利益、家庭参加有权干预家庭内部关系的等级团体生活。这种宗法—专制型关系加强了俄国社会关系的农奴制性质和国家政治的绝对主义。因为,专制家庭产生专制的人。② 那些完全受这种经济和社会后果熏陶的人,将成为政治专制主义和农奴制的坚实社会基础。因此,由于历史发展和传统的原因,在家长、村社村长和拥有无限权力的国家元首沙皇三者之间形成了密不可分的关系。农民认为,上帝管宇宙,沙皇管国家,家长管家庭,"沙皇国家是地上的上帝,家长是家庭的上帝"。③

俄罗斯历史学家经过对俄国社会史的考察认为,从 19 世纪中叶开始,贵族和知识分子率先从宗法—专制型家庭向平均财产型家庭转化,从宗法制家庭向民主制家庭转化。但由于农奴制的大量残余,家庭内部宗法制的稳定性,上述转化受到阻碍,并未广泛展开,这阻碍了

---

① Семенова Л. Н. Очерки и истори быта и курьтурной жизни России: Первая паловина X VIIIв. л. 1982. С. 118 – 122.

② Adorno Th. W. etal., The Authoritartan Personality, New York: Harper and Brotners, 1950.

③ Архив РГО, разр. 23, д. 150, л. 27.

大众意识中主从观念的根除,阻碍了社会政治结构的改变。[①]

(二)俄罗斯法治进程中文化模式的转换

在俄罗斯长期历史发展中,文化影响力通过各种文化因素的交融共同发挥作用。这些文化因素交织在一起在俄罗斯社会各个层面发挥作用,对国家治国理念、法律制度、社会结构等产生决定性影响。俄罗斯文明是一种非常独特的文明形态,在人类历史中占据重要位置,它历史久远、内涵丰富、生命力顽强,对俄罗斯每个时代都产生深刻影响。俄罗斯文化的形成经历了漫长的过程,其中受到东西方各种文化的冲击,在传承与转换中发展着。俄罗斯文化和历史充满矛盾,很多问题都说法不一。正如利哈乔夫所说,"世界上没有哪一个国家像俄罗斯这样被有关其历史的如此矛盾的神话所笼罩。世界上也没有哪一个民族像俄罗斯人这样被众说纷纭"。[②] 他同时也分析了这种现象产生的两个主要原因:既有民族性格本身的客观原因,也有对历史有意曲解的主观原因。在客观方面,是别尔嘉耶夫经常指出的俄罗斯民族性格的极端性,"在这种性格中以奇特的方式混合着完全对立的特点:善良与残酷,细心与粗鲁,酷爱自由与独断专行,利他主义与个人主义,妄自菲薄与民族自傲和沙文主义"。在主观方面,"形形色色的'理论'、意识形态、对现在和过去有倾向性的阐释在俄罗斯历史上起着巨大作用"。[③] 也正是在这种文化背景下,对俄罗斯法治进程接近真实的理解就具有了更大的困难,同时也使俄罗斯历史有了更多的变数与磨难。

俄罗斯法治进程在不同时期因社会制度性质不同有着本质的差异,但在民族发展的连续性上却有着相同的文化基因。如果说社会转

---

① [俄]鲍里斯·尼古拉耶维奇·米罗诺夫著:《俄国社会史》(上),张广翔等译,山东大学出版社2006年版,第266~268页。

② [俄]德·谢·利哈乔夫著:《解读俄罗斯》,吴晓都等译,北京大学出版社2003年版,第33页。

③ 同上。

型理论中的文化模式是一种宏观意义上的文化模式,那么在一个民族一个国家内部长期积淀形成的主导性生活方式则可以看作一种微观意义上的文化模式,或者可以称为“亚文化模式”。在俄罗斯民族内部长期占有支配地位的是俄罗斯式的“宗法—专制”型文化模式,它型塑了俄罗斯法治的模式。在现代化过程中,俄罗斯长期占主导地位的“宗法—专制”型文化模式开始失范,在民主法治成为一种人类共同诉求的背景下,现代理性化的法治型文化模式正逐渐成为俄罗斯的主导性生活方式。这种法治型文化模式笔者将其概括为“威权—法制”型文化模式。

第三节　俄罗斯法治进程中文化影响力的现实载体

笔者选取认为对俄罗斯法治进程具有决定性影响的文化因素来研究,具有一定的主观选择性,因为现实中这些文化因素并非界限分明,而是复杂地纠缠在一起,无法将其中的任何一个分离出来。我们只能通过具有整合作用的本体意义上的文化模式将它们统摄起来,从而将它们以及更多的要素作为研究俄罗斯法治进程的背景加以考虑。希望通过这种文化角度的分析能对俄罗斯当代法治国家构建中的深层问题有更透彻的认识,同时对后发外生型民主法治国家的建设与发展提供一种启示。“理解俄罗斯历史,揭示俄罗斯的本质特点对于当代特别重要,因为当代发生过和正在发生的事件中的许多现象在一定程度上是由并且将由作为俄罗斯的因素决定。无论是国际主义,无论是向未来运动的性质,无论是对过去的态度,所有这一切都应该由作为俄罗斯的因素来校正。我们面临着复兴整个俄罗斯文化的任务。过去的俄罗斯在当代甚至不可能被真诚地渴望肯定它长远未来的人一笔勾销。”①

一、俄罗斯文化中的民族精神

每个民族都有内在特有的精神气质，在这方面俄罗斯民族表现得尤为突出。“俄罗斯民族包含着伟大的力量，俄罗斯民族是未来的民族，它将解决西方已经无力解决，甚至从其深层来说都不能提出的问题。”②自古以来，俄罗斯民族比任何一个民族更具有强烈的民族意识，民族救世主义使俄罗斯人觉得自己肩负上帝赋予的职责和拯救人类的使命。这对俄罗斯的历史发展起着决定性的作用。“俄罗斯的使命是成为各民族的解放者。这一使命在它特殊的精神之中。俄罗斯的世界性任务的正义性已被历史的精神力量所预先设定。”③这种民族精神使俄罗斯理性主义发挥到了极端，救赎与拯救是大俄罗斯主义生成的基础，同时也是俄罗斯历史中专制主义挥之不去的深层原因。专制主义说到底是一种人治思想的绝对化，过分的民族自信使俄罗斯在追求世界霸权的路上屡屡受挫。苏联的成立是俄国人的创举，社会主义是20世纪里最重大的事件之一，它产生于俄国人的勇敢探索，同样它也毁坏于俄国人的勇敢践踏。④ 以“大俄罗斯主义”思想为核心的民族精神既是俄国人辉煌的动力源泉，也是“红色巨人”最终坍塌的重要原因之一。⑤ 然而，国家政治生活的历史性中断并没有破坏俄罗斯民族精神的延续。正因如此，苏联解体后，俄罗斯并未按西方人的理论与常规推理一蹶不振，而是开始积极深刻的反思。“俄罗斯人总是有

---

① [俄]德・谢・利哈乔夫著：《解读俄罗斯》，吴晓都等译，北京大学出版社2003年版，第15页。

② [俄]尼・别尔嘉耶夫著：《俄罗斯思想》，雷永生、邱守娟译，生活・读书・新知三联书店1995年版，第70页。

③ [俄]尼・别尔嘉耶夫著：《俄罗斯的命运》，汪剑钊译，云南人民出版社1999年版，第7~8页。

④ 王宇博等著：《骁勇俄国人》，四川人民出版社2001年版，第3页。

⑤ 同上。

对另一种生活，另一个世界的渴望，总是有对现存的东西的不满情绪。”①正是这种充满渴望与不满的民族精神，支撑着俄罗斯民族不断进行改革与新探索。

（一）俄罗斯民族精神的基本内核

俄罗斯民族的精神内核到底是什么？俄罗斯民族区别于其他民族的“特殊的东西”及充满了“神秘感”的东西到底为何物？对于这些问题很多人试图从各个方面进行解答和揭示，俄罗斯哲学家、历史学家、文学家们将其归结为“俄罗斯思想”（русская идея）、“俄罗斯性格”（русский характер）、“俄罗斯道路”（русский путь）等。正如我国学者所概括的那样，“俄罗斯罗斯文化的民族精神是一个比较抽象的范畴。它可以理解为俄罗斯文化高度的道德感、充满哲理、崇尚理想、追求真善美、渴望变革、敢于斗争、自我牺牲、利他主义，等等。总之，凡与物质世界相对的、属于精神范畴的东西均可以视为俄罗斯文化的民族精神。俄罗斯文化的民族精神与西方文明的重物质、追求欲望相对立；俄罗斯文化不像西方文化那样过分理性，却保持对精神的重视。俄罗斯人对精神的重视成为俄罗斯文化的民族精神的特征。这种文化的民族精神既是俄罗斯文化有别于西方文化的一个重要特征，又是俄罗斯文化具有强大生命力的一个原因”。② 对于俄罗斯民族精神内核的揭示，不在于使用什么样的词语来描述和表达，更主要地是对民族精神的本质进行揭示。笔者认为俄罗斯哲学家别尔嘉耶夫的揭示在一定程度上最为深刻和透彻。

别尔嘉耶夫在《俄罗斯的命运》中详尽深入地分析了俄罗斯民族的性格特征，并指出在这些特征背后潜藏的生机与危机。在他看来，“俄罗斯的自然地理与精神地理是相适应的”。俄罗斯地处东方与西

---

① [俄]尼·别尔嘉耶夫著：《俄罗斯思想》，雷永生、邱守娟译，生活·读书·新知三联书店 1995 年版，第 94 页。

② 任光宣著：《俄罗斯文化十五讲》，北京大学出版社 2007 年版，第 19 页。

方的交汇处，这个民族既不是纯粹的欧洲民族，也不是纯粹的亚洲民族，它同时含纳了西方和东方两种因素，在精神深处有两股势力发生着冲撞和相互作用。在这种独特的地理位置上生长起来的文化，具有一种“二律背反”的特点。[①] “那种谜一样的二律背反在俄罗斯随处可寻，可以建立无数有关俄罗斯特性的命题与反命题，揭开俄罗斯灵魂中的许多矛盾。”[②]别尔嘉耶夫就俄罗斯民族精神本身具有的双重特征有较为充分的论述，他认为一方面俄罗斯是世界上最无国家组织、最无政府主义的国家；但另一方面俄罗斯又是世界上最国家化、最官僚化的国家，在俄罗斯一切都可能转化成政治的工具，俄罗斯人创造了世界上最强的工具，最大的帝国；一方面俄罗斯是一个精神无限自由的国家，是一个流浪着寻找上帝之真的国家，但另一方面俄罗斯又是一个骇人听闻地充满了奴役和驯服的国家，是失去了对个体权利的知觉也不会维护个体尊严的国家，是怠惰的保守主义的、宗教生活为政府所役使的国家，是被古板的生活和沉重的肉体所束缚的国家。[③]

俄罗斯民族“二律背反”的特点体现在很多方面，但说到底就是一种矛盾精神和抗争精神，理性与非理性两股力量集于一身，互相抗衡、此消彼长，以一种动姿贯穿在这个民族的生存与发展之中。恰恰是这种矛盾性能使这个民族临于绝境而重生，濒于破碎而聚合，一股生命的涌动力量支撑着这个民族在东欧大平原上屹立驰骋。用历史哲学家汤因比的文明起源于挑战与迎战理论似乎更能理解俄罗斯精神。在汤因比看来，每一项人类伟大的创造都是“挑战和迎战之间发生的一场遭遇战的结果”。[④] 对于俄罗斯民族而言，每一次失意的“挑战”，都只能激发起这个民族更激烈的“迎战”，而恰恰在这种“挑战”与“迎战”的过程中，塑造了俄罗斯的民族精神。“人类的关键装备不是技

---

① 汪剑钊编选：《别尔嘉耶夫集》，上海远东出版社 2004 年版，编者前言第 4 页。

② 同上书，第 12 页。

③ 汪剑钊编选：《别尔嘉耶夫集》，上海远东出版社 2004 年版，第 8 ~ 14 页。

④ ［英］阿诺德·汤因比著：《历史研究》，刘北成等译，上海人民出版社 2000 年版，第 55 页。

术，而是他们的精神。如果人类没有想象力，没有创新和持之以恒的精神，最重要的是如果没有自控能力，没有这些为开发有利于人类的某些地理潜能所要求的精神，那么再好的技术本身也不能使人类完成这项工作。就人类而言，决定的要素——对胜败举足轻重的要素——绝不是种族和技能，而是人类对来自整个大自然的挑战进行迎战的精神。”①

（二）俄罗斯民族精神形成的基础

在俄罗斯民族精神形成的基础问题上，包括自然条件和地缘政治条件两个方面。自然条件被看作直接的影响因素，地缘政治条件则促进了俄罗斯民族性格中矛盾性的形成。俄国历史学家克柳切夫斯基认为，正是俄罗斯的自然环境在某种程度上奠定了俄罗斯精神和民族性格的基础。罗斯广袤的平原和浩瀚的森林，纵横交错的河流和四通八达的运河网络。这一切决定了耕种的特点和国家组织的类型，形成了与相邻民族的关系。别尔嘉耶夫也说过：“俄罗斯的精神景观与俄罗斯土地是一致的。”②俄罗斯土地的辽阔无比，俄罗斯平原的无边无际，这些强大的自然因素，在俄罗斯人民的心灵中保留下来。“别尔嘉耶夫从俄罗斯民族精神的自然成分中总结出俄罗斯历史和文化形而上学的性质，认为俄罗斯历史的自然、社会和文化的现象和过程之间的某些联系和一致是整个历史扑朔迷离的来源之一。”③

在民族性格上，俄罗斯人的性格既不完全像西方人，也不完全像东方人，其性格中既有西方人的粗犷，又有东方人的细腻；既有西方人的张扬，又有东方人的含蓄。在无边无际的东欧大平原上，没有任何天然屏障，来自东西方的威胁，迫使俄罗斯人为了保护自己的安全和

① [英]阿诺德·汤因比著：《历史研究》，刘北成等译，上海人民出版社2000年版，第71～72页。

② [俄]尼·别尔嘉耶夫著：《俄罗斯思想的宗教阐释》，邱运华等译，东方出版社1998年版，第3页。

③ 朱达秋、周力著：《俄罗斯文化论》，重庆出版社2004年版，第7页。

疆界，不得不征战和扩张。“和平只是极个别的例外，战争则是残酷的法则……这种使不断征战成为常态的地缘政治条件加上恶劣的自然气候条件，千百年来使东斯拉夫人把高度自我节制提到首位，这首先表现为勇敢的尚武精神。其次，表现为坚忍不拔的顽强精神，同时外部的不断威胁和战争，也促进民族或部落紧紧地团结起来。”[①]危机四伏的地缘政治条件促进了俄罗斯民族性格的最终形成。

在对俄罗斯民族精神的研究中，很多人常常把民族主义等同于民族精神，而实际上，民族主义是一个国家传统和现代化进程相结合的产物，是民族精神的一种历史表现，它往往是一个民族处于危难之际所坚守的这个民族根本的最后的精神领地，但它又不是民族精神本身，二者不能等而视之。俄罗斯民族主义在俄罗斯漫长的历史发展中呈现出复杂性、多样性。俄罗斯民族是东斯拉夫人的一支，居住在欧亚大陆结合部的东欧大平原上，无遮无拦的平原虽资源丰富，但却缺乏天然的屏障，这种地理位置的特殊性给俄罗斯人的安全造成极大的威胁，经常受到邻近国家和民族的侵略和骚扰。因此，早期的俄罗斯民族主义是一种被动防御性的民族主义，或者说主导成分是反抗异族政治压迫和经济剥削、争取民族主权和民族独立的民族主义。但随着俄罗斯国家获得独立主权和领土的不断拓展，早期的民族主义逐渐失去抵抗外侮、维护正当民族利益的进步性，逐渐蜕变成以领土扩张、政治奴役、经济掠夺为目的，为本民族或少数权贵集团的狭隘利益而不惜损害其他民族利益的大俄罗斯主义、民族沙文主义。[②] 由此可见，俄罗斯的民族精神包含着更为丰富而根本的东西，与特定历史时期产生的民族主义存在本质的差异。

---

① 朱达秋、周力著：《俄罗斯文化论》，重庆出版社 2004 年版，第 8 ~9 页。

② 张建华：“俄罗斯国家的形成与民族主义”，载《北京师范大学学报》（人文社会科学版）2001 年第 2 期。

二、俄罗斯思想中的国家观念

俄罗斯思想中蕴含一种深刻的国家观念(或国家思想)。从基辅公国到莫斯科公国,从俄罗斯帝国到苏联超级大国,国家观念以绝对形式统治着人们的精神世界。但这种国家性有时往往通过非国家的方式来表现。利哈乔夫说,“对国家的绝对服从被认为是俄罗斯人民固有的一个特点。实际情况的成分在这里是有的,因为在俄罗斯没有表达人民意愿的传统的固定形式。是市民大会,全俄缙绅会议,还是村会?……这些明显不够。因此,独立、对自由的爱主要表现在采用大众的和顽强性质的抵抗中”。[①]

(一)国家观念形成的基础及其作用

在分析俄罗斯具有操控性的国家观念产生的渊源时,很多人认为是基于自然环境的影响。“对待自己的国家的恭驯虔诚态度是俄罗斯人特有的。国家被理解为具有自身价值的最高一级的机构。实际上,对国家崇拜,相信她的强大,相信她的保护,相信她在各种各样的问题上的公正性,渴望为国家服务和牺牲一切,这些只是对大地母亲的崇拜,对自然的崇拜转移到国家身上的结果。”[②]自然因素的确不可忽视,但国家观念是在俄罗斯历史的多种因素的综合作用下形成的。

在俄罗斯传统中,国家思想也可以成为团结一致的精神内核,为国家的壮大与发展起积极的作用。作为俄罗斯政治精英的前莫斯科市长卢日科夫对这一观点有较为深刻的认识,他说,“在俄罗斯领土一体化基础中的不是种族思想,而是国家思想。在帝国时期这是君主思想,保证对君主所有臣民进行保护。在苏联,代替君主制而来的是共

---

① [俄]德·谢·利哈乔夫著:《解读俄罗斯》,吴晓都等译,北京大学出版社2003年版,第13页。

② 朱达秋、周力著:《俄罗斯文化论》,重庆出版社2004年版,第7页。

产主义思想,以参加建设新型社会把各地区联合起来。然而尽管国家建设的过程在俄罗斯实行得远非不成问题,但是在共同生活、文化和经济交流进程中,而后在完全充实的参加一体化的经济和社会活动中,国家各族人民逐渐形成了关于他们历史命运共同性的概念”。[①] 在俄罗斯的历史中,正是这种“共同性”成为不可战胜的力量,推动俄罗斯人走出一个又一个困境,创造一个又一个奇迹。

在传统之中,“俄罗斯人需要的是一个中央集权的国家和一种强大的俄罗斯国家思想”。俄罗斯人需要依靠国家观念实现自己的民族理想。“追求强大,志在问鼎地区乃至世界的霸权。在俄国的1000多年历史上,俄国人都在百折不挠地向大国地位冲击,都在努力实现强国之梦。”[②]正是这种国家观念的支撑,即使在国家病入膏肓之际也不失一种顽强的风度。

(二)国家观念的演变

俄罗斯人深信:“一个健康的国家或社会不允许超过一个以上的信仰。”“整体性就是俄罗斯思想”,而当代这种整体性已因苏联的解体而彻底地支离破碎,“随着原苏联国家意识形态的消亡和国内社会结构的急剧分化……结果社会被各种思潮所分割,人民缺少思想上的共识。更为严重的是,在全民思想层次上,俄罗斯也未能找到解决社会发展的目标和模式”。[③] 在国家观念中,这种整体性更为恰当的表达就是国家意识形态,它一直在俄罗斯人的思想中占据统治地位。在根深蒂固的国家观念的指引下,俄罗斯人由对上帝的崇拜走向对人的崇拜,对领导者的崇拜。正因如此,俄罗斯传统中专制主义一直风头不减。当全世界无产者为十月革命在帝国主义最薄弱的链条上的突破

---

① [俄]尤·米·卢日科夫著:《历史的更新:21世纪的人类和俄罗斯的未来》,赵云平、孙越译,新华出版社2003年版,第148页。

② 王宇博等著:《骁勇俄国人》,四川人民出版社2001年版,第2页。

③ 宋德星、许智琴:“大俄罗斯主义思想体系及其政治影响”,载《东欧中亚研究》2002年第1期。

而成功跳越资本主义“卡夫丁峡谷”欢跃的时候，这种状况也并未中断，并逐渐在合法的外衣下演变为极权主义。

当代俄罗斯政治家米格拉尼扬对俄罗斯传统中的国家观念有着深刻的认识，在他看来，“我们在处处和事事中所看到的就是国家，它强大无比，在公民的眼中变成了某种超自然的东西，人民从它那里好像可找到每个公民和整个社会的所有问题的解决办法，每个个人的生活的意义就在于同国家保持一致”。正是在这种观念的支配下，“个人的面目完全被抹杀了，国家完全吞噬了个人和社会，国家等同于最高的、没有任何罪恶的存在物，等同于沙皇，每一个臣民和整个社会在思想上都应该融化在国家之中”。[①] 生长于俄罗斯历史文化传统中的国家观念有利于维护国家的专制统治的稳定，“国家观念是与俄国历史的基本因素——专制制度、农奴制、东正教、村社紧密相连的，东正教的集合意识与崇尚皇权的村社意识相结合形成了民众对国家的依赖和对权威的服从，从而维系了俄罗斯历史上长时期的专制统治”。[②] 国家观念在一定程度上虽然牺牲了自由、个性、人权和民主，但人民已经习惯沉默地服从国家权威，国家人格化代表即沙皇或领袖是至高无上的，它是社会利益的保护者。在这种观念的支配下，民众的臣民意识较为明确，个人属于国家、为国献身、以国家的强大为荣耀的强国意识比较突出。这种国家观念致使俄罗斯的历次改革都带有自上而下的专制主义的特征。正是受制于专制主义的传统，在历次改革中沙皇在权力问题上又决不让步，改革便走向了反改革。反改革当然不能持久，结果不是引起动乱就是引起革命，不过动乱或革命的结局，到最后还是建立了新的、更为强化了的国家机器。俄国的发展历程就经常表现为以下模式：改革→反改革→动乱或者革命→国家机构的强化，[③]这

① [俄]米格拉尼扬：“对苏联社会主义制度下个人、社会与国家三者关系的分析”，载《俄罗斯中亚东欧研究》2003 年第 5 期。

② 朱可辛著：《普京之治》，中共中央党校出版社 2007 年版，第 73 页。

③ 曹维安著：《俄国史新论：影响俄国历史发展的基本问题》，中国社会科学出版社 2002 年版，第 12 页。

一模式与专制主义的国家观念是分不开的。

当代俄罗斯哲学家 И. 基斯金总结说,“从方法论上讲,盖达尔的改革是典型俄罗斯的。从彼得一世的父亲开始,俄罗斯形成惯例,先建构一个思想体系,然后从上而下把它贯彻到生活中。第三罗马,斯托雷平改革,布尔什维克,全都一样。俄罗斯是一个向生活中彻底贯彻某种美学的、理论结构的国家……也正因为如此,俄罗斯的一切改革都是专制主义的”。①

随着俄罗斯社会的全面变革,“国家”在人们心目中的内涵已经发生了根本性的变化。在新世纪之初,俄罗斯“社会舆论”基金会进行了一次调查,他们在调查中试图形成国家是什么的定义。其结果是这样:40% 被询问的人说国家是人民,30% 的人把这概念与居住的地方联系在一起,只有 20% 的人说国家是政权的等价物。② 由此可见,在俄罗斯政治日常交往中“国家”已经获得了与以往完全不同的内涵,人们对它的理解正趋于多元化。

三、俄罗斯文化中的宗教情结

在俄国诸多的宗教中,东正教在对灵魂的精神引导方面一直占据主导地位。东正教从基辅罗斯时期的传入到以后曲折的发展,都直接与东正教的基本精神密切相关。

(一)东正教与俄罗斯政权的关联

公元 988 年基辅罗斯受洗,东正教正式传入俄罗斯并被宣布为国教。从那时起,古罗斯的历代王公都把东正教作为号召和组织信徒的旗帜。这一时期“国家政权借助于教会得到巩固,教会在国家的支持

---

① 朱可辛著:《普京之治》,中共中央党校出版社 2007 年版,第 73 页。

② [俄]尤·米·卢日科夫著:《历史的更新:21 世纪的人类和俄罗斯的未来》,赵云平、孙越译,新华出版社 2003 年版,第 183 页。

下迅速发展”。[①] 公元1453年东正教的中心君士坦丁堡随着东罗马帝国的土崩瓦解丧失了权威地位，借此机会，莫斯科的教士们抓住了俄国充当东正教领导者的契机，鼓励他们的公侯使莫斯科成为第三个也是最后一个罗马，而他的诸侯，作为基督教的皇帝，应该继续承认被征服的拜占庭统治者的君权。[②] 一位修道士在致莫斯科大公瓦西里三世的信中说，“第三个罗马使徒教会（莫斯科）——即独裁政权——会比整个宇宙的太阳还辉煌灿烂……两个罗马都灭亡了；而第三个却巍然屹立，而且再没有第四个的来临；您是全世界基督徒唯一的沙皇”。[③]

从15世纪末16世纪初，经过几个世纪的传播，绝大多数俄罗斯人都成为基督教信徒。“莫斯科——第三罗马”和“神圣罗斯”两个理念成为俄罗斯民族意识的体现，其含义是俄罗斯人是神选的民族，被赋予神圣的力量。神选的民族是各民族的“弥赛亚”，是唯一负有救世使命的民族。莫斯科像罗马和拜占庭，是全世界权力的体现，意味着世界帝国的恢复，负有拯救人类的神圣使命。

东正教在俄罗斯发展并不是一帆风顺的，到17世纪中叶，罗斯东正教会面临着重大抉择。东正教会在俄罗斯在历史上扮演重要的角色，无论是对宗教组织的领导还是其内部的教士传教活动。在宗教礼仪上，教会领导阶层发现，在16世纪被认为是正确的古老礼仪事实上偏离了正宗，必须进行改革。于是全罗斯牧首尼康在沙皇阿列克谢（1645～1676年）的支持下决定实行宗教礼仪改革，新宗教礼仪在形式上是与古老传统的决裂，这严重打击了教徒的宗教热情，并最终由宗教礼仪改革引发了俄罗斯东正教会的分裂。在宗教礼仪改革以后，尼康企图凌驾于沙皇之上，以“大君主”自居，把沙皇和牧首比作月亮和太阳，这触怒了沙皇阿列克谢，尼康被流放。在俄罗斯宗教史上，这

① 汪宁、章自力：“东正教文化能否成为俄罗斯的主流文化”，载《俄罗斯中亚东欧研究》2005年第4期。

② ［苏］赫克著：《俄国革命前后的宗教》，高骅、杨缤译，学林出版社1999年版，第17页。

③ 同上书，第19页。

被认为是教权与皇权的唯一一次斗争。[①] 18 世纪初期,彼得大帝改革进一步弱化了教权的影响力,他实行国家化、世俗化政策,废除牧首制,用圣主教公会行使宗教管理职能,使之成为政府的一个部门,从而把教会置于专制君主的绝对统治之下。叶卡捷琳娜二世时期,颁布教会土地国有化的敕令,没收教会和寺院的土地。神职人员的生活费用和教会、寺院的开支由国家拨款。经过尼康改革、彼得一世和叶卡捷琳娜二世的世俗化和国家化政策,东正教会的影响受到严重削弱。

在俄罗斯宗教与政权关系上,我国学者在研究中对政教关系进行了大致的分期:单一宗教时期(10 世纪末 ~17 世纪中叶),认为在 17 世纪中叶以前,除了东正教,俄国再没有其他合法的宗教组织。各种宗教的法律地位不平等时期(17 世纪中叶 ~1917 年 10 月),虽然宗教派别不断增多,但东正教仍占统治地位,享有国家给予的多种特权。东正教与国家基本上保持着一种相互配合和相互利用的关系。政教分离时期(1917 年 10 月 ~1990 年年末),在这一时期国家是借助政权的力量中止宗教思想在意识形态领域的传播。以法律为基础的政教协作时期(自 20 世纪 80 年代末至今),新宪法明确规定信仰自由和宗教世俗化。[②] 这种分期基本上客观地反映了俄罗斯的政教关系的发展演进。

在俄罗斯教会发展史上,立法发展的新阶段同宗主教阶段(1589 ~1721 年)相关联。这一阶段在俄罗斯确立教士活动基本形式的最重要的文件是 1689 年的《宗教宽容法》,它确立了东正教在俄罗斯的国教地位。在法律上对 17 世纪俄罗斯当时的教区进行划分,按照信仰划分为东正教、基督教和非基督教三个部分,只允许东正教教士的传教活动。法律对教士对改变宗教信仰的人的工作有更多的规定。从 17 世纪末开始,法律投入较多的精力在对民事案件和宗教案件的惩罚

① 刘祖熙著:《夏日堂史集》,人民出版社 2007 年版,第 5 页。
② 戴桂菊:"俄罗斯的宗教与现代化",载《东欧中亚研究》2002 年第 3 期。

上,教士的传教活动也受法律调整。之所以加强对教徒和教士活动的规范调整,是因为国家最高利益与教会利益息息相关,逃避宗教规则均要受法律制裁。

从彼得一世时期开始俄罗斯东正教会进入到主教公会时期,这在俄罗斯教会史上是一个新的阶段。国家权力是教会变革的主要根源,教会管理接受国家管理的形式,并成为国家管理的末端。[①]

（二）俄罗斯宗教的核心精神

俄国 19 世纪末 20 世纪初著名神学家赫克认为,“俄国人的灵魂为生存和目的问题而苦恼”,宗教是一种心灵的宗教,其特有的精神特质是“虔敬感”、“同情感”、“赦免精神”等。他对俄罗斯的宗教品格进行了概括,认为“俄国人心灵的宗教特性是:对上帝和神性真理热切的思慕与寻觅、喜欢不幸和受苦的人、对社会底层的崇敬和同情、宽恕精神、对不公正待遇顺从和不反抗,以及对神圣象征主义和审美神秘主义的忠诚。这样,对俄国人来说,宗教首先就是敬拜和冥想”。[②] 俄罗斯宗教的核心精神也就在于此。有意思的是,被别尔嘉耶夫概括为俄罗斯人“二律背反”的矛盾特点,在宗教与日常生活的关系中有明显的表现,这就是俄国人的宗教生活与其日常生活中的道德准则是无涉的,在灵魂深处信奉宗教,但“社会和个人的关系不是按着基于十诫的律法来调节,而是受习惯和道德标准所支配”。[③] 如果说宗教对其他民族会产生某种超自然的约束力,但“这种超自然约束力的道德制约和纪律就使俄国人可能在激情突发时残酷无情,事先不加考虑,但却很少是出于报复动机的……革命中过分暴力的行为因而或许能得到部

---

① О. Н. Осьмакова. К вопросу о правовом регуровании миссионерской деятельности Русской православной церкви. Актуальные проблемы российского права. 2015.06.

② ［苏］赫克著:《俄国革命前后的宗教》,高骅、杨缤译,学林出版社 1999 年版,第 10 页。

③ 同上。

分的解释”。①

别尔嘉耶夫在《俄国共产主义的起源及其思想》(1937 年)一书中认为,“共产主义是俄国国际主义的产物,它本身具有一种救世主思想,也就是使人类得到解放,使各民族免受列强压迫的思想。在俄罗斯漫长的历史进程中,共产主义思想曾多次得到实质性的显示”。② 别尔嘉耶夫的这种认识也许过于极端,但在人类历史发展中,俄罗斯人确实发挥了独特的作用。“许多征服者在恐吓东西方各国人民的同时,轻而易举地就征服了许多国家,但是当他们入侵俄罗斯帝国时,却遭到了沉重的打击。例如,铁木尔、成吉思汗、拿破仑、希特勒等人,都先后在俄罗斯遭到了惨重的失败。这样一来,俄罗斯人不仅使自己获得了自由,而且帮助其他民族摆脱了侵略者的奴役。因此,正统的马克思主义救世主思想(即通过和平的革命手段使全人类都摆脱剥削制度的压榨)也正是俄罗斯救世主思想的另一种表现形式。”③

俄罗斯民族是神选民族,担负着对人类的拯救重任,这种弥赛亚意识世代相传、经久不衰,一直是俄罗斯传统文化的一个特征。很多俄罗斯人都钟情于俄罗斯民族的特殊使命,希望俄罗斯人成为全人类的兄弟,这就是俄国弥赛亚主义的基本内涵。这种弥赛亚主义在俄罗斯的历史上有明显的表现,20 世纪初的第三国际和世界革命的理想就被很多研究俄罗斯民族精神的人认为是革命弥赛亚意识的体现。19 世纪末 20 世纪初,随着社会主义政党的出现和社会主义运动的发展,越来越多的工人和农民摆脱宗教影响,接受无神论和社会主义,投身于革命运动,马克思主义成为主流意识形态,并最终走向神话,这与俄罗斯人的宗教情怀是分不开的。

---

① [苏]赫克著:《俄国革命前后的宗教》,高骅、杨缤译,学林出版社 1999 年版,第 15~16 页。

② [俄]T. C. 格奥尔吉耶娃著:《俄罗斯文化史》,焦东建等译,商务印书馆 2006 年版,第 467 页。

③ 同上。

（三）宗教在当代俄罗斯政治生活中的地位

当代俄罗斯《宪法》对待宗教的态度是明确的，其第14条规定："俄罗斯联邦是非宗教国家。任何宗教均不得被规定为国家的或必须信仰的宗教。""宗教团体与国家分离并在法律面前一律平等。"俄罗斯人与东正教有一种斩不断的联系。宗教作为一种内心信仰并不因为国家的禁止就能在人们内心消除的。苏联解体后，在俄罗斯政坛上的各种政治势力的角逐中，宗教成了一种斗争的砝码，各级政要人员不仅频繁参加宗教活动，而且还有意地表明自己对宗教的虔诚和与教会非同一般的关系。叶利钦的总统就职仪式充满了宗教神秘色彩，全俄东正教会牧首阿列克西二世在叶利钦宣示就职后，首先向他致贺词。叶利钦在就职仪式的讲话中说道："我们国家复兴的基础是人的精神解放、信仰的真正自由和完全放弃任何意识形态的强制，宗教界在这一进程中占有特殊地位。"①当代俄罗斯在国家根本法意义上对宗教在国家中的地位进行了规定。东正教的影响是深远的，普京对东正教也表现出特别的虔诚，在一次祝贺东正教圣诞节时曾说："东正教在俄罗斯历史上一直起着特殊作用。它不仅是每一个信教者的道德标准，也是全体人民和国家不屈不挠的精神核心。"②

人需要精神指引和信仰，特别是当一种官方主流意识形态消解后，人们精神依托的需求日益明显。苏联时期马克思主义被意识形态化，成为一种官方的强制性信仰，成为主流意识形态，非主流意识形态受到排挤而边缘化，当时"在俄国，社会主义是无神论的，同时又带有宗教的性质"。③ 由于俄国人的性格所至，人们对社会主义的信仰已经到了一种神化的境界。正如马克思所说，"人奉献给上帝的越多，他留

① 王宇博等著：《骁勇俄国人》，四川人民出版社2001年版，第160～161页。

② 同上书，第161页。

③ ［俄］尼·别尔嘉耶夫著：《俄罗斯思想》，雷永生、邱守娟译，生活·读书·新知三联书店1995年版，第101页。

给自身的就越少”。[①] 正是对个人、对领导者的崇拜,使俄罗斯人的主体性丧失,自我意识不够明确。苏联解体后,曾经凝聚俄罗斯人的强制性意识形态随之消解,宗教活动异常活跃,大大小小的宗教组织纷纷成立。这反映出人们对精神家园的渴望。主流意识形态丧失后,人们在精神上无家可归,这种精神的不在家使人恐惧、茫然,一种无根、漂浮的情绪笼罩着俄罗斯民众。而此时,宗教的世俗化有助于人的思想解放与心理的正常发展,对社会稳定能起到积极的促进作用。政治精英们正是看到了这一点。叶利钦与普京都迫切需要用新的精神价值观念来填补俄罗斯社会的精神空间,需要一种新的意识形态巩固政权,所以在宪法的范围内对宗教表示了好感。

四、俄罗斯具有超越性和批判性的文学精神

在俄罗斯众多文化因素中,文学精神占有特殊的地位。它们以其内在的超越性和批判性成为人们精神层面的“第二国家”,即使在国家丧失统一性的时候仍然起着凝聚和统一的功能。“在国家衰弱的时期,在封建割据和内讧战争时期,文学本身就成为一种独特的‘第二国家’。文学从国家那里夺取了它的统一功能。”[②]

(一)“黄金时代”的辉煌和“白银时代”的失落

在俄罗斯的文化史中,有两个特殊的时代,即“黄金时代”和“白银时代”。“黄金时代”是19世纪上半叶前三四十年的俄罗斯文化发展的高潮时期,这一时期凸显出了俄罗斯民族文化的自我意识的觉醒。很多人认为,俄罗斯文化发展中的“黄金时代”是对彼得改革的延续。

---

① 马克思著:《1844年经济学哲学手稿》,中共中央马克思恩格斯列宁斯大林著作编译局译,人民出版社2000年版,第52页。

② [俄]德·谢·利哈乔夫著:《解读俄罗斯》,吴晓都等译,北京大学出版社2003年版,第9页。

彼得改革开始了俄罗斯大规模向西方学习、接受欧洲文化传统的时代，启蒙主义思想的传入为俄罗斯精神文化注入新的思想活力。“18世纪末俄罗斯文化民族学派渐渐形成，这预示着俄罗斯文化发展将要进入一个新的时期。因此，可以说黄金时代俄罗斯文化接过了18世纪末俄罗斯文化发展的‘接力棒’，显示出一种强劲的勃发势头。”①19世纪初俄罗斯很多知识分子受到启蒙主义思想的影响，民族意识迅速觉醒，更多考虑俄罗斯的发展和前途等问题。

1812年卫国战争和1825年“十二月党人”起义是俄罗斯19世纪初期两个重大的历史事件，成为促进俄罗斯民族意识觉醒的标志性事件，对19世纪上半叶俄罗斯社会思想和文化的发展起到巨大的推进作用。在特征上，“黄金时代俄罗斯文化的首要特征是表现出俄罗斯民族自我意识的觉醒，具有一种强烈的反专制制度和反农奴制的思想，这种思想符合广大民众的愿望和历史的进步精神；其次，黄金时代俄罗斯文化捍卫人的权利和尊严，对自己民族的历史和历史人物表现出特别的兴趣；再次，在黄金时代，浪漫主义和现实主义是俄罗斯文学乃至文化艺术其他类型的重要方法”。②

19世纪末20世纪初被称为“白银时代”的文化繁荣阶段。这一时期出现了人文科学包括哲学、文化学、社会学等群星荟萃的大好局面。它“使人摆脱了充满政治气氛、影响人们思考和感受的呆滞的思维方式”。“这是一个全面个性化的时代，是一个充满复杂反射的时代，是对探究人的心理活动、‘镜像’深处的奥秘、把人的无意识的、非理性的活动、无限的主观主义、以文化中的神秘主义原则置于首位并产生浓厚兴趣的时代。”③

人是自由的存在物，特别对俄罗斯这个一向把追求自由与拯救世

---

① 任光宣著：《俄罗斯文化十五讲》，北京大学出版社2007年版，第104页。

② 同上书，第113页。

③ [俄]T. C. 格奥尔吉耶娃著：《俄罗斯文化史》，焦东建等译，商务印书馆2006年版，第474页。

界当作自己神圣使命的民族而言,这一点更是在社会生活领域有明显的体现。由于俄罗斯专制主义传统的影响,"官方一统天下的意识形态格局始终很有力量,导致直接表述与某种主流意识形态相左的哲学、社会学、政治学和神学等思想行为随时充满着政治危险,并孕育出一种极端的副产品——哲学、社会学、历史学和政治学几乎也不能作为专门学科独立存在,只有通过意义多元化的艺术、尤其是语言艺术完成所有的思想性工作"。[①] 因此,俄罗斯非凡的文学艺术精神得以充分的展现和发展。从语言艺术到造型艺术,从绘画艺术到舞蹈艺术再到音乐、电影艺术等各种有形的艺术,在本质上都是对个性自由的创造性与超越性的表达。俄罗斯文学艺术精神的发达,既是对专制主义在艺术形式上的反抗,同时也是专制主义催生的果实。正因如此,俄罗斯文学艺术精神中时刻透着抵挡不住的人性魅力。

在20世纪初,"俄国文化生活(文学、艺术、智识发展)在力度、灿烂程度和多元方面达到了高峰"。[②] 专制制度压抑个性,人对自由的渴求不能在国家和社会中实现,只能寻求精神上的自由,因此俄罗斯产生许多世界性的伟大的宗教哲学家与作家、诗人和艺术家并非偶然。只有在宗教和艺术领域,人的自由本性才能淋漓尽致的展现,人的创造性和超越性才得以尽情地发挥。然而,令俄罗斯人惋惜的是,"白银时代"在更大程度上是在俄罗斯境外展开的。"'白银时代'是一种极为复杂和矛盾的文化腾飞的时代,是世界文化史上实属罕见的一种特殊现象,在这个时代,既有宗教哲学的探索,也出现了一种追求精神和思想充分自由的新人,演进与改革原则的自由国家传统也逐渐形成。在这一时期,非暴力哲学开始诞生,新型文化的先兆已经出现。然而,令人遗憾的是,所有这些预示着美好的文化现象都出现在俄罗斯境

---

① 林精华:"俄国现代化进程中的哲学困境",载《东欧中亚研究》2002年第4期。

② 林精华主编:《西方视野中的白银时代》,东方出版社2001年版,第2页。

外,即出现移居和逃亡国外的俄罗斯文化活动家和艺术家所处的国度里。”①

(二)超越性和批判性:文学的核心精神

从文化塑造人的角度来看,俄罗斯的文学艺术精神与政权有着密切的关系。“作为人类积累的精神和物质财富的全部总和,文化直接影响着政治制度的性质。在历史上当文化和艺术与国家的自由主义化时期合拍时,可以看到很多这样的例子。”②然而,“具有高水平文化的社会是无法与极权政权共存的”。“只有知识和文化才能带来真正的自由——不受教条和陈规陋习束缚的自由。”因为“文化以个性自由和个人相对于政权的自决性原则为基础”。③ 在西方看来,“白银时代是一种失落了的文化的形象,是遭受斯大林体制残酷摧残的文化的形象,是渴望的对象,是人们在一个集体性的回溯认同的努力中希望回归的一个领域。它废除了(即使只是精神上的)苏联官方文化所统治的这几十年间发生的一切”。④ “白银时代”只是反抗专制主义过程中的一个较为典型的例子,但又绝不是偶然的现象,它是专制主义传统下人对自由需求与渴望的一次张显。在斯大林统治下的整个20世纪30~50年代,“白银时代”遭到实际上的禁止,明显成为一个不受欢迎的话题。“白银时代”的代表人物被迫流落到西方,“经历几十年的中断之后,对白银时代的了解在苏联自由的60~70年代得以复兴;而后,80年代后期在‘戈尔巴乔夫改革’时期以及1991年苏联解体之后,白银时代的复兴获得了一种新的动力”。⑤ 那些被迫流亡国外的知

---

① [俄]T. C. 格奥尔吉耶娃著:《俄罗斯文化史》,焦东建等译,商务印书馆2006年版,第502~503页。

② [俄]B. B. 拉扎列夫主编:《法与国家的一般理论》,王哲等译,法律出版社1999年版,第354页。

③ 同上书,第354页。

④ 林精华主编:《西方视野中的白银时代》,东方出版社2001年版,第5~6页。

⑤ 同上书,第4页。

识分子从来没有放弃俄罗斯文化,他们说,“我们永远不可能放弃自己祖国的文化宝藏,我们也不会在‘美国派’呆板的空旷中寻求生路”。[①]

在利哈乔夫看来,俄罗斯文学具有一个独一无二的价值,即它们的艺术力量与道德价值紧密相连。“俄罗斯文学是俄罗斯人民的良心。”[②]俄罗斯文学与生活、与现实、与人本身的价值意识最紧密地保持着联系。在一定程度上“俄罗斯文学(散文、诗歌、戏剧)就是俄罗斯的哲学”,[③]“俄罗斯文学是俄罗斯文化的表达者,俄罗斯文化史在精神力量的基础上聚汇不同民族的各种文化。俄罗斯文化的使命正在于这种聚汇中。我们应该聆听俄罗斯文学的声音。”[④]聆听俄罗斯文学的声音,也就是聆听俄罗斯人的良心,也就是聆听其对自由的渴望。无论是“黄金时代”的辉煌,还是“白银时代”的失落,都透视着对国家命运的深切关怀,透视着对专制的反抗。

五、俄罗斯的哲学精神

在东正教的长期作用下,俄罗斯哲学在产生和发展过程中形成了独特的精神特质,其宗教哲学具有世界影响力。

(一)俄罗斯哲学产生与发展的宗教动力

俄罗斯哲学产生发展的时间较晚,狭义的、具有独创性的俄罗斯哲学传统形成于19 世纪初。从东正教传入到俄罗斯哲学的产生,相隔了800 多年,这段时期被神学家称为“俄罗斯式的沉默”,“俄罗斯思

---

① [俄]T. C. 格奥尔吉耶娃著:《俄罗斯文化史》,焦东建等译,商务印书馆2006 年版,第522 页。

② [俄]德·谢·利哈乔夫著:《解读俄罗斯》,吴晓都等译,北京大学出版社2003 年版,第42 页。

③ 同上。

④ 同上。

想的姗姗来迟的觉醒”。[①] 在19世纪下半叶以前，俄罗斯哲学思想往往是通过文学来表达的，许多俄罗斯作家、诗人的文学创作成为哲学思想的载体。以东正教为核心的俄罗斯民族自身的精神传统是俄罗斯哲学产生和发展的重要因素，它决定了俄罗斯哲学能够拥有自己独特的主题和任务并决定其基本特征。恰达耶夫于1836年发表了《哲学通信》，被认为从此导致了俄罗斯思想界的分裂，产生了所谓的西方派和斯拉夫派，恰达耶夫被认为是西方派的创始人。东正教是双方争论的焦点之一。斯拉夫派的著名代表霍米雅科夫用“聚和性”（соборность）一词准确地揭示了东正教生活和建制的最基本特质。东正教会就是聚和性的教会，是广大信徒之间的一种自由的联合，是以恩赐为基础靠爱结合起来的统一体，其中没有强迫，没有对立和排斥，所有成员都认同某些绝对价值（如基本教义等）。[②]

19世纪60年代之后，亚历山大二世改革促进了俄罗斯哲学的发展，加快了俄罗斯哲学思维与西欧哲学思维的接轨。各种哲学思想和流派纷纷登上社会舞台，在这种社会氛围中，俄罗斯知识分子寻找新思想和新信仰的欲望变得愈来愈强烈，“新宗教思想”、“寻神论”等新思想应运而生。

在俄罗斯哲学史上具有划时代意义的人物是索洛维约夫，他建立了一个庞大的哲学体系。这是宗教（神学）、哲学和科学的统一体，其中既有本体论、形而上学、认识论，也有美学和伦理学等，其核心概念是“一切统一”（“всеединство”，又译为“万物统一”）。这个本体论范畴表达了无所不包的存在，既包括自然万物，也包括人，连上帝在其中也有自己的位置。作为一个哲学范畴或原则，“一切统一”成功地表达了俄罗斯哲学的基本诉求，即追求完整性、有机性和统一性，反对分裂和敌对。因此，在20世纪初，俄国有一批哲学家接受并发展了一切统

① Флоровский Г. В. Пути русского богословия, Париж: 1937, С. 1, С. 317.
② 张百春：“俄罗斯哲学与东正教”，载《哲学动态》2006年第11期。

一的概念,以它为基础建立自己的哲学体系。

在俄罗斯人自己看来俄罗斯的世俗哲学与精神哲学是分裂的,长久以来,很多人试图寻找正确理解世俗哲学与神学之间相互关系的钥匙,从而尽量避免精神上对过去的盲目崇拜,更关心现实的种种问题。[①] 这也正是哲学的真正使命。在俄罗斯,充满拯救与终极关怀的宗教哲学异常发达,这与俄罗斯民族对东正教的依恋有直接关系。但是,"如果把俄罗斯哲学置于世界哲学进程中来考察,那么俄罗斯哲学代表了人类哲学史哪个发展阶段和哪个方面?有没有这样的俄罗斯哲学家去实践或完成这个使命?对这类问题,不仅作为外国读者和学者的我们,连俄国人自己也茫然不知所措"。[②] 索洛维约夫反对西方哲学中的理性主义,在神秘体验的基础上建立自己的哲学,揭示和表达了俄罗斯东正教精神传统中的某些内涵。索洛维约夫去世(1900 年)后,一批文学家和哲学家们举起了索洛维约夫宗教哲学的大旗,反对世俗化和无神论,甚至与保守的东正教会对抗,这就是著名的"宗教哲学复兴"运动,它代表了当时俄罗斯哲学界的主流。俄国几乎所有有宗教情怀的哲学家都参与到其中了。在不到 20 年的时间里,他们创造出了大量的宗教哲学著作,成为俄罗斯哲学的经典。十月革命后,无神论哲学获得胜利,宗教复兴运动在苏联完全终止了,其主要代表被迫流亡国外。但俄罗斯哲学创作没有因此而立即终止,流亡哲学成为俄罗斯哲学的主流。[③] 东正教对俄罗斯人世界观的形成发挥了决定性的作用。随着东正教的传入,俄罗斯人接触到了西方哲学的传统,但是长时期内在俄国并没有产生独立的哲学。俄罗斯人自己的早期哲学思想散见于东正教信仰的丰富的传统之中。

---

① [俄]格奥尔基·弗洛罗夫斯基著:《俄罗斯宗教哲学之路》,张百春等译,上海人民出版社 2006 年版,序言第 3 页。

② 林精华:"俄国现代化进程中的哲学困境",载《东欧中亚研究》2002 年第 4 期。

③ 张百春:"俄罗斯哲学与东正教",载《哲学动态》2006 年第 11 期。

（二）十月革命的胜利与马克思主义哲学的命运

十月革命胜利后，马克思主义哲学逐渐成为国家的正统理论。与东正教信仰密切相关的哲学被排挤出了政治舞台。在苏联时期，有学者认为"哲学研究的国家体制化是导致俄国哲学缺乏尊严的致命原因"，[①]但事实上，在历史发展的特定阶段上，俄国化的马克思主义哲学与马克思本人的哲学相差得太过遥远。十月革命前后，列宁坚持马克思主义基本原则的同时，非常注意把马克思主义基本原理与俄国革命和建设的具体实际相结合，在实践中创造性地丰富和发展马克思主义。十月革命是列宁坚持马克思主义原则与俄国实际相结合的成功典范。在列宁率领的布尔什维克党领导下，俄国人民取得了十月革命的胜利，并建立了世界上第一个社会主义国家，列宁强调指出，"不应当把马克思主义理论看作某种一成不变和神圣不可侵犯的东西"，"应当在各个方面把这门科学推向前进"。[②] 斯大林继承并"成功"地运用了马克思主义的精髓。在苏维埃政权巩固以后，苏联国内斗争形势依然严峻，西方敌对势力加紧了对苏维埃政权的攻击和封锁，世界大战即将临近。面对如此形势，斯大林十分重视全党的思想信仰和马克思主义理论武装问题。当代俄罗斯一批学者在分析苏共失败的原因时认为，苏共是自赫鲁晓夫上台后开始"脱离真正的马克思主义理论"，实际上奉行的是"右倾修正主义"。苏联的演变发生在20世纪的后半期，即赫鲁晓夫到戈尔巴乔夫执政时期。俄罗斯著名政论家、历史学家罗伊·麦德维杰夫在2000年对记者表示，赫鲁晓夫在苏联和国际共运史上的作用很大，苏联后期领导人的政治意识恰好是在他领导苏共的11年内形成的。赫鲁晓夫揭开了斯大林的"盖子"，打开了面向西方的"铁幕"。苏共和苏联思想理论界开始动摇和怀疑甚至变得惊慌失措。一些人开始怀疑马克思列宁主义的作用，怀疑苏联社会主义

---

① 林精华："俄国现代化进程中的哲学困境"，载《东欧中亚研究》2002年第4期。

② 《列宁选集》（第1卷），中共中央马克思恩格斯列宁斯大林著作编译局译，人民出版社1995年版，第274页。

模式的生命力。[①] 俄罗斯学者在总结苏联的教训时沉痛地说:"现实社会主义的变形总是同马克思主义教条化或对马克思主义的背弃相联系的。这两种情况都是苏联现实社会主义所特有的。如果说在其发展的第一阶段是教条主义盛行的话,那么在其最后年代,苏共领导开始疏远马克思主义,并用各种各样的自由主义和改良主义思想偷换马克思主义。"[②]

20 世纪 80 年代末 90 年代初,苏联解体和苏共的垮台,对世界社会主义运动造成巨大影响,更使俄罗斯国家的马克思主义研究陷入低潮。马克思主义作为官方意识形态遭到取缔,甚至作为学说的马克思主义也遭到禁止,马克思主义的学术研究一度被迫中断。俄罗斯的马克思主义学者陷入极度的困境之中。意识形态和价值观念的急剧变化使俄罗斯社会出现了意识形态和价值真空。[③] 对于俄罗斯一些马克思研究者来说,他们仍然相信马克思的思想始终具有其现实意义,因为马克思的思想是与反思资本主义有机地联系在一起的,而资本主义作为完整社会形态的演变尚未结束。只要资本主义仍然存在,能够最深刻理解资本主义的马克思主义就具有生命力。因此他们断言,"在不久的将来,将再次掀起对马克思及其学说的研究热潮"。[④] 在他们看来,出现热潮的原因有三:其一,经典资本主义已经变成全球资本主义,马克思在自己的著作中多次指出过这种可能性;其二,俄国再次出现资本主义,随之而来的是资本主义原始积累所特有的一切消极后果;其三,西方著作中实际上并不存在能够替代马克思社会理想的理想。

---

① 张树华:"苏共意识形态工作:成绩、失败及教训"(上),中国社会科学内刊 2007 年第 3 期。

② [俄]鲍·斯拉文:"社会主义理论的若干争论问题",载中央编译局世界社会主义研究所编:《当代国外社会主义:理论与模式》,中央编译出版社 1998 年版,第 7 页。

③ [俄]鲍·斯拉文著:《被无知侮辱的思想——马克思社会理想的当代解读》,孙凌齐译,中央编译出版社 2006 年版,译者的话第 2 页。

④ 同上书,作者的话第 14 页。

从当代俄罗斯哲学研究的主流看，与东正教信仰相连的宗教传统现在被经常地看作“民族的”、“真正的”哲学的标本，以至于“俄罗斯哲学”这个词经常被绝对地等同于那种传统，好像俄罗斯思想中世俗的、唯物主义的、实证主义的甚至非东正教的宗教流派不曾存在过或不配被称作“俄罗斯的”。[①] 上述这种状况正遭到来自各方的批判。每个民族文化都从某种内核演化而来，它逐渐由此完备起来。东正教信仰为俄国提供了这种内核，但并不是俄罗斯文化的全部。

小结

在俄罗斯长期历史发展中，文化影响力通过各种文化因素的交融共同发挥作用。在俄罗斯法治进程中，传统的自有文化因素、外来文化因素、内外交融后产生的新型文化因素等的影响力，通过政治文化因素、宗教文化因素、民族文化因素、社会文化因素等在国家生活的各个方面表现出来。在俄罗斯法治进程中有两种文化因素起基础的决定性作用：一是专制的政治文化传统；二是东正教影响下的宗教文化传统。这是俄罗斯文化中两个具有核心影响力的因素，也是俄罗斯文化模式的结构性要素，对俄罗斯长期以来占主导地位的“宗法—专制”型文化模式具有型塑作用。俄罗斯民族性格、国家观念、宗教情怀、文学精神、哲学思想等都是在“宗法—专制”型文化模式中逐渐形成的，同时它们无时无刻又表现着这种文化模式，反作用于整体性文化。现代社会的主导性文化模式是一种法治型的文化模式，俄罗斯固有文化中的大民族精神、重视整体利益的国家观念、充满救赎精神的东正教

① ［美］詹姆斯·P. 斯坎兰：“俄罗斯哲学及其在民族复兴中的作用”，载《哲学译丛》1998 年第 1 期。

情结、惯于创造与超越的艺术精神以及作为民族精神之凝结的俄罗斯哲学都具有独特而迷人的魅力,但这些文化因素能否生发出理性化契约化的现代法治精神,能否促成民主法治理想的实现,都深深地困惑着当代俄罗斯法治实践。

第四章　俄罗斯法治进程中文化影响力的实证分析

从俄罗斯法治进程的纵向发展来看，文化影响力通过各种因素的综合共同发生作用。体现在具体的法律制度中，它们既是相应制度确立的合法性基础，同时也是理解具体制度在实践中运行的依据。本章将通过对市民社会演进、近代以来的立宪进程、公民宪法权利的演变、俄罗斯法律传统的演化四个问题，来分析俄罗斯文化的现实影响力对法治进程的作用。在社会层面上，通过梳理俄罗斯市民社会形成的基础及其结构性特征，透视文化因素在法治的社会基础上如何发挥作用；在国家制度层面上，以20世纪以来俄罗斯三次社会制度变革为线索，通过三部不同性质的宪法，即1906年《俄罗斯帝国根本法》、1918年《俄罗斯社会主义苏维埃共和国宪法》、1993年《俄罗斯联邦宪法》，对俄罗斯的立宪进程与文化的关联进行分析；在公民权利演变层面，从上述三部宪法出发，以公民宪法权利的演变为研究对象，透视文化影响力在国家制度方面的作用；在极具俄罗斯文化特色的总统制层面，从制度与民族心理的相互关系角度透视政治权威传统对现行总统制的影响。

第一节　文化影响力作用下俄罗斯市民社会的演进

俄罗斯市民社会发展与法治进程具有文化的内在关联性。在不同国家,市民社会作为一种社会结构性要素内生于社会经济、政治和文化生活,是普遍存在的社会现象,但有成熟与否和影响力的强弱之别。俄罗斯的市民社会在其文化母体中孕育,受其传统农业文化模式的影响,形成较晚、发展缓慢,并且影响力微弱,对国家法治进程的现实影响并不是一个显性的过程。从 19 世纪初俄罗斯立宪主义萌生,到 20 世纪初君主立宪制的尝试,市民社会都在其中起着重要的推动作用,无疑对其法治进程产生根本性的影响。由于俄罗斯的专制政治传统的根深蒂固,“无论是帝俄时期还是苏俄时期,强大的自上而下的国家管理体制以及拥有无限权力的俄国官僚阶层根本不可能为社会自治提供得以发展的温床”。[①] 因此,文化的阻滞力在这个层面上表现得较为显著。

一、俄罗斯市民社会理论与实践的特殊性

(一)俄罗斯市民社会的理论状况

在理论上,按照西方的理解标准,市民社会强调建设一个自我表达、自我组织的社会环境,一个国家要实行民主制度,必须有一个相对独立并能对政治形成制约的社会存在,市民社会逐渐成为资产阶级民主制度的主要原则。正是在这一意义上,市民社会具备这样几个特

---

① 刘洪岩等:“俄罗斯早期市民社会的形成和发展”,载《北方法学》2009 年第 5 期。

点:市场经济和民主制度是市民社会的基础,中产阶级、非政府组织、公民参与是市民社会的几个要素,主张建立一个规范成熟的法治国家,形成国家控制之外的社会和经济安排、规则、制度。①

在一般意义上,市民社会具有这样几个基本内涵:一是形成的自生自发性。从市民社会的产生发展史可以看出,市民社会主要是靠自发形成的,当社会经济条件发展到一定程度,经济财产关系主要通过市民组织自我来协调,国家在其中并不起直接的作用。二是组织结构的自治性。这一内涵与其形成的自生自发性一脉相承,通过自我调节和修正逐渐形成稳定的组织结构,并在相应行业或领域内享有自治的权威。三是与政治国家的二元互动关系。市民社会以自治为基础,形成一种足以与国家权力在一定领域和范围内对抗的态势,从而限制国家权力的滥用。正是在上述意义上,"市民社会意味着一种非强迫的社会秩序","市民社会是社会独立自主的生存模式,它不仅以其人与人之间的自愿性契约联合而提供了适应市场经济的社会结构,而且,还通过积极参与政治和制衡国家权力,来捍卫自由和保证民主的实现,并成功防止集权政制的最后屏障"。②

对市民社会的理解存在多元化的趋势,俄罗斯学者认为在理论上市民社会有两种基本的解释。一种解释认为它是一种社会状况,市民社会被视为是特殊类型的国家,在这种国家中,个人的基本权利和自由能得到法律与政治上的保障,这种国家可以被视作文明的社会;另一种解释认为,它是社会的某一领域,存在有别于国家的关系、结构和制度,但它又不是与国家完全隔绝的,它可以发挥整合功能,把局部利益同社会利益结合起来并充当个人与国家的中介作用。③ 第一种解释把市民社会理解为一种国家制度形式,第二种解释则把市民社会看作

---

① [英]戴维·米勒、韦农·波格丹诺编:《布莱克维尔政治学百科全书》,邓正来译,中国政法大学出版社1992年版,第256页。

② 马长山著:《国家、市民社会与法治》,商务印书馆2005年版,第283页。

③ [俄]З.Т.戈连科娃等:"俄国市民社会的形成与社会分层",载《国外社会学》2000年第4期。

一种整合个人与国家利益的社会中介领域。当代俄罗斯历史学者米罗诺夫正是从社会制度的角度对市民社会进行定义。他认为市民社会的基本含义是:“此乃这样一种制度,在这种制度下,个人、社会组织和国家在平等的基础上构成一个稳固的共同体;在这种制度下,社会秩序不是建立在统治与服从的基础上,而是建立在合理的内部纪律,建立在其内部有机的条理性,建立在社会妥协、协调和相互利益的基础上;各种冲突不是通过有产者的暴力,而是通过法律和政治手段、国家政权来解决,国家政权也要依据它所制定的法律行事。”[①]简言之,在米罗诺夫看来,市民社会“意味着各个社会主体之间有发达的经济、文化、政治和社会联系,社会成员拥有广泛的政治权利,具有全国性的社会组织、政党和代表制的机关;换言之,公民社会不是各种公社的聚合体,而是自由的、理性的、积极的以及代表他们利益的组织和团体的聚合体”。[②]

从历史发展的横向角度上看,一般认为,当西方市民社会高奏凯歌时,俄罗斯市民社会则处于蒙昧状态,其是否存在也是众说纷纭。葛兰西曾经在与西欧相对照的基础上来评论俄国20世纪初市民社会的状况,他认为,“在西方,国家同市民社会之间有一种恰当的关系。如果国家发生动摇,那么结构坚固的市民社会就会立即突现出来”。[③]但“在俄国,国家就是一切,而市民社会则是一片原始混沌状态”。[④]苏联解体后,俄罗斯联邦注重市民社会的发展与培育,取得了一定的成效,对于国家的发展产生积极的作用,对该问题研究的人较多,但对于十月革命前的市民社会的基本状况少人问津,甚至认为那时市民社会根本不存在。通过对社会史的考察,我们发现,十月革命前市民社

---

① [俄]鲍里斯·尼古拉耶维奇·米罗诺夫著:《俄国社会史》(下),张广翔等译,山东大学出版社2006年版,第311页。

② 同上。

③ [英]佩里·安德森著:《绝对主义国家的系谱》,刘北成等译,上海人民出版社2001年版,第385页。

④ 同上。

会已经在俄国内部开始形成,只不过在形式和特征上具有更多的俄罗斯色彩。

对俄罗斯市民社会的研究,一般以社会制度变迁为标准,把市民社会的发展总体上分为三个阶段:一是帝俄时期(17 世纪末到 20 世纪初);二是苏俄时期(20 世纪初到 20 世纪 90 年代);三是俄罗斯重建期(20 世纪 90 年代到现在)。但在帝俄时期之前,社会发展的基本状况与现代意义的市民社会是否有一定的关联?俄罗斯早期市民社会是在怎样的社会土壤中生成的?在俄罗斯曾经长期存在的社会分层的传统中,作为一种有别于国家的社会自组织形态又是如何在专制传统的夹缝中隐约前行?它又是如何对俄罗斯的国家政治生活产生影响?又与现代意义上的法治如何发生直接的关联?这一系列问题的回答都得从形成与演化说起。

很多俄罗斯学者认为,十月革命前俄罗斯市民社会已经开始形成,但对其所发挥的作用却评价不一。有俄罗斯历史学家认为,俄罗斯从 17 世纪到 20 世纪,随着法律制度的加强,居民人身的解放,等级制度趋于消亡,俄国社会开始转变为市民社会,直到 1917 年俄国的市民社会还处于形成阶段;①有俄罗斯学者认为,在历史上市民社会的结构和制度被难以置信地引进了俄罗斯社会空间,但更多看到的是其消极后果,阻滞了俄罗斯的发展有时甚至使其倒退。② 当代中国学者对俄罗斯市民社会的关注更多集中在苏联解体后俄罗斯联邦重建过程中的社会基础问题,对于市民社会的历史发展谈论不多。如有中国学者认为,俄罗斯没有市民社会的传统与经验,市民社会的发展与当代民主制度建立几乎同步进行;③有人通过所设定的现代市民社会的标

---

① 张广翔等:“帝俄的现代化——米罗诺夫吉林大学讲学纪要”,载《世界历史》2004 年第 5 期。

② [俄]З. Т. 戈连科娃等:“俄国市民社会的形成与社会分层”,载《国外社会学》2000 年第 4 期。

③ 霍淑红:“俄罗斯民主进程中的市民社会”,载《学术探索》2004 年第 5 期。

准来衡量,认为俄罗斯没有市民社会;[①]有学者通过与西方的比较认为,西方市民社会在权力高度分散化和多元化的政治背景下形成,表现出与政治国家的异质性,而这种与现实的政治国家异质性的市民社会在俄罗斯的确没有形成。[②]

当我们在人类过往的历史中探究某种事实时,其实都已经打上了研究者所处时代的烙印,我们不可能回到历史的真实,而只能努力地接近历史的客观性,而不是用一种假定的判断作为研究的起点。因此,我们将从俄罗斯社会文化发展史入手,对俄罗斯社会结构进行梳理和分析,以透视市民社会在法治的进程中的文化意义。

(二)俄罗斯市民社会的基本特征

俄罗斯早期市民社会生成及其作用的发挥一直处于隐蔽和软弱的境地,但却顽强地延续和发展起来,并在一定程度上对政治国家发挥促动作用。在俄罗斯法治进程中,市民社会以其特有的发展历史、结构和功能在法治发展的不同阶段发挥作用。到十月革命前,随着马克思主义思想的注入,市民社会的发展曾一度成为社会主义立宪进程的推动力,并最终以权利和自由的表达形式在社会主义宪法中取得了一席之地。

在历史上,俄国的等级制度是社会客观发展的结果,是各个社会集团根据自己的意愿集体努力的结果,在一定意义上,等级权利限制了专制政权的权利,在这过程中,各等级必然为争取自己的权利而斗争。以工商业为主体的市民社会不管如何艰难,还是在社会夹缝中生长起来。相比较西方市民社会,俄国市民社会有其特有的生成过程和基本特点。

---

① 黄军甫:"社会结构变迁与俄罗斯政治转型",载《当代社会主义问题》2004 年第 2 期。

② 胡键:"市民社会与俄罗斯的社会转型",载《俄罗斯研究》2001 年第 3 期。

1. 俄罗斯市民社会的结构性软弱

当前俄罗斯学者对市民社会发展状况的认识基本趋于一致，即认为十月革命前俄罗斯市民社会一直处于形成过程，已经开始发挥对国家的影响作用。

米罗诺夫认为，随着帝国法律制度的加强发展，居民人身的解放，等级制度趋于消亡，俄国社会开始转变为市民社会。从 17 世纪至 20 世纪，国家重要职能（社会化、征兵、外交、捍卫利益、制定和实施政治方针、司法审判等）从完全由各级国家机关、传统的等级管理机构实施变成由大众传媒、自由团体、议会、政党、各类学校来完成。“俄国社会”在法律和事实上从国家仆人和管理的客体逐渐变成了国家主人和国家管理的主体。他认为，如果说市民社会的萌芽是指各种社会团体、社会组织和机构、等级组织和机构开始发挥独立的作用，成为合法的反对力量，为国家和社会所承认，它们在法律框架内对官方政权施加影响，反对现行制度，那么俄国在 18 世纪后 30 年才出现市民社会的萌芽。当时这种合法的反对力量只包括极少数的特权阶层，在 19 ~ 20 世纪初逐渐扩展到广大平民。因为直到帝国末期在占全国人口 85% 的农村最主要的社会组织形式还是公社，城市公社也刚刚解体，还未彻底消失；全国性的社会和政治组织在 19 世纪末才出现，只有少数居民参加。因此米罗诺夫认为，直到 1917 年俄国的市民社会还处于形成阶段。①

另有学者认为，俄罗斯快到 1917 年时，市民社会才处于形成的初始阶段。在俄罗斯的市民社会里，无论是第三等级，也不论是中间阶层，都十分弱小；政党、社会运动和组织也都是处于形成的初始阶段。他们的议会活动和国务活动的经验都相当有限。教会仍然是君主专

① 张广翔等：“帝俄的现代化——米罗诺夫吉林大学讲学纪要”，载《世界历史》2004 年第 5 期。

制统治的官僚机器的附庸,继续行使维护意识形态的功能。[①]

从上述历史性的描述可以看到,无论市民社会发展程度如何,在事实上已经开始发挥影响国家权力的作用。在国家政治生活层面的表现是立宪主义的萌生与试图主导国家政治生活领域的立宪活动频繁。市民社会文化开始影响社会政治生活,对立宪活动发生实际影响力。但由于其结构的不完善和自生的结构性软弱,不能为国家发展提供有力的支撑。

2. 构成来源的混合性

俄罗斯早期市民社会在构成来源上具有混合性,商人、贵族、知识分子等均成为市民社会的构成部分。在一般意义上,市民社会应当以中产阶级的充分发展为前提,但由于十月革命前俄罗斯社会等级分明,贵族、农奴主和高级僧侣是俄国专制制度的社会基础,他们是大贵族杜马、缙绅会议、国家杜马、城市杜马和地方自治局的成员,他们的子弟则是未来国家官史和军官的候选人。商人阶层是俄国社会中一个特殊阶层,一些人以其经济地位在俄国社会中处于较高的社会地位,并有机会进入统治行列。到18世纪中期,莫斯科、下诺夫哥罗德、彼得堡、基辅、阿尔汉格尔斯克、斯摩棱斯克等已经成为俄国最重要的工商业城市。在城市中出现了商人阶层组织的裁判所、审判庭和反省庭。商人在经济上、法律上和组织上同农奴以及贵族都有所区别。据统计,1766年,全俄的行会商人人数已经达183,500人,经商的农民也有5500人。1785年,叶卡捷琳娜二世在颁布《俄国贵族权利自由和特权诏书》的同一天,也颁布了《俄罗斯帝国城市权力和利益诏书》,肯定了俄国商人的特殊地位。将城市居民按财产分成六类,规定拥500卢布以上的商人免除人丁税、免除服军役、免受体罚。资本超过5万卢布的商人可以授予"显贵公民"的称号。[②] 但在政治上,权利是非常有

---

① [俄]З. Т. 戈连科娃等:"俄国市民社会的形成与社会分层",载《国外社会学》2000年第4期。

② 张建华著:《俄国史》,人民出版社2004年版,第63~64页。

限的。由于俄罗斯社会长期处于社会分层状态,不同阶层之间缺乏必要的联系和共同的利益,这种混合状态使市民社会没有形成共同的政治经济诉求。亚历山大二世的改革虽然也如历次改革一样半途而废,但在很大程度上把社会与国家区分开来,扩大了私人生活领域。

3. 起主导作用的是知识分子

俄国的知识分子不同于一般意义上的知识分子,它不仅包含纯学术性的,封闭于学院的学者,而且还包括精神性方面,即社会责任感和高尚的道德品质。俄国知识分子多具有"经世"的作风,其世界观是一种"实践的世界观",他们从不满足于对世界的理论认识,而总是期望着在某种程度上改造世界,造福人民。他们的思想活动和艺术创作都是同时在传布道义或宣布理想,不习惯于为知识而知识,为艺术而艺术,不执着于创造各种理论体系,而总是把"学问"与"事业"联系起来,而"事业",正是实现人民幸福的"共同事业"。[①] 在西方,人们对作家相当冷淡,俄国人对作家和文学则十分尊重。"在俄国,尤其是在俄国历史上,知识分子、艺术家、思想家在社会生活中占有特殊地位,他们固有一种高度的社会责任感,要以人民的身份为人民讲话"。[②] 追求社会正义,献身革命事业,是 19 世纪俄国知识分子的典型精神特征。俄国知识分子都是满怀激情的,"真正的俄国知识分子所追求的自由、幸福,也具有社会意义",以至于在 1906 年《俄罗斯帝国根本法》中有关言论自由的规定很明确。20 世纪初期,历经俄罗斯文化发展中的"黄金时代"和"白银时代",教育人群的迅速扩大,引起的不光是文化需求,更有从前不知道的政治要求。俄国知识分子不满足于解决那些与医生和工程师、学者和律师等职业利益相关的任务,他们还要求进行重大的政治和社会改革。[③]

---

① [俄]弗兰克著:《俄国知识人与精神偶像》,徐凤林译,学林出版社 1999 年版,中译本前言第 1 页。

② 同上书,中译本前言第 2 页。

③ 曹维安著:《俄国史新论:影响俄国历史发展的基本问题》,中国社会科学出版社 2002 年版,第 108 页。

4. 市民社会对政治生活的影响微弱而有限

经济上的无力和规模的有限，决定了其在政治上无法形成足够的影响力。在米罗诺夫看来，18 世纪以前，俄国的社会和国家是一个统一的整体，其中，“社会”只起辅助作用，广大人民认为，最高政权的存在是必然的。他们承认最高政权，服从最高政权，认为最高政权与自己是一体的。即使人民在暴动时反对的也不是最高政权，而是它的代理人，认为是代理人不称职。18 世纪至 20 世纪初，“俄国社会”在法律和事实上从国家仆人、管理的客体变成了国家主人和国家管理的主体。特别是经过大改革时代后，社会自治机构和国家管理机构被明确分开，为公民社会的形成奠定了基础，促进公民（市民）社会的形成。18 世纪后 30 年，俄国出现公民（市民）社会的萌芽，各种人民社会团体、社会组织和机构、等级组织和机构开始发挥独立的作用，成为合法的反对力量，被国家和社会承认，在法律框架内对政府施加影响，反对现行制度。当时，这种合法的反对力量只包括极少数的特权阶层，后来才逐渐扩展到广大平民。①

在与西方市民社会比较的意义上，俄罗斯的市民社会既十分软弱又同时受到国家权力的排挤。“在西方，‘第三等级’是社会价值的体现者，同时是形成作为限制国家的无上权力的一种关键性因素的社会舆论的基础。在俄罗斯，这个阶层一向十分软弱，甚至可以说，特别缺乏资产阶级性。在此情况下，国家是唯一的‘最高统治者’、最高的权力独裁者、社会空间的主要的机构和制度组织的首脑。当然，在此情况下国家权力机关对于独立的与国家相排斥的经济主体、政治主体及其他主体的存在不感兴趣，力求采取一切措施限制他们在社会当中的影响，理想上力求完全把他们从社会空间当

① ［俄］鲍里斯·尼古拉耶维奇·米罗诺夫著：《俄国社会史》（下），张广翔等译，山东大学出版社 2006 年版，第 308 ~309 页。

中排挤出去。”[1]

二、俄罗斯早期市民社会产生的渊源

要了解俄罗斯早期市民社会的基本状况，首先要回到古老的罗斯社会。从史料记载的情况来看，在罗斯社会，已经出现了社会阶层的划分，罗斯社会分层的基本状况对于理解俄罗斯早期市民社会的形成大有助益。按照俄国著名史学家克柳切夫斯基在《俄国各阶层史》一书中的一个理论，即“法律文献是阶层史唯一可靠的资料来源”，[2]这一论断是由罗斯社会中法律所承载的基本使命决定的，“人们把按权利和义务划分的社会等级称之为阶层。国家最高当局通过法律来表达自己的意志，向这些阶层授予或为他们规定权利和义务。因此，阶层划分完全是法律上的划分，它同根据经济条件、智力条件、道德条件乃至体力条件进行的其他社会划分不同，是经法律认可的”。[3] 所以我们有充分的理由从《罗斯真理》入手，对俄罗斯早期社会阶层的基本状况进行考察，从而对俄罗斯早期市民社会的产生形成认识。《罗斯真理》在一定程度上揭示了俄罗斯早期社会分层的政治与经济的双重起源。

克柳切夫斯基在对俄国社会各阶层史进行研究的时候进行了一个时间上下限的限定划分。上限是从公元9世纪末开始，伴随着基辅公国的军事经济起源，到公元10世纪至11世纪社会出现了划分阶层的种种迹象。下限是18世纪叶卡捷琳娜女皇1785年颁布特权书状时，由于这一特权书状及相关法令的颁布，最终结束了发端于古罗斯莫斯科国家建立之初的俄国各阶层形成过程。在这个过程中，克柳切

---

① [俄]З.Т.戈连科娃等：“俄国市民社会的形成与社会分层”，载《国外社会学》2000年第4期。

② [苏]В.О.克柳切夫斯基著：《俄国各阶层史》，徐昌翰译，商务印书馆1994年版，第16页。

③ 同上书，第1页。

夫斯分四个阶段对俄国阶层史进行梳理：第一个阶段从公元 9 世纪末到 12 世纪末，作者从阶层产生的经济和政治起源的角度，对当时社会出现了阶层划分的痕迹进行阐述；第二个阶段是俄国的封建领主时代，作者从各阶层的关系属性对当时各阶层之间的关系进行描述；第三个阶段是莫斯科公国时期，作者从当时的等级分类和社会分化的角度对社会各阶层状况进行较为详尽的考察；第四个阶段是 17 世纪中叶 1649 年《法律大全》的颁布到 1785 年许多特权书状的颁布，作者主要从各阶层权利的角度对当时社会阶层地位进行说明。我们寻着这个线索进行梳理。

（一）《罗斯真理》对俄罗斯早期社会分层的描述

在 11 世纪初至 13 世纪初形成的《罗斯真理》，在一定程度上为我们展现出了罗斯社会政治、经济与文化发展的全景，被认为是罗斯社会法律发展的集大成者。《罗斯真理》也称《罗斯法典》，被认为是俄罗斯的第一部成文法典。《罗斯真理》作为一部巨型法律汇编，以罗斯社会长期实行的习惯法为核心，历经两个世纪之久最终形成。它虽然比起《汉谟拉比法典》（公元前 16 世纪）、《查士丁尼国法大全》（公元 6 世纪）在时间上要晚很多，但在俄罗斯法制史上占有重要的地位，从内容上可以了解到俄罗斯当时的社会制度，各种居民和奴隶的法律地位与国家结构，犯罪和刑罚的种类以及民法的个别制度。[①] 根据《罗斯法典》的记载可以看到，当时基辅社会已达到相当高的发展水平，特别是在贸易和金融领域。它也因其刑罚的不寻常的温和性而引人注目：更多地诉诸罚款而不靠死刑。在世界法制发展史上，《罗斯法典》（形成于 11 世纪初至 13 世纪初）占有极为重要的地位。《罗斯法典》成为俄罗斯后来法制发展的重要基础。

《罗斯法典》相当清楚地表明了罗斯社会当时划分为三个等级，即

---

① 张寿民著：《俄罗斯法律发达史》，法律出版社 2000 年版，第 8 页。

王公臣仆、自由民和家奴。王公臣仆为王公个人效劳,仅限于那些高级军政要员。自由民是向王公纳税的普通百姓,但不以个人身份同王公单独发生关系,而是按城乡分别组成纳税民社团,彼此连环作保,监督缴纳赋税。《罗斯法典》规定了一种完全的家奴制,即完全、终身、世代相袭、有继承关系的家奴制。在法律制度中,家奴具有明确的奴隶地位的特征,丧失法律意义上的人所应具有的地位,成为近似于物或家畜,被视为俄国社会结构中的特殊等级。家奴不负担任何国家义务,他为个人效劳,同王公不发生直接关系。法律对这三个社会等级地位的评价有明显的差别。比如,法律对保障这三个等级成员人身安全的问题在态度上就大不一样。王公臣仆若遭杀害,凶手须交纳双倍刑事罚金;杀害自由民只须缴纳一般数量罚金;而杀害家奴则根本无须缴纳刑事罚金,只要缴纳民事罚款以赔偿主人在财产上受到的损失。①

在克柳切夫斯基看来,社会阶层划分具有双重起源,一是政治起源,二是经济起源。"阶层的不平等产生于两条途径:有时它来源于国家形成时期社会的经济分化,在这种条件下,社会按居民劳动分工划分为不同阶级:每一阶级都按劳动种类或它所赖以劳动的资本种类来划分,每一阶级的相对意义都由一定时间、地点的国民经济中一定劳动种类和一定劳动资本所具有的价值来决定。但也有另一种情况,这就是社会被外部侵入或内部成长起来的武装力量所征服,后者攫取支配人们劳动的权力。这股力量可能是外来的部族,也可能是因抗御外敌而形成于社会内部,后来却征服被保卫的社会的特殊阶级。"②在罗斯社会中,社会阶层划分的最初起源是政治起源,形成了以王公为核心的社会关系。

---

① [苏]B. O. 克柳切夫斯基著:《俄国各阶层史》,徐昌翰译,商务印书馆 1994 年版,第 36 ~37 页。

② 同上书,第 12 页。

据被认为是俄罗斯最早的历史性著作《编年纪事》[①]记载，罗斯人即原来生活在北欧斯堪的纳维亚半岛的日耳曼部落，被东斯拉夫人称之为罗斯人，意为北方人或诺曼人、瓦良格人。公元9世纪时，东斯拉夫人各部落争战不断，给各方都造成巨大损失，大家都精疲力竭。于是他们商议："我们为自己寻找个王公吧，由他来治理我们，根据法律裁决（我们的纠纷）。"瓦良格人距他们最近，而且和他们长期交往，在他们眼里，瓦良格人精明能干，瓦良格社会被治理得井然有序。这样他们选派代表，渡海来到瓦良格人那里，恳切地说道："我们那里土地辽阔，物产丰饶，却没有秩序。请到我们那去称王，治理我们吧。"瓦良格人的首领留里克欣然接受了邀请，偕同两个兄弟率领众亲兵来到诺夫哥罗德，自称王公，建立了留里克王朝。这就是著名的"瓦良格人应邀为王"的故事。[②] 后来这些雇佣军因为军事实力而成为统治者。

如果这一历史事实不能被推翻，则克柳切夫斯基的理论还可以继续在《罗斯法典》中得到验证。从对最古老的法律文献的研究可以看到，在公元10~12世纪，"罗斯社会的分化所根据的已不再是物质力量所赋予的权利，而是人们对最高当局的态度，即法律：征服者变成为王公臣仆，变成为管理者，变成为王公政权的工具；而被征服者则成为庶民，成为被管理者，成为王公的纳贡者"。[③] 根据《罗斯法典》规定，整个公民社会可以分成为王公个人效劳的自由人、结为社团向王公纳税的自由人和为个人效劳的非自由人。第一种人与王公的关系是个人关系，第二种人与王公的关系是集体关系，第三种人与王公的关系

---

① 公元1113年由基辅别彻尔修道院一位叫涅斯托尔的僧侣完成，该书是俄国历史上最古老的一部编年史著作，基本按年代顺序记述了东斯拉夫人和古罗斯国家的历史，从传说时代起一直写到公元1110年，其资料来源主要依据拜占庭帝国的编年史、斯拉夫人的历史著述、关于罗斯编年史的手稿、王公贵族的档案以及民间传说等，是古罗斯最重要的文献。

② 白建才著：《俄罗斯帝国》，三秦出版社2000年版，第5页。

③ [苏]B. O. 克柳切夫斯基著：《俄国各阶层史》，徐昌翰译，商务印书馆1994年版，第166页。

则是间接关系。

（二）俄罗斯早期社会阶层的历史演变

按照克柳切夫斯基的另一理论，即新的阶层划分是以前期划分的经济后果为基础的，每一次新的分化都同前一次分化的后果相联系。[①]俄罗斯早期社会阶层正是在这一意义上发生着历史的演变。通过对史料的研究，克柳切夫斯基看到了在12世纪以权利为依据的更细微的社会划分，这时出现了大贵族、庶民、典身农等社会阶层。“这一分化就共起源而言是经济分化：阶级的差异在于经济状况的差异。然而，由于法律承认这种经济上不平等现象所产生的法律后果，并把经济上的不平等同权利的不平等联系起来，于是经济状况就有了的意义。”[②]

11世纪、12世纪，罗斯的最高政权属于整个大公家族，他们共同统治整个罗斯的土地，统治生活在这块土地上各部族的居民。13世纪、14世纪，这一掌权的家族分裂为无数具有血缘关系但又彼此独立的领主。他们是领地的世袭所有者，但却不能认为是领地社会的政治统治者。构成这些社会的个体——自由民——并非他们的臣民，而只是订立契约的一方，是为他们服务的自由雇佣者，或是他们领地上的自由土地租赁者。莫斯科君主把上述两种情况结合起来：他既是全部国家土地的世袭所有者，又是居住在这块土地上居民的政治统治者。除上述领土和政治这两大特征外，在莫斯科君主的权力内容中，还增添了第三个特征，即是民族特征。11世纪、12世纪的王公家族政权不是以民族统一感情为基础，而是以征服的事实为基础的，俄罗斯民族的意识还没有注入国家法中，没有注入政治制度中。14世纪的领主他们每人只占有一小块罗斯土地，这种分裂割据局面，民族政治统一的

① ［苏］B. O. 克柳切夫斯基著：《俄国各阶层史》，徐昌翰译，商务印书馆1994年版，第167～168页。

② 同上书，第166页。

思想本身也遭到破坏。在莫斯科君主身上,这种民族意识不仅是他实现政治权力的基础,还是他种种政治欲望的理由。当他成为俄罗斯民族的主要部分大俄罗斯部族的共同利益保卫者之后,他就进一步力图成为整个民族政治统一局面的缔造者,他把政权扩大到其所有宗支、罗斯人民曾一度占领的所有区域作为自己的任务。这些欲望在莫斯科大公的头衔中得到反映,那就是"全罗斯的沙皇和大公"。由此可见,莫斯科君主的政权是集政权于一人,对他管辖的地域进行政治上的统治,同时还是一个民族的政权。①

在经济关系上也发生了根本的改变。从领主时代到莫斯科公国,再到17世纪中叶后,观察俄罗斯社会分化的历史继承关系可以发现这些分化之间的因果关系,即每一次新的划分,都是以前一次划分的后果为基础的。

在领主时代,社会根据经契约固定的劳绩或服务方式以及人们通过劳绩所获得的利益的种类,划分为阶级。领主与领主社会各阶级关系以私人民事契约和农奴人身隶属关系为基础,体现立约双方在物质服务和物质利益上互相交换。这一划分也是以前期划分所造成的后果为基础的:每个人的不同的服役能力,即该人善于为公承担哪项义务而不善于承担哪项义务的状况,是由前一阶段形成的各种经济——法律地位决定的。只有享受特权的地主才有权担当行政职务或军职,普通农民只承担缴纳田亩税的义务。

在莫斯科公国时期,分散于各领地的权力集中到莫斯科君主手上之后,莫斯科君主在国内的地位发生了改变。一是他的权力范围和内容,都已不再取决于个别人的意志这种纯偶然性的条件,而是取决于国家的要求,取决于政治上的需要。二是臣民对莫斯科君主的依附关系,已不再能够用领主时期的"出走或迁居"加以中止,必须无条件地

① [苏]B. O. 克柳切夫斯基著:《俄国各阶层史》,徐昌翰译,商务印书馆1994年版,第83~84页。

服从政权。此时,由契约规定的各阶层义务向国家义务转化,社会按国家义务的种类划分品级,这些国家义务根据职务来划分,分配这些义务的基础是领主时期受到与王公间的契约关系影响而形成的经济状况。因此,国家的社会品级划分是以前一阶段契约划分的后果为基础的。

17 世纪中叶起,琐细的等级开始汇合成以权利相区别的大阶层集团。这些权利形成的途径有两条:作为鼓励人们认真完成国家义务的手段而出现的经济利益向着为各品级带来相应义务的特权转化,某些权利正是产生于这样的转化;还有一些权利则是一种品级荣誉,多为各品级为国家服务带来何等利益的标志。这意味着所有的阶层权利都是品级义务的产物,它们或是保证认真履行义务的手段,或是标志一定品级义务在国家中的地位。

从上述阶层关系发展的演变中可以看到,把人从政治上划分为统治者和被统治者的这种做法,造成经济上的不平等——人们经济状况的差异,这种差异决定了人们在领主时期同王公建立契约关系的差异。这些由契约关系造成的地位上的差异,决定了莫斯科国个人分担国家义务的状况。对国家来说,这些义务的意义和价值各不相同,所以又派生出权利上的差异,而这种差异则成为社会划分为由过去地位相同的品级汇合而成的阶层的基础。①

三、俄罗斯市民社会形成的结构性基础

在 18 世纪,俄罗斯等级社会迅速形成。1785 年叶卡捷琳娜女皇颁布许多特权诏书在这一过程中起着决定作用。特权诏书在法律上以权利的形式肯定了等级社会的基本状况,俄国社会完成了阶层的结

① [苏]B. O. 克柳切夫斯基著:《俄国各阶层史》,徐昌翰译,商务印书馆 1994 年版,第 167 ~168 页。

构性的相对确定。这种社会的结构性变迁构成了俄罗斯早期市民社会形成的最为重要的基础。特别是1832年的新法典,从法律上明确了俄罗斯等级社会结构,确认贵族、僧侣、城市和农民等级是当时四个主要的等级,这极大地促进了俄罗斯市民社会的形成,为其提供了基本的结构性的社会基础。同时,社会等级的存在并不能完全阻断自治形式的发展,正是在阶层制的背景下城市公社和市民团体仍然起着不容替代的作用。

(一)贵族等级的形成及其地位

1785年沙皇颁布《俄国贵族权利自由和财产特权诏书》,不仅确认了此前贵族得到的权利并使之系统化,而且还为其增加了一些新的权利,尤其是设立了自治的贵族协会和省贵族会议。从此开始,所有贵族都被赐予贵族门第封号,有权拥有家庭徽章、房产、农奴,担任高级文官或军职,被免除了所有赋税和义务,获准成立省贵族组织,享有自治权和法人权,贵族成为一个特权等级。① 由于俄国当时没有代议制度,贵族在最高政权当中没有自己的代表,但却拥有不受国家行政当局管辖的等级法院,可以选举代表在地方机关任职,有权以写信或选举专门代表的方式向上层政府机关和皇帝请愿。

到1785年,贵族不但已经形成了一个统一的等级,贵族内部还按贵族身份获得的途径和财产差别分成不同的阶层。主要有以下几类:封号贵族,通过受封取得贵族身份的贵族;古老贵族,在1785年特权诏书颁布前就已经拥有贵族身份,被列入第一批贵族家谱且有百年以上历史的贵族;通过沙皇赏赐而取得贵族身份的贵族;通过担任军职取得贵族身份的贵族;通过担任文职取得贵族身份的贵族;加入俄国国籍的外国贵族。以上各类贵族都被列入了专门的省贵族家谱,这个

---

① [俄]鲍里斯·尼古拉耶维奇·米罗诺夫著:《俄国社会史》(上),张广翔等译,山东大学出版社2006年版,第72页。

传统一直保持到 1917 年。此外,贵族中还有一个特殊的阶层是终身贵族,包括担任国家公职但其官阶不能跻身世袭贵族之列的人,他们被载入特殊的城市居民簿,而不是省贵族家谱。[①] 贵族在其团体组织中的权利差别很大,一部分贵族只有权参加贵族会议,如被选举,则可任职;一部分贵族享有表决权;一部分贵族除享有表决权外,还拥有选举权。权利大小取决于贵族的财产状况,贵族因其占有农奴的数量不同而被分为不同的层次。例如,按照规定,唯有列入省贵族家谱的世袭贵族才能成为省贵族会议成员,但此类贵族只是有参加贵族会议的权利,唯有年收入不少于 100 个卢布的贵族才有表决权和担任贵族自治机关和某种公职的资格。[②]

(二)僧侣等级的形成及其社会地位

俄国僧侣分为两部分,一部分是不结婚的僧侣,即修道院僧侣(称黑神品);另一部分是结婚的僧侣,即教堂僧侣(称白神品)。修道院僧侣数量相对较少,占僧侣总数的 10%,教堂僧侣身份特殊,身份不能继承,不能成为等级。到了 17 世纪末,教堂僧侣在事实上具备了等级特征之一,即社会地位和职业的继承性。不过,当时并没有得到法律的确认,只是事实上存在而已,仅是一种习惯。18 世纪僧侣又形成了其他的等级特征,并争得了法律上的承认,最终形成了等级。应当指出,政府最初并不希望僧侣形成等级,因为僧侣等级的权利会使他们脱离了行政当局的约束。18 世纪的专制政权总是把僧侣看为国家推行欧化政策的潜在反对者。只是迫于既成事实和教会的压力,政府才作出了让步,从法律上确认了僧侣自发转变成等级的过程。僧侣开始对其他社会集团封闭,教职成为其特权,其他等级甚至连教堂看门人的职务都难以染指。后通过改革促成了僧侣等级的形成,改革的内容包

① [俄]鲍里斯·尼古拉耶维奇·米罗诺夫著:《俄国社会史》(上),张广翔等译,山东大学出版社 2006 年版,第 74 ~75 页。

② 同上书,第 76 页。

括:一是限制自由加入或退出僧侣队伍;二是取消教民选举教士的权利;三是担任教职的人要接受专门的宗教教育;四是法律确认教职的继承性。在 18 世纪到 19 世纪,僧侣已经拥有一定的法定特权:他们被免除缴纳直接税的义务;被免除了服兵役的义务;教士被免除体罚;民事纠纷,除特别严重的刑事犯罪外,均归正教公会审理,正教公会成了专门的宗教法庭;世俗法院在审理僧侣之间特别严重的刑事犯罪和僧侣与世俗人士的民事纠纷时,必须特邀僧侣代表出席,1823 年特邀代表得到了与其他世俗法官一样的表决权利。所有这些权利都是通过与最高政权斗争得来的。政府在整个 18 世纪都在向正教公会妥协,不断作出让步,因为政府清楚,一旦与教会对立,僧侣将给现制度造成严重的威胁。

18 世纪末僧侣具有了等级的所有特征,紧随贵族的步伐,成为第二个自由等级。僧侣有特殊的自治机构和等级代表机关,同时也是其最高政权机关和教会最高管理机关,这便是"正教公会",地方政权则是宗教事务所。僧侣在获得特权的同时,等级意识和等级荣誉感得到加强。僧侣除具有标志身份的外部特征外(颈上的十字架、特殊的头饰等),还形成了特殊的僧侣文化。"19 世纪上半叶任何一个俄国人都能轻易地从一个人的言谈举止和外貌判定出他是否是僧侣,即便他穿着便装或者裸体……僧侣接受的所有教育,包括宗教学校教育,都使他们形成了'对世界、生活和世俗社会的特殊看法,形成了特殊的思维方式和言谈举止习惯'。"①但贵族认为,僧侣的社会地位与自己不能相提并论。他们对僧侣即使不是蔑视,也是十分轻视的,即便是社会地位比僧侣更低的农民和市民也不尊敬他们。

(三)城市等级的形成与发展

帝俄时期,城市等级几度更名,被称为工商业者、市民、商人和城

① [俄]鲍里斯·尼古拉耶维奇·米罗诺夫著:《俄国社会史》(上),张广翔等译,山东大学出版社 2006 年版,第 91 页。

市居民。当时被称为工商业者的市民从 17 世纪开始向等级转化。1649 年《法律大全》确定了城市的界限,将工商业者同其他城市和农村居民进行了较为严格的区分,将他们世代固定在城市(工商业者)公社,规定他们必须缴税、承担国家义务(缴纳间接税、保卫城市等)和各种实物税,同时,赋予他们在城市经商的特权,准许他们组成城市自治公社,公社成员以连环保的形式被束缚在一起。

在 17 世纪中叶,工商业者已经具有最重要的等级特征:社会地位的继承性、自治机构、等级意识及参加代表机关的权利。彼得一世时期的立法加强了工商业者的团体组织,为他们设立了专门法庭。当时的工商业者主要分为正式市民和非正式市民。正式市民根据其资本的多少分成一个、二个、三个等级的商人和行会手工业者。当时的手工业者按各自所从事的行业结成了与西欧类似的行会,商人等级和行会享有自治权。但没有资本,从事有威信职业的人员(如药剂师、艺术家、商船船长等),以及没有加入行会的手工业者,属于非正式市民或者“下等人”。他们没有自己的事业,只靠打工谋生。非正式市民不参加城市自治机构,无权选举代表参加市议会。在 18 世纪前 25 年,市民中还包括无特权的供职者(即应募供职者)、无任何封号和官职的城市闲散人员及自由职业者(医生、艺术家等),这种情况阻碍了市民向等级转化的进程。

18 世纪末至 19 世纪上半叶,城市居民的等级权利得到了巩固,并在 1832 年《俄罗斯帝国法律全书》中再次得到确认。此时,市民的等级意识已经发展到了顶峰,这在其上层即商人中表现得尤其明显。

(四)农民等级的基本状况

19 世纪中叶农民分成不同的类别,主要有:(1)国家农民。1866 年前属于国家所有,他们一般耕种村土地,向国家交纳赋税。虽然在人身上不直接依附于哪个封建主,但没有任何权利,除缴纳赋税外,每年还须负担国家沉重的徭役。(2)地主农民。1861 年前属世袭贵族所有，数量占俄国农民的绝大部分，他们直接受各级封建主的剥削和压迫，没有人身自由，随时可能被地主转让和处以罚款，地位最为悲惨。(3)宫廷农民(或者称为皇室农民)。1863 年前属皇室所有，主要是服务于俄国宫廷，除农业劳动外，还负责皇室日常所需要的手工业品、食品的加工。(4)寺院农民。主要指教会财产世俗化之前的寺院农民。(5)领有农民。1861 年前属领有手工业工场。

17 世纪中叶农民已具有两项重要的等级特征：社会地位的继承性和以米尔或村社为形式的团体组织。但是，他们的社会进化并不是朝着等级权和特权的方向发展，而是农奴化程度不断加深。到 18 世纪末，农民又具有两项等级特征：独特的思维方式和标志身份的外部特征，但他们的权利很小，没有丝毫特权。农民虽具有一些重要的等级特征，但把农民称为等级未免牵强，一般被看作半等级，或准等级。

(五)俄罗斯阶层制下社会组织模式的演变

在俄罗斯社会史上，很多人认为，自俄国的政体形式初步形成起，自治的公社便成为国家社会体制必不可少的，也是不可分割的组成部分。前述社会各阶层自 17 世纪末至 20 世纪初走过了一条漫长的演化道路，并最终由公社走向了社会。

整个帝俄时期，农民公社、市民公社及商人、小市民、手工业者和贵族联合会是俄国民众最基本的社会组织。两个多世纪内，公社走向社会的进化过程中，俄国民众的社会组织发生了显著的变化。最初，这些组织的基本社会职能是满足其成员的物质、社会及精神需求。不同的职能决定了它们彼此有别的生活和行为准则、作用方式、管理机构及领导人员。在规范机制上具有双重属性。当上述社会组织仅履行建立在习惯法基础上的非官方组织职能时(生产职能、司法职能、管理职能、代议职能、文化教育职能、宗教职能及社会保障职能)，只具有不合规范的机制；当开始履行官方的国家职能时(主要是治安和财税职能)，便获得了合乎规范的机制。在1861年农民改革前夕仍保留着基本的公社特征。改革后，农民公社开始具有了某些社会的成分。由此开始到1917年，农民公社便发展成了以公社特征为主并混杂着社会成分的混合型组织。随着时间的推移，就其机制、职能、管理、人际关系和生活的基本原则而言，俄国几大等级的社会组织以法律为坚实的基础，正在逐渐向合理化和规范化的方向发展。内在的同一性正在向外在的同一性转化，以法律秩序和互通有无为基础的协作关系正在取代建立在亲情、敬重、依恋及友谊基础上的人际关系。当然，这种演变发展是不平衡的，由于农民、市民及贵族社会组织的演化进程速度不一，20世纪初期俄国各主要等级的社会发展水平存在明显的差别，贵族的社会性程度最高，农民最不具有社会性。①

正是在上述演化过程中，作为市民社会之根本的个性及个人主义得以发展和形成。在社会生活中，传统的人际关系瓦解，以法律基础上的理性契约化的关系逐渐占据主导地位。这对市民社会的生成起着决定性的作用。通过对俄罗斯早期市民社会产生发展历史性考察，我们发现在这个被一贯认为是缺乏个体精神和民主自由的国家里，富于自由权利精神的市民社会早在罗斯时代就已经暗暗地开始孕育发展。流传下来的法律文件是考察过去时代这一问题的最好依据。俄罗斯早期社会分层的历史现实，在一定程度上为我们再现了社会分层的客观性和相对性，同时也展现了这一背景下市民社会的有效性结构基础如何在现实的夹缝中艰难涌动。

第二节　文化影响力作用下的俄罗斯立宪进程

俄罗斯立宪历程始于19世纪，当时在内忧外患的综合作用下，社

① [俄]鲍里斯·尼古拉耶维奇·米罗诺夫著:《俄国社会史》(上)，张广翔等译，山东大学出版社2006年版，第543~544页。

会矛盾激化,民间的立宪主张和官方立宪活动较为频繁。到目前为止,俄罗斯立宪发展大体经历了君主立宪的尝试、社会主义宪法制度的确立与发展和当代资本主义宪法发展三个阶段。在制度形式上,以俄罗斯社会制度的变迁为标志。在深层本质上,则是不同政治文化综合作用下的结果。俄罗斯立宪进程的三个发展阶段既是社会诉求与国家发展意愿在立宪活动上的反映,同时也体现了文化影响力综合作用下的国家发展理念对国家根本制度的影响。

一、西方自由主义政治文化影响下的立宪尝试

俄罗斯立宪主义萌生于19世纪初,由俄罗斯的知识分子和社会上层的精英群体所倡导,较为典型的标志性事件是斯佩兰斯基的君主立宪制改革方案与"十二月党人"的宪法草案提出。俄罗斯近代立宪行宪的尝试经历了两个阶段:第一阶段是立宪主义的萌生,以斯佩兰斯基的君主立宪制方案与"十二月党人"的宪法草案为标志;第二阶段是资产阶级立宪行宪的实践,以1906年《俄罗斯帝国根本法》的制定与实施为标志。

(一)立宪主义的萌生

俄罗斯宪法的产生经历了一个缓慢而漫长的发展过程,从基辅罗斯时期开始,经过国家发展的各个阶段,在国家法律体系中关于权力结构、各类居民组织的地位、臣民的义务等规定,在今天看来都具有宪法规范的意义。在君主政体下,特别是在彼得一世和叶卡捷琳娜二世时代,这样的规范就大量存在。[①] 专制制度在本质上是否认立宪主义存在的,但当历史进入到19世纪时,俄罗斯在内外交困中,立宪主义成为了一种发展的大趋势。俄罗斯立宪主义产生和发展并不是偶然

① [俄]B.E.契尔金:《俄罗斯宪法学》,莫斯科法律出版社2003年俄文版,第36页。

发生的,它具有一定的思想文化基础。深受西方自由主义政治文化的影响,是外来文化与本国文化结合的产物。

1. 斯佩兰斯基的君主立宪制改革方案

亚历山大一世时期,斯佩兰斯基(1772～1839年)进行了自由主义式的改革。在沙皇授意下,斯佩兰斯基制定国家管理体制改革的方案,根据他的方案,未来的俄国将是一个君主立宪制的国家,实行立法、行政和司法的三权分立,构想在俄国建立三套独立的政权机构,即杜马、行政管理委员会和法院,国务委员会是把立法、行政和司法活动结合在一起的最高机构,其成员由沙皇任命,沙皇是国务委员会的主席,任何一项法律没有沙皇的批准都不能生效,"法律是君主意志的体现"。① 从当时制宪的目的上看,实质上还是要保留君主专制制度,只不过是要把专制制度政体用法律的形式包装起来。后由于种种原因斯佩兰斯基的改革方案并未真正地落实,但这在俄罗斯却开了立宪主义的先河。

2. "十二月党人"的宪法草案

19世纪初俄罗斯立宪主义萌生的另一个表现是"十二月党人"起义。"十二月党人"大多数出身于贵族家庭并在统治机构中担任一定的官职,他们大多都接触过西方文化和教育,研读过法国启蒙思想家著作,有些人参加过国外远征,到过法国、英国、德国等西方国家,接触过西欧国家的民主状况,直接或间接地接受了资产阶级民主思想。1816年年初,一些青年军官成立了第一个秘密组织"救国协会"。救国协会是一个极秘密的革命组织,会员都要手持圣经、口吻十字架庄严宣誓,宣誓绝对保守秘密,绝不出卖他人,叛变者将被处死。他们的目标很明确,就是要废除农奴制和专制制度,实行立宪,实行代议制政体。但对如何实现这一目标,却没有明确的意见。后迫于形势的压力救国协会解散,又在新的原则上组建了新协会。1818年"十二月党

---

① 转引自陶惠芬著:《俄国近代改革史》,中国社会科学出版社2007年版,第150页。

人”在莫斯科成立了秘密组织“幸福协会”,并扩大了参加协会人员的范围,规定俄国公民中所有贵族、商人、小市民、僧侣、自由民,信仰基督教、年龄不小于18岁者,均可入会。协会最初仍主张废除农奴制和专制制度,建立君上立宪制,后来在比较了共和制和君主立宪制的优缺点后,一致赞同共和制,提出了建立俄罗斯共和国的奋斗目标。关于斗争的手段和时间,协会起初准备用20年的时间制造舆论,到1840年左右发动革命。后随着国内外形势的变化,认为武装起义推翻沙皇专制制度时机已经成熟,便放弃长期制造舆论的想法。1821年鉴于沙皇政府已探悉秘密协会的存在,“十二月党人”宣布解散了幸福协会,另成立了新的秘密组织——南方协会和北方协会。

南方协会是最有影响力的秘密团体,这个组织的政治主张是彻底推翻沙皇专制制度,实行共和制,1824年南方协会通过了《俄罗斯法典》。[①] 该法典被认为是俄国历史上第一部资产阶级宪法。《俄罗斯法典》构建的未来国家政体将采取资产阶级共和制,规定了国家最高立法机关、行政机关和中央监察机关的构成及从中央到地方的各级官吏产生的办法。这是俄国革命者提出的第一部资产阶级共和国宪法,在内容上,它宣布要坚决消灭农奴制度和封建等级制度,农民应连同土地一齐解放;消灭专制制度,建立共和国;立法权、司法权和行政权全部属于选举产生的人民代表;公民拥有宗教信仰、言论、出版、迁徙等自由。这些主张代表了当时俄国先进的民主法治思想。“十二月党人”的另一个秘密团体北方协会也起草了一个宪法草案,称为《尼基塔·穆拉维约夫宪法》。它主张实行君主立宪制;废除等级制度,法律面前人人平等;公民有选举和被选举权,但拥有高额财产才为公民;废除农奴制,但继续保持地主土地所有制。宪法草案坚持立宪主义的思想,规定俄国是君主立宪制国家,实行联邦制。这部宪法草案虽然要比《俄罗斯法典》温和与保守一些,但仍然是一部反对农奴制和专制制

① 张建华著:《俄国史》,人民出版社2004年版,第71页。

度的进步法典。

在沙皇的镇压之下,“十二月党人”起义以失败而告终,但却拉开了俄国思想启蒙和思想解放的序幕,一大批知识分子走上了反对沙皇专制制度的道路。

在俄罗斯立宪史上,19 世纪中后期的立宪活动一直在继续,60 年代,贵族杜马和地方自治委员会曾多次向沙皇提出制定宪法、组建议会的请求,但均未得到沙皇的首肯。为打消民众立宪的念头,亚历山大二世还颁布了一个被称为“立宪请愿的拦路虎”的法令。[①] 亚历山大二世还多次指出:“若给俄国以宪法,国将亡也,故而不允。朕之所以不允,非吝惜手中之权也。”[②]当时主要的原因在于,如果最高权力当局为迎合社会而使政体获得合法地位,然而一旦社会提出制定宪法、组建议会的要求,国家制度将发生变化,宪法和议会将会不可避免地导致专制帝国的崩溃。[③] 在亚历山大三世统治时期,也曾试图阻止俄国政体向立宪议会制国家转化,但这一保守的政策并未能改变俄国政体的性质,也未能改变俄国政体发展的趋势,国家仍在向立宪君主制转化。[④]

(二)君主立宪制的实践

在 20 世纪初俄罗斯在确立立宪制的道路上迈出了第一步。1905 年俄国在日俄战争中失败,在国内革命与对外战争失败的双重压力下尼古拉二世被迫同意在俄国确立立宪君主制。通过了一系列具有宪法意义的文件,这些文件涉及国家的基本制度、国家政权体系、政治活动和社会团体自由、全体公民的基本地位(包括人身自由和政治自由)等问题。以此为基础俄罗斯走上了从君主专制向君主立宪制过渡的

---

① [俄]鲍里斯·尼古拉耶维奇·米罗诺夫著:《俄国社会史》(下),张广翔等译,山东大学出版社 2006 年版,第 146 ~147 页。

② 同上书,第 147 页。

③ 同上。

④ 同上书,第 149 页。

道路。这一系列文件中的首个法令是1905年10月17日沙皇颁布的《关于完善国家秩序的诏书》。在这个诏书中沙皇赋予人民"公民自由权,其中包括公民人身不可侵犯、公民有信仰自由、言论自由、集会和结社自由"。1905年8月6日颁布了《关于设立国家杜马的诏书》、《国家杜马章程》和《国家杜马选举条例》,这些文件在确立国家杜马体制的同时,也对选举主体进行了限定。例如,妇女、青年、现役军人、贫农、工人等居民阶层不允许参加选举。1905年10月17日的《十月诏书》宣告,不终止预期的国家杜马选举,吸收那些被完全剥夺选举权的居民阶层参与国家杜马选举。1905年12月11日签署的《新选举法》明确规定了四类选民:土地所有者选民、城市选民、农村选民组、工人选民。

1906年4月23日尼古拉二世签署了一整套新的国家根本法,目的是为了实现他在1905年宣言中所做出的承诺。根本法颁布4天后召开了第一届国家杜马会议及重新恢复的国务会议。国务会议的一半成员由选举产生,另一半则由沙皇指定。至此,俄国人民拥有了宪法和议会,并获得了政治自由。[①] 需要说明的是,1906年颁布的根本法是否是宪法,这个问题是有争议的。大多数革命前的俄国法史学家及现代西方俄罗斯问题研究专家认为,根本法即宪法,国家杜马及重新恢复的国务会议即是两院议会。苏联时期的历史学家多受列宁的影响,将1906年《俄罗斯帝国根本法》称为"君主制宪法",将国家杜马称为伪议会,国家制度则是"披着伪宪法外衣的君主制"。根据俄罗斯史学家的考证,在俄罗斯有关文献里,将1906年《俄罗斯帝国根本法》视为宪法并将立法机关视为议会的观点已经普遍流行、司空见惯,认为在法律效力和基本内容上,俄罗斯1906年《俄罗斯帝国根本法》同西方的宪法极为相似,具有宪法最为典型和最为本质的特点,根本

---

① [俄]鲍里斯·尼古拉耶维奇·米罗诺夫著:《俄国社会史》(下),张广翔等译,山东大学出版社2006年版,第149页。

法是事实上的宪法，只不过它未被冠以宪法的名称而已。①

1906 年《俄罗斯帝国根本法》在法律效力和基本内容上与西方宪法的相似性主要表现在以下几个方面：一是赋予法规本身以宪法意义，即法律条文由国家杜马与国务会议一道拟定，再经沙皇确认生效，这样便将最高管理机关赖以施政的法律规定和行政命令从形式上和法律效力两个方面区别开来。最高管理机关的行政命令受法律约束。二是明确区分根本法和一般法规，根本法具有最高法律效力，居于其余所有一般法规之上，一般法规不得违背根本法，不得与根本法原则相悖。三是确定了沙皇的权限范围。四是确立了拥有立法权的国家杜马、国务会议体制，明确了二者在国家机构体系中所处的地位。五是确定了根本法颁布实施的程序及各项法规只有在颁布之后才具有法律效力的原则。六是保障了公民的公众权利或政治权利，即一方面保证了人民的参政权，另一方面也减少了国家政权对个人和社会生活的干涉（如言论自由、迁徙自由等限制了国家对个人生活的干涉，结社自由、出版自由等则限制了国家对社会生活的干涉）。②

（三）专制体制内对外来文化的吸收与调试

在俄罗斯宪政史上，由知识分子和社会上层的精英群体所倡导的立宪主义萌生于 19 世纪初，以斯佩兰斯基的君主立宪制改革方案与“十二月党人”的宪法草案为标志。1906 年《俄罗斯帝国根本法》的制定是这个有着专制传统国家在政治结构上的一种制度突破，虽然根本法并未真正实施，但其法治意义仍然是巨大的。

在社会实践中，1906 年《俄罗斯帝国根本法》虽然未能逆转俄国的社会发展，但却是一种立宪行宪的尝试，是其法治进程中的一种自我调试。十月革命前的俄国，是一个资本主义发展缓慢的君主制国

---

① ［俄］鲍里斯·尼古拉耶维奇·米罗诺夫著：《俄国社会史》（下），张广翔等译，山东大学出版社 2006 年版，第 150～151 页。

② 同上。

家，但有意识的西方化促进了俄国现代化的发展，出于人类社会历史发展共同需求，在一定程度上对西方的民主与法治进行了模仿，虽不成功，但却反映了当时俄罗斯国家与社会对民主与法治的现实需求，是俄罗斯对外来政治文化的吸收并在国家制度内部进行了尝试。

二、马克思主义思想主导下的社会主义立宪实践

19 世纪末 20 世纪初，马克思主义思想在俄国广泛传播。十月革命胜利后，在马克思主义思想的导引下，第一个社会主义国家开始了宪法实践的探索。从文化影响的角度来看，马克思主义思想作为一种外来的政治文化思想，在俄国马克思主义者的推动下成为社会主义国家立宪行宪的指导思想。

俄罗斯的历史在 1917 年发生了前所未有的变革，一种新型的社会制度在世界诞生。一些俄罗斯人认为，十月革命前任何一部俄罗斯法律文献当中，从来没有出现过“宪法”这一术语。“宪法”（конституция）这一术语的真正出现是从社会主义宪法开始的。我们注意到一个问题，正式颁布的每部社会主义宪法后面都要注明“根本法”（основной закон）字样，这样对俄罗斯人而言更容易理解和接受宪法，它实际上就是原来的“根本法”，在现代意义宪法产生之前，根本法发挥着宪法的作用，正是在这一点上二者是等同的，社会主义宪法秉承了根本法的作用。

从宪法发展史上看，十月革命胜利后俄罗斯共颁布实施了四部宪法。除 1918 年《俄罗斯社会主义苏维埃共和国宪法》外，俄罗斯联邦为与苏联 1924 年、1936 年、1977 年《宪法》相适应，先后颁布了 1925 年、1937 年、1978 年《宪法》，这几部宪法都在社会主义制度之中，在性质上没有突破社会主义宪法的基本框架。1918 年《俄罗斯社会主义苏维埃共和国宪法》与以往根本法相比具有制度上的根本不同，具有开创意义，因此选取 1918 年《俄罗斯社会主义苏维埃共和国宪法》作为研究对象更具有代表性。

1917 年俄国十月社会主义革命胜利后,建立了第一个无产阶级专政的社会主义国家,即俄罗斯社会主义联邦苏维埃共和国。苏维埃政权颁布了《和平法令》、《土地法令》和《劳动人民和被剥削劳动人民权利宣言》等宪法性法令,这些宪法性法令为后来制定《苏俄宪法》确立了基本原则。1918 年 7 月在第五次全俄苏维埃代表大会上通过了《俄罗斯社会主义联邦苏维埃共和国宪法》,简称《苏俄宪法》。

1918 年《俄罗斯社会主义苏维埃共和国宪法》是为巩固十月社会主义革命成果和新生的俄罗斯苏维埃政权而制定的,共由 6 篇组成,第 1 篇是《劳动人民和被剥削劳动人民权利宣言》。该宣言宣布:俄国工农兵代表苏维埃共和国,中央和地方全部政权归苏维埃掌握;俄罗斯苏维埃共和国的结构形式是建立在各自由民族之自由联盟基础上,成为各民族苏维埃共和国联邦;苏维埃政权的基本任务是:消灭任何人对人的剥削,完全消除社会划分为各阶级的现象,无情镇压剥削者的反抗,建立社会主义社会组织。其余各篇为宪法总纲、政权结构、选举权与被选举权、预算法、国徽和国旗。《俄罗斯社会主义苏维埃共和国宪法》肯定了十月社会主义革命以及苏维埃国家取得的伟大成果,指明了苏维埃政权的基本任务,明确了苏维埃政权的组织形式,规定了全体公民的自由权利,提出了"不劳动者不得食"的口号等。1918 年《俄罗斯社会主义苏维埃共和国宪法》宣告建立劳动人民的政权及其国家机器,苏俄在所有制形式上,由于实行生产资料的社会主义公有制和经济的计划管理,经济领域里的一切都是公有的,不存在私有制。在《劳动人民和被剥削劳动人民权利宣言》中规定:"为实现土地社会化,废除土地私有制,宣布全部土地为全民财产,并根据土地平均使用的原则无偿地交付劳动者使用。""全国性的一切森林、蕴藏与水利,全部家畜与家具,实验农场与农业企业均宣布为国有财产。"①这种

① 辛向阳等主编:《历史律令——影响人类社会的十大宪法和法典》,江西人民出版社 1998 年版,第 397 页。本文中所引用 1918 年《俄罗斯社会主义苏维埃共和国宪法》除有特别说明均引自此书。

公有制下的宪法观念与资产阶级私有制下的宪法观念有本质的不同，导致了理论上的差异。

从宪法的内容上可以看出，社会主义宪法的立宪理念已经发生了很大的变化。俄罗斯传统文化中所奉行的一些基本原则失去了制度存在的基础，如个人政治权威被社会主义民主制度所替代。在主流文化上，苏联国家积极地打造社会主义新型文化，用社会主义文化塑造社会主义新人。从文化的传承与接续角度来看，则发生了一定程度的断裂。

自20世纪初叶起到苏联解体，在俄罗斯国家传统中不乏宪法的制定与修改完善，但这一阶段的宪法所体现的精神是集中全体人民的力量进行国家的建设与军事力量的增强，在苏联共产党的领导下，社会主义建设取得了惊人的成就。

三、资本主义制度的全面确立与文化内省

(一) 苏联解体后《俄罗斯联邦宪法》的颁布与实施

1993年12月12日俄罗斯联邦以全民公决的形式通过了《俄罗斯联邦宪法》。该宪法已经完全不同于苏联和俄罗斯联邦苏维埃的所有各个时期的宪法，它彻底放弃了“社会主义”及其立法原则，完全采用西方式的“民主政治”、“主权在民”、“三权分立”等宪法原则。1993年《俄罗斯联邦宪法》是对制度变革后俄罗斯联邦社会、政治、经济文化制度的全面总结，同时又为俄罗斯联邦的进一步变革提供了宏观构架和直接的法律依据。

宪法是民主宪政国家构建的依据与基础，是社会转型期国家发展的总纲。俄罗斯1993年《俄罗斯联邦宪法》在内容上是一部超越性的宪法，对未来的国家发展进行了宏观上的设计与描绘，除了对改革成果的肯定，更多的是对发展道路的理性设计与构建。当代俄罗斯宪法具有西方宪法的特征，但作为现代后发型国家，俄罗斯不应当是单纯

地对其他国家的模仿，宪法在本质上更是民族传统的延续，正如美国学者所言，现代宪法“只是更老、更悠久的阶段的延续，即宪法并不是创造，而是生长，不是国家法典，而是民族遗产”。① 因此，俄罗斯的宪法并不是一种创造，而应是特定历史发展时期在本民族遗产中的生长。在民族遗产中寻找宪法发展的轨迹对俄罗斯来讲有些困顿，十月革命前国家的立宪活动表现得很微弱，苏联时期立宪行宪活动虽然突飞猛进，但与当代俄罗斯在制度上南辕北辙，这是两种不相容的制度，因此在整个立宪史上，当代俄罗斯与苏联呈现一种断裂状态，仅就宪法与宪法而言不具有接续性。

（二）西化宪法之路受挫与文化的内省

苏联解体后，俄罗斯大量引入西方民主法治的观念和法律制度原则，但在运行过程中出现了严重的水土不服。1993 年《俄罗斯联邦宪法》在内容上是一部资本主义性质的宪法，与社会主义制度进行了彻底的决裂，与社会主义性质的宪法没有直接的继承性，但却在一定程度上与十月革命前缓慢发展的资本主义式宪制活动有着历史文化上的瓜葛。

1993 年《俄罗斯联邦宪法》明确了俄罗斯的国家制度和社会制度。其第 1 条第 1 款规定了俄罗斯联邦的国家性质，即“俄罗斯联邦——俄罗斯是实行共和制的民主联邦的法治国家”。② 在经济制度方面，宪法强调国家平等地保护私有制、国家所有制、地方所有制和其他所有制形式，对俄罗斯全面私有化进行确认，明确了建立资本主义市场经济体系的目标。在政治制度方面，承认政治多元化和多党制，承认意识形态的多样性。在社会保障制度方面，俄罗斯联邦努力为保

---

① ［美］C. H. 麦基文著：《宪政古今》，翟小波译，贵州人民出版社 2004 年版，第 16 页。

② 本文中所及 1993 年《俄罗斯联邦宪法》条文除有特别说明外都根据“Н. В. Севостьянов. Конституционное право россии: схемы, таблицы, основые нормативные акты. Ростов-на-Дону,《феникс》, 1998”译出。

障人的生活和自由发展创造条件。1993 年《俄罗斯联邦宪法》取消了议行合一的苏维埃体制和民主集中制原则，确认了“三权分立”原则。《俄罗斯联邦宪法》第 10 条规定：“国家权力在立法权、执行权和司法权分立的基础上行使，立法、执行、司法权力机关相互独立。”宪法确立了总统集权制政体，赋予总统广泛的职权，实际上形成一种“强总统、弱议会、小政府”的格局。这种政治体制虽然克服了原苏联政治体制的某些弊病，而且在稳定政局和社会形势方面发挥了一定的作用，但它实际上还不完备，同时也欠缺社会文化根基。

当代俄罗斯以宪法为核心的法律制度体系在时间的连续性上，与苏联社会主义法律体系先后接续，但二者之间在基本制度上又呈现出一种断裂。早期俄罗斯隶属于斯拉夫法系，后继受罗马法系，19 世纪中叶基本上是大陆法系的成员。[①] 在十月社会主义革命前的沙俄时代，俄罗斯的法律制度在术语、概念以及结构方面与罗马——日耳曼法系各国法律制度有着多方面的密切联系。[②] 十月革命后，俄罗斯创建了社会主义法律体系——苏联法律体系，苏联解体后，俄罗斯在法律制度方面进行了诸多的改革，具有转型国家较为典型的法律文化特征。“现在的俄罗斯处于转轨，向现代资本主义过渡的时间，在经济、政治、法律以及社会生活等方面旧的东西没有彻底消除，新出现的各种制度具有十分明显的继承性，不仅有苏联的痕迹，甚至还有十月革命前沙俄时期的痕迹。”[③]

俄罗斯历史发展的曲折性决定了当代宪法的政治基础、法律基础与思想理念的多元化与复杂化。历史学家们对 17 世纪至 20 世纪初的俄国政体进行过深入的分析，认为这一时期国家体制处于不断发展变化时期。17 世纪存在过人民或宗法君主制，1700 ~ 1725 年统治俄

---

① 张寿民著：《俄罗斯法律发达史》，法律出版社 2000 年版，序第 1 页。

② [美]H. W. 埃尔曼著：《比较法律文化》，贺卫方、高鸿钧译，清华大学出版社 2002 年版，第 26 页。

③ 张寿民著：《俄罗斯法律发达史》，法律出版社 2000 年版，前言第 2 页。

国的是专制君主制，18 世纪下半叶形成了等级宗法制的君主制，1825～1850 年转变为官僚合法君主制，1906～1917 年 2 月演化为二元法制君主制，最后，在 1917 年 2 月确立了民主共和制度。①

十月社会主义革命胜利后，国家制度、法律体系开始重新建立，社会主义法律体系逐渐形成。埃尔曼认为，这一时期俄罗斯法律的自然生长受到了阻碍，“在布尔什维克革命以后的最初几年里，苏维埃社会试图依靠这样的原则立足于世，即由于消灭了阶级对抗，共产主义并非意味着社会主义法律的胜利，而是社会主义战胜了任何法律”。② 俄国长期以来缓慢形成的资本主义式的法制传统发生了性质上的改变，米罗诺夫认为，“俄国通往法制国家的漫长而曲折的路被 1917 年 10 月拦腰斩断”，③“十月革命改变了俄国的政治发展方向”。④ 这一认识自有它的偏颇之处，虽然十月革命中断了俄国自生自发的法制传统，但却在资本主义最薄弱的链条上建立起来一种新型制度国家，丰富了人类的制度文明，开创了一种新型的法律制度体系，赋予国家以新的生命力。在法律制度的继承性上，当代俄罗斯的法律制度体系与苏联在基本制度上发生了断裂，但又不能与俄国十月革命前已经生成的法制传统很好地对接，传统不能为转型宪法的本土化提供充分的支持。应当看到，当代俄罗斯现有政治法律制度所追求的价值和原则具有人为的理性选择和构建的特征。

---

① ［俄］鲍里斯·尼古拉耶维奇·米罗诺夫著：《俄国社会史》（下），张广翔等译，山东大学出版社 2006 年版，第 170 页。

② ［美］H. W. 埃尔曼著：《比较法律文化》，贺卫方、高鸿钧译，清华大学出版社 2002 年版，第 26 页。

③ ［俄］鲍里斯·尼古拉耶维奇·米罗诺夫著：《俄国社会史》（下），张广翔等译，山东大学出版社 2006 年版，第 174 页。

④ 同上书，第 176 页。

四、俄罗斯立宪进程中的文化冲突

纵观俄罗斯立宪进程，进入 20 世纪后其立宪活动频繁，先后出现了三种类型的宪法，从 1906 年封建帝国时期的《俄罗斯帝国根本法》，到 1918 年《俄罗斯社会主义苏维埃共和国宪法》，再到俄罗斯转轨后的 1993 年《俄罗斯联邦宪法》，虽然宪法在制度模式、文本形式、规范内容等各方面差异很大，但在治国理念与社会制度变迁之间却存在一种较为清晰的逻辑关系。

十月革命后的俄罗斯宪法（主要指苏联时代的宪法）强调整体主义，突出国家性，注重构建与设计，在精神实质上积极自由占据主导地位。集中全部力量建设社会主义国家是其制度选择的初衷，但这并非能够解释所有问题，也许只有“深刻了解俄罗斯文化，更深地审视俄罗斯的历史积淀，把握俄罗斯民族性格，才能更好地理解俄罗斯的国家行为”。① 俄罗斯集体重于个人的观念深深地扎根于社会之中，注重团体、轻视自由个性的集体主义与爱国主义精神在特定历史阶段曾经发挥了强大的作用，但当历史不容拒绝地将俄罗斯推到世纪的边缘时，全球化的浪潮在这片古老的大地上推进，放逐个性自我的时代成为遥远的过去，俄罗斯特有的文化惰性成为现代化最大的敌人。“俄国传统文化在本质上是与自然经济、宗法共同体及人身依附相适应的。这种社会存在与文化心态，是近代俄国史上的主要惰性力量，是俄国走向现代化的最大障碍。”②传统宪法精神应和了民族文化传统中的惰性因素。现代法治作为现代化的核心内容，强调自由个性、理性契约文化精神，这与根深蒂固的俄罗斯文化传统存在明显的冲突，民族传统中的文化惰性成为现代法治生成的最大障碍，成为俄罗斯现代之路必

---

① 庞大鹏著：《从叶利钦到普京：俄罗斯宪政之路》，长春出版社 2005 年版，第 186 页。

② 金雁著：《苏俄现代化与改革研究》，广东教育出版社 1999 年版，第 141 页。

须面对的问题。

俄罗斯1993年《俄罗斯联邦宪法》在内容上是一部资本主义的宪法,与社会主义制度进行了彻底的决裂,与前四部社会主义性质的宪法没有直接的继承性,但却在一定程度上与十月革命前缓慢发展的资本主义式宪制活动有着历史的瓜葛。

国家发展不同阶段出现不同类型宪法,通过对不同类型宪法文本的历史性解读,可以透视出俄罗斯20世纪以来国家发展政治文化价值取向对国家制度变革的影响。20世纪俄罗斯经历的三次社会制度转型;第一次是以封建专制主义思想为主导的由封建帝国向近代资本主义国家的趋近;第二次是以共产主义思想(集体主义)为主导的向社会主义的全面彻底的转变;第三次是以自由主义思想(个人主义)为指导的对社会主义的全面放弃而向资本主义的转轨。相应的三部宪法(包括具有宪法特征的1906年《俄罗斯帝国根本法》)在立宪过程中遵从不同的立宪理念,1906年《俄罗斯帝国根本法》的立宪理念仍然是封建专制主义式的,帝国沙皇的权利为最高利益。1918年《俄罗斯社会主义苏维埃共和国宪法》的立宪理念是共产主义式的,被剥削劳动人民的利益为国家的最高利益。1993年《俄罗斯联邦宪法》的立宪理念则是自由主义式的,赋予人和公民的权利以最高地位。

社会转型与宪法类型演变的这种内在关联对于转型国家具有一定的普适性意义。转型国家的制度选择必定要确立相应的制度规范,宪法作为一国的根本法,具有最高的法律地位,它是国内其他相应制度的前提和依据。社会转型内涵立宪理念的确立,立宪理念则直接成为宪法制度确立的基础和价值目标。然而各种新型制度在运行过程中遭遇到传统文化的强烈抵抗,俄罗斯社会开始反思,政治精英们从俄罗斯固有的特点出发进行了文化的反思。从叶利钦的"新民族思想"到普京的"俄罗斯新思想",再到梅德韦杰夫的"新政治战略",最后到普京第三次入主克里姆林宫后"经济社会重点突破与全面发展理念”，立足民族文化传统恢复民族自信成为俄罗斯努力的方向。

第三节　文化影响力对公民宪法权利的作用

在民主法治国家中公民宪法权利是一项最基本内容，标示着个人在国家政治、经济、社会等生活中的地位和作用，在一定程度上反映着这个国家民主化与法治化的程度。俄罗斯近百年来的法治发展中，公民权利在宪法中从形式到内容发生了历史性的演变。在形式上，从宪法规范的语言表述、到公民权利规范在宪法文本中排列顺序、再到具体的权利内容，都发生了根本性的变化。这一系列变化的产生不同程度地反映了国家政治文化理念变革。

俄罗斯在20世纪近100年中经历了三次社会制度变迁，20世纪初从专制帝国转向资本主义、十月革命后开始社会主义建设、苏联解体后则全面走向资本主义，在立宪活动方面，1906年《俄罗斯帝国根本法》、1918年《俄罗斯社会主义苏维埃共和国宪法》和1993年《俄罗斯联邦宪法》是三次制度转型过程中的产物，它们的基本内容具有明显的时代特征，从历史发展的角度来看，宪法文本的演变就是研究社会发展变迁的经纬线，透过它可以看到特定时代宪法所承载的目标与价值。正如美国学者施瓦茨所言，“法律随着它所调整的那个社会运动的主流向前发展。每一个社会都有它自己的必然会通过法律秩序力图实现的目标反映出来的价值观念”。①

① ［美］伯纳德·施瓦茨著：《美国法律史》，王军等译，中国政法大学出版社1990年版，第23页。

一、三部宪法中公民权利自由的基本样态

(一)1906年《俄罗斯帝国根本法》对“臣民的权利与义务”的确认

在结构上,1906年《俄罗斯帝国根本法》把臣民的权利与义务单独作为一章(第八章),规定比较集中。在1906年《俄罗斯帝国根本法》的文本中臣民的权利与义务部分的规定遵循这样一种逻辑,首先明确了国民行使权利是有条件的,尔后就其义务作出明确规定,最后列出具体的权利内容。臣民义务主要包括三个方面:一是捍卫皇位与祖国。二是男性依法服兵役。三是依法纳税(《俄罗斯帝国根本法》第70条规定,捍卫帝位与祖国是每个俄罗斯国民的职责,每个男性居民不分身份都应依法服兵役;《俄罗斯帝国根本法》第71条规定,俄罗斯国民必须依法缴纳税费,其义务的免除由法律规定)。[①]

具体权利按照1906年《俄罗斯帝国根本法》第八章的规定包括:一是臣民享有人身不可侵犯权(第72条规定,任何人除非按法律规定的程序不得被确定为有罪;第73条规定,任何人除法律规定的情形外不得被监禁;第74条规定,任何人除因从事犯罪活动外不得被审判和处罚)。二是生活自由权(第75条规定,每个人的住宅不受侵犯。对住宅内的物品,没有主人的同意不得进行搜查或扣押,依法律规定的条件和方式除外。第76条规定,每个俄罗斯国民有权自由地选择居住地和职业,有权自由地取得和处置财产和自由通行于国界。除非有特别的法律加以限制此类权利)。三是私有财产权(第77条规定,私有财产不受侵犯。因国家或社会公共利益需要征用不动产时,应当给予公平合理的补偿)。四是和平集会权(第78条规定,俄罗斯国民有权和平及不携带武器地举行以不违反法律为目的的会议。依法定条

① 文中所及1906年《俄罗斯帝国根本法》条文除有特别说明外均根据“Свод законов росийской империи С. петербург,1912,том первый.”译出。

件和形式在固定地点召开和结束会议)。五是表达自由权(第79条规定,每个人在法定范围内都可以口头或书面形式表达自己的思想,可以通过出版或其他方式宣传自己的思想)。六是结社权(第80条规定,俄罗斯国民在不违反法律的条件下有权成立社团和协会。社团和协会的成立条件和活动方式依据法人的成立条件和活动方式而定,社团和协会的终止程序依据法律确定)。七是信仰自由权(第81条规定,俄罗斯国民信仰自由,法律规定享有这一自由的条件)。八是外国人的权利。臣民的上述权利和自由的行使条件与程度均由法定。

(二)1918年《俄罗斯社会主义苏维埃共和国宪法》对"被剥削劳动人民权利"和"公民的权利与义务"最高地位的肯定

1918年《俄罗斯社会主义苏维埃共和国宪法》涉及公民权利的部分包括:第一篇《被剥削劳动人民的权利宣言》;第二篇《俄罗斯社会主义联邦苏维埃共和国宪法》总纲中第五章;第四篇选举权及被选举权。第一篇《劳动人民和被剥削劳动人民权利宣言》分四章对被剥削劳动人民的权利进行阐述。该宣言第一章宣布:俄国工农兵代表苏维埃共和国,中央和地方全部政权归苏维埃掌握;俄罗斯苏维埃共和国的结构形式是建立在各自由民族之自由联盟基础上,成为各民族苏维埃共和国联邦。第二章确立了经济所有制形式、国有财产范围及其管理,明确了苏维埃政权的基本任务是消灭任何人对人的剥削,完全消除社会划分为各阶级的现象,无情镇压剥削者的反抗,建立社会主义性质的社会组织。

公民的权利和义务主要集中在第二篇第五章和第四篇,具体权利内容包括:公民的信仰自由、表达自由、集会结社自由、对受教育权的保护、外国人的权利、民族平等权、选举权及被选举权等。在义务方面倡导劳动光荣、服兵役光荣。

1918年《俄罗斯社会主义苏维埃共和国宪法》对公民的权利只是进行了一种整体的构建性规定,公民权利内容在其后的几部宪法中有很多的变化,但都是在社会主义法框架下进行的。

(三)1993年《俄罗斯联邦宪法》对“人和公民的权利与自由”的全面规定

1993年《俄罗斯联邦宪法》对人和公民权利与自由的规定较1906年和1918年有了更大的变化,抛开根本政治制度的差异外,对人和公民的权利与自由给予了最高地位的确定,在形式上更为合理化。对人和公民权利与自由的规定主要集中在两个部分:第一章宪法制度原则部分和第二章人和公民的权利与自由部分,在整部宪法中占有相当的篇幅。主要包括这样几个方面:一是在宪法原则中首先确定了公民权利的基本原则,包括确认人及人的权利和自由具有最高价值原则(第2条)、权利与自由平等原则(第6条)、社会保障原则(第7条)、对经济自由及私有制的保障原则(第8条)等;二是对个人权利地位的突出,包括生存权、人格权、人身自由权、司法保护权;三是政治权利进一步完善与扩展,包括选举权及被选举权、参政权、公决权等;四是公民社会性权利得到发展,包括私有财产权、从事经营活动权、劳动和休息权、社会保障权、环境权、健康权、受教育权、从事文化活动自由等。

下列表格将对三部宪法中公民权利义务的基本内容有更直观的认识。

对1906年《俄罗斯帝国根本法》、1918年《俄罗斯社会主义苏维埃共和国宪法》和1993年《俄罗斯联邦宪法》公民基本权利与义务规定的分类列表:

宪法类型 权利分类	1906 年《俄罗斯帝国根本法》	1918 年《俄罗斯社会主义苏维埃共和国宪法》	1993 年《俄罗斯联邦宪法》
个人的权利与自由	人身不可侵犯权(第 72 条、第 73 条) 住宅不受侵犯权(第 75 条) 自由择业权(第 76 条) 迁徙自由权(第 76 条) 有权自由取得和处置财产权(第 76 条)		生存权(第 20 条) 人格权(第 21 条) 人身自由权(第 22 条) 私人生活不受侵犯权(包括对通信自由、个人信息及文件资料的保护等)(第 23 条、第 24 条) 住宅不受侵犯权(第 25 条) 自由决定民族属性权(第 26 条) 迁徙自由权(第 27 条)
政治权利与自由	和平集会权(第 78 条) 表达自由权(第 79 条) 结社自由权(第 80 条) 信仰自由权(第 81 条)	信仰自由(第 13 条) 表达自由(第 14 条) 选举权及被选举权(第 64 条、第 65 条) 民族平等权(第 22 条)	平等权(第 19 条) 信仰自由权(第 28 条) 表达自由权(第 29 条、第 33 条) 选举权与被选举权(第 32 条) 结社自由权(第 30 条) 和平集会自由权(第 31 条) 参与国家管理权(包括管理国家事务、参加全民公决、参加司法审判等)(第 32 条) 寻求司法帮助与司法保护权(第 47 条、第 48 条、第 50 条、第 51 条) 获得国家赔偿权(第 52 条、第 53 条)

续表

社会经济文化权利	私有财产权(第77条)	免费受教育权(第17条)	私有财产权(第35条) 经营活动权(第34条) 土地私有权(第36条) 劳动自由权(第37条) 社会保障权(包括获得物质帮助权、拥有住宅权等)(第39条、第40条) 健康保护权(第41条) 受教育权(第43条) 文化活动自由权(第44条)
其他权利	外国人享有同等的权利(第82条)	外国人的权利(第20条、第21条)	双重国籍权、外国人与无国籍人的权利等(第62条、第63条)
基本义务	捍卫皇位与祖国(第70条) 男性臣民依法服兵役(第70条) 依法纳税(第71条)	劳动的义务(第18条) 服兵役义务(第19条)	依法纳税的义务(第57条) 保护自然环境的义务(第58条) 保卫祖国、依法服兵役义务(第59条) 保护历史文化遗产的义务(第44条)

注:本表出于对照研究的方便,只对三部宪法中的主要相关内容列出。

二、俄罗斯公民宪法权利的形式演进

俄罗斯公民宪法权利在形式上发生的演化主要在宪法文本上表现出三个方面:一是权利自由主体表述语言的变化;二是权利自由在宪法结构中地位的变化;三是权利自由具体内容的发展变化。

(一)权利自由主体表述语言的变化

三部宪法在表述公民宪法权利时,对权利主体所使用的语词有明显的差异。1906 年《俄罗斯帝国根本法》在第八章“俄罗斯国民的权利和义务”部分对于权利和义务的主体使用“подданный”，其俄语含义一是指“国民、子民、臣民(旧俄时对各国国籍的人都用这个词，现在只用于君主国的人)”；二是旧时还指“奴仆、奴隶”。[①] 这一词语的使用，在一定程度上使权利主体带有明显的依附与奴役色彩。

1918 年《俄罗斯社会主义苏维埃共和国宪法》对权利主体经常使用的是两个词“народ”和“трудящийся”。“народ”的俄语含义有两层，一是指“人民”；二是只用单数时指“平民、百姓、(在剥削阶级专政的国家中受压迫的)劳动群众、劳动人民”。[②] “трудящийся”用作名词时指“劳动者”。这两个词在一定意义上都体现了集体主义精神，表明了《俄罗斯社会主义苏维埃共和国宪法》鲜明的集体主义特色和社会主义的理想。

1993 年《俄罗斯联邦宪法》使用的是“человек”和“гражданин”，其俄语含义是“人”和“公民”，这是各国宪法普遍使用的。1991 年俄罗斯通过了《人和公民的权利与自由宣言》，对联合国 1948 年通过的《世界人权宣言》、1966 年通过的《经济、社会和文化权利国际公约》和《公民权利和政治权利国际公约》予以接受，在这一意义上 1993 年《俄罗斯联邦宪法》对人和公民权利与自由的规定已经开始与国际接轨。

(二)公民宪法权利规范在宪法结构中的不同位次

1906 年《俄罗斯帝国根本法》有关臣民的权利与义务的规范在宪法结构顺序上处于最高专制政权之后，这种形式上的设计在一定程度上说明，臣民在国家中的地位也处于专制政权之下。

1918 年《俄罗斯社会主义苏维埃共和国宪法》从宪法结构上看，较 1906 年《俄罗斯帝国根本法》有根本的改变，人民的利益和地位上

---

① 黑龙江大学辞书研究所编:《俄汉详解大词典》，黑龙江人民出版社 1998 年版，第 3574 页。

② 同上书，第 2580 页。

升到国家的第一位，给予每个人真正的尊严与尊重，这是前所未有的。正如俄罗斯作家谢·叶辛对列宁进行评价时所言，“对俄罗斯来说，列宁的功绩显而易见。列宁给了农民土地；列宁给了人们一种内心自由的感觉；列宁给了一种有文化、有教养的感觉；列宁给了人们心理上的安全感。列宁对每个人说，你在历史和国家面前是平等的”。①

1993 年《俄罗斯联邦宪法》对人和公民权利与自由的规定较 1906 年和 1918 年有了更大的变化，抛开根本政治制度的差异外，对人和公民的权利与自由给予了最高地位的确定，采用现代立宪的一般架构设计的模式，在形式上更为合理化。对人和公民权利与自由的规定主要集中在两个部分，第一章宪法制度原则部分和第二章人和公民的权利与自由部分，在整部宪法中占有相当大的比重，共有大约 50 个条文。

(三)公民权利自由在内容上的演化

1906 年《俄罗斯帝国根本法》、1918 年《俄罗斯社会主义苏维埃共和国宪法》和 1993 年《俄罗斯联邦宪法》中公民权利自由呈现出一种演化的趋势，主要表现在每部宪法的突出特点上。

1. 1906 年《俄罗斯帝国根本法》有关权利义务规定的几个突出特点

一是权利与义务的内容从无到有。我们现在所看到的 1906 年《俄罗斯帝国根本法》有关公民权利的内容在整个根本法中的比重并不大，只有十几个条文，但在当时要不要有臣民权利这一章就有颇多争议，至少有三种看法。第一种主张认为，整个这一章就不需要，因为有关实现这些自由的条件和程序的规则都要由新的法规加以细化和规定，而这些新的法规要由杜马讨论通过，有些问题会不好控制；第二种主张认为，这一章没有实际意义，但如果不列这一章，《俄罗斯帝国根本法》就会显得片面，如果删掉这一章就会引起公愤；第三种主张认

① 中央电视台《大国崛起》节目组编著：《俄罗斯》，中国民主法制出版社 2006 年版，第 138 页。

为,这一章对确定居民的权利具有非常重大的意义,如果不放这一章权利就缺少明确性,臣民的权利就不可能被改变。[①] 因此,顶着巨大的压力在根本法中写上臣民的权利与义务,虽具有装点门面的意味,但这在形式上已经是一种巨大的进步了。

二是权利义务在内容上对关涉民生的土地所有权这一根本问题轻描淡写。当时的大地主阶级极力维护自己的利益,认为国家繁荣的基础就在于维护神圣的私有制原则,如果强制没收财产分给农民,所有权动摇了也就是动摇了国家的基础。[②]《俄罗斯帝国根本法》第77条规定:“财产是神圣不可侵犯的。当为了任何国家的或社会的利益必须对不动产进行强制征用时,强制征用是允许的,但要给予相应的公正补偿。”俄国当时的社会主要矛盾是,绝大部分土地被大地主们占有,农民几乎没有自己的土地和财产,而农民在人口总数上又占绝大多数。因此,财产神圣不可侵犯并不具有普遍意义。

三是对公民个人权利和社会公共权利都有所涉及,但缺乏必要的保障。在形式上,根本法规定公民具有一定的个人权利和政治权利,但在其特定历史境况中,这些权利是无根基的。早在1906年《俄罗斯帝国根本法》正式颁布实施前,针对1905年10月沙皇宣告俄国确立立宪制度的事实,列宁发表文章质问到底什么是宪法,并对沙皇所颁布的宪法进行揭露。“什么是宪法?宪法就是一张写着人民权利的纸。真正承认这些权利的保证在哪里呢?”[③]“大家看一下10月17日宣言和俄国的实际情况吧:看看沙皇怎样一方面在纸上承认宪法,另一方面又怎样实行‘宪法’,怎样运用沙皇政权……沙皇的宣言包含无条件地实行立宪的诺言。大家可以看一下这诺言的价值。宣布人身不可侵犯,但是那些不合专制制度心意的人仍然在坐牢、流放,仍然流

---

① 刘显忠著:《近代俄国国家杜马:设立及实践》,社会科学文献出版社2007年版,第65~66页。

② 同上书,第65页。

③ 《列宁全集》(第12卷),中共中央马克思恩格斯列宁斯大林著作编译局译,人民出版社1987年版,第50页。

亡在国外;宣布了集会自由,但是在俄国那些开创真正集会自由的大学却遭到封闭,大学的校门由军警把守着;宣布出版自由,结果代表工人利益的机关报《新生活报》因刊登社会民主党纲领而被没收。"①

2. 1918 年《俄罗斯社会主义苏维埃共和国宪法》有关权利自由规定的主要特点

1918 年《俄罗斯社会主义苏维埃共和国宪法》较 1906 年《俄罗斯帝国根本法》有天壤之别。《俄罗斯社会主义苏维埃共和国宪法》将先前颁布涉及国计民生和人民当家做主地位的《土地法令》和《劳动人民和被剥削劳动人民权利宣言》作为立宪的基本原则,并突出强调对权利实现的保障。

首先,废除土地私有制,宣布全部土地为全民财产,对以往矛盾集中的土地所有制问题作出天翻地覆的变革。《俄罗斯社会主义苏维埃共和国宪法》第一篇第 3 条规定:"为实现土地社会化,废除土地私有制,宣布全部土地为全民财产,并根据土地平均使用的原则无偿交付劳动者使用。"这一规定彻底改变了土地所有制形式,人民成为土地的主人,也就获得了平等的前提和权利实现的坚实基础。

其次,不单纯列举劳动者权利的内容,而是强调权利实现的现实基础和保障。如在《俄罗斯社会主义苏维埃共和国宪法》中从第 13 条到第 17 条都采用"为保障劳动者享有真正……自由,俄罗斯社会主义联邦苏维埃共和国……"的语用模式,这既阐明了权利的基本内容,也对国家所负的保障义务予以明确。

再次,对公民最重要的政治权利即选举权和被选举权及其实现作出了明确的规定。人民由以往普遍的无权到普遍享有政治权利,这较之以往有着根本的不同。

最后,在前述表格中我们还发现一个现象,按着笔者的分类方法,

① 《列宁全集》(第 12 卷),中共中央马克思恩格斯列宁斯大林著作编译局译,人民出版社 1987 年版,第 51 页。

在公民个人权利与自由这一分类项下,没有具体的内容。这一现象与当时宪法的地位与作用有直接的关系。1918 年《俄罗斯社会主义苏维埃共和国宪法》作为世界上第一部社会主义宪法,在刚刚推翻了一个存在相当久远的绝对主义国家体制之际,宪法在更大意义上是一种政治宣言,给以往被剥削被压迫广大劳动人民以最高的地位,这就足以证明其意义和价值所在。对公民的宪法权利与自由规定的虽然较为简略,但权利义务的主体是广大的劳动者,集体权利和国家利益就是个人权利的最高表现。这种情况到 1936 年《宪法》制定时有了根本的变化。经过近 20 年的社会主义建设实践,公民的基本权利和义务成为一个非常现实的问题。因此,1936 年《宪法》专门设置了第十章公民的基本权利和义务,在基本权利方面主要有公民个人的权利和自由(包括人身不受侵犯权、住宅不可侵犯权、通信秘密权等)、政治权利和自由(包括男女平等权、举行宗教仪式或从事反宗教宣传的自由、言论自由、出版自由、集会自由、游行示威自由、结社自由等,同时选举权和被选举权的享有者范围也大大扩展)、社会经济文化方面的权利(包括劳动休息权、物质保障权、受教育权等)等。基本义务包括遵守宪法和法律、遵守劳动纪律、尊重社会公共生活准则、保护和巩固社会主义公有财产、保卫祖国等。1977 年颁布的被喻为"发达社会主义宪法"对公民的权利与自由进行了新的探索,扩大了权利的范围。在社会主义制度发展时期,体制内进行着自我调整,并出现了向国际标准看齐的迹象。在规范形式上,权利、自由和义务的规定虽然一部比一部广泛和宽松,但始终没有超越固有的社会主义性质。①

3. 1993 年《俄罗斯联邦宪法》在人和公民权利与自由方面的主要特点

一是理论基础和评价标准的变迁。当代俄罗斯权利观的理论基

① 任允正、于洪君著:《独联体国家宪法比较研究》,中国社会科学出版社 2001 年版,第 85 ~86 页。

础已经在形式上放弃了马克思主义理论,转而以古典自然法的权利理论作为其发展与实施的基础。苏联时期,在两大阵营的对峙过程中,权利特别是“人权”被当作意识形态来对待,西方国家的人权思想所具有的积极理论价值和实践意义一直被拒绝承认。联邦宪法的对人和公民权利与自由的构造是在国际人权保障和发展的基本原则上进行的。① 《俄罗斯联邦宪法》第 17 条第 1 款宣布:“依据公认的国际法原则和准则并按照宪法,俄罗斯联邦承认保障人和公民的权利与自由”;第 2 款指明:“人的基本权利与自由不可被剥夺并且每个人生来就具有。”从这些规定可以看出,俄罗斯联邦现行宪法接受了联合国宪章所确立的原则。

二是联邦宪法承认了合理的个人主义的思想并把人的权利提升到社会价值的最高层面。“人,人的权利和自由具有最高价值。承认、遵守和保护人和公民的权利是国家的义务。”这一宪法条款彻底改变了以往国家和社会的利益高于个体公民利益的“优先权”体系,使人们重新思考社会和个体的关系,改变了对社会价值体系和身处其中的个人权利地位的认识。在现代俄罗斯古典自然法的人权理论获得广泛传播,个人权利与自由正建立在这个基础之上。②

三是积极保障权利与自由的实现。在权利保障与实现方面,当代俄罗斯的态度是积极的,在具体的制度设计上当前主要包括总统的保障和宪法法院对人和公民权利与自由实现的保障、人权全权代表制度的建立与完善等方面。

三、俄罗斯公民宪法权利演变与政治文化理念的转换

俄罗斯的三部宪法是国家发展不同阶段的产物,作为立宪的指导

---

① 杨昌宇、陈福胜著:《俄罗斯社会转型与宪政之路》,社会科学文献出版社 2009 年版,第 203 页。

② 同上书,第 204 页。

理念与价值目标也存在根本的差异。专制主义、集体主义与个人主义三种立宪理念在国家发展的不同阶段颁布的三部宪法文本中有所侧重,反映到公民权利上则体现出其对待个体自由与社会自由、积极自由与消极自由的态度。

俄国1906年《俄罗斯帝国根本法》颁布于由封建帝国向近代资本主义国家转型的发展阶段,立宪理念以封建专制主义思想为主导,同时赋予臣民以一定的表达自由。19世纪与20世纪之交俄国资本主义有了长足发展,出现了一批垄断组织,并开始要求相应的政治地位,在俄日战争失利的促动下,俄国国内发生了革命,沙皇政府被迫实行国家制度改革。尼古拉二世在1905年颁布的《十月宣言》中确认臣民有人身不可侵犯、信仰、言论、集会和结社自由,赋予国家杜马以立法职能。宣言称:"任何法律未经国家杜马认可,不得生效。"1906年的《俄罗斯帝国根本法》删去了旧版《国家根本法》中"无限的君主"中的"无限的"这一修饰语,规定"最高专制权力属于全俄罗斯皇帝……这是上帝的旨意","皇帝陛下与国务会议和国家杜马共同行使立法权","任何法律没有获得国务会议和国家杜马的赞同都不能成立,未经皇帝陛下批准不能生效"。这种规定使沙皇的权力被纳入了根本法的限制之中,从无限的君主权力变成有限的君主权力,并受到国家杜马和国务会议的限制。但是,沙皇还拥有解散国家杜马的权力,在1906~1917年间共召开过四届国家杜马,尼古拉二世解散了第一届和第二届国家杜马。[①] 根本法在规定臣民的权利自由时,把臣民忠诚于沙皇作为前提,只有履行了法律规定的相应义务,才能享有相应的权利,否则权利无从说起。这种规定是对封建专制主义占主导地位的国家君民关系的一种反映。

1918年《俄罗斯社会主义苏维埃共和国宪法》代表的是以集体主义为主导的向社会主义的全面彻底的转变阶段,由于所处特殊的历史

① 刘祖熙著:《夏日堂史集》,人民出版社2007年版,第14页。

时期,宪法在内容上有更多的政治色彩,权利的内容并不具体,较强调整体利益和国家责任,公民个人的权利与自由并不突出,更多地体现了积极自由的倾向。

1993 年《俄罗斯联邦宪法》代表的是以自由主义思想为指导的对社会主义的全面放弃而向资本主义的转轨阶段。1993 年《俄罗斯联邦宪法》更侧重于从国际人权角度出发对人和公民的权利与自由进行明确与保护。除了强调个体权利外,同时注重公民的社会权利,体现了个体自由与社会自由相统一的倾向。

这三部宪法中对公民权利自由的表述从形式到内容有很大的差异,但却充分体现出了它所依存的那个时代的特征。正如伯尔曼所言,“法律不是作为一个规则体,而是作为一个过程和一种事业,在这种过程和事业中,规则只有在制度、程序、价值和思想方式的具体关系中才具有意义”。[1] 历史已经走远,但其轨迹犹存,在俄罗斯立宪过程中,每一个发展阶段都有其独特的价值与意义。

第四节 法系视角下的俄罗斯法律传统

俄罗斯从十月革命爆发,到苏联衰亡,再到俄罗斯联邦的建立与发展,虽历经多次社会变迁,但历史积淀而成的法律传统仍根深蒂固地影响着俄罗斯法治现代化进程,政治、宗教等核心文化因素在不同时期以不同方式作用于俄罗斯法治进程。在比较法的视野中,以法系理论为基础,可将俄罗斯法律传统的发展演变分为社会主义法系之前、社会主义法系之中与社会主义法系之后三个阶段。在这三个阶段中,俄罗斯法律传统一直存在形式与实质的分裂,形式上的西方化与

① [美]哈罗德·J. 伯尔曼著:《法律与革命——西方法律传统的形成》,贺卫方等译,中国大百科全书出版社 1993 年版,导言第 13 页。

实质上的俄罗斯化成为其发展的一大特征。这一形式特征的形成与俄罗斯固有核心文化因素紧密相连，俄罗斯文明体系中政治、宗教、习俗等各种具有稳定性的文化因素综合发生作用。

随着苏联解体和东欧一系列社会主义国家的转轨，比较法领域中关于社会主义法系的理论研究日渐淡化，但作为一国法律体系所蕴含的文化传统却仍然存在，这对于理解一个国家不同时期法律体系与文化传统的关联仍是意义非凡。笔者以苏联社会主义时期为界限，将俄罗斯法律传统的发展演变分为社会主义法系之前、社会主义法系之中与社会主义法系之后三个阶段，在历史文化层面对其法律传统进行审视。如果说社会主义法系在比较法研究中取得一席之地，是具有历史意义的意识形态对立的结果，那么在这里它则更多地体现为一种时间上的意义，以其存在作为一种时间节点，来透视俄罗斯法律传统中所蕴含的文化一般性问题，这对于深刻理解俄罗斯法治问题大有助益。

一、社会主义法系的诞生与消弭

在比较法学者看来，法系和法圈的出现以两次世界大战为契机，是比较法与分类学结缘的结果。随着第一次世界大战结束，普通法挣脱“野蛮”之物的认识，作为一种重要的法而得到承认，从而与大陆法一样成为“普遍性”的东西。也正是在这一时期，人们开始明确意识到法系和法圈的观念。第二次世界大战结束后，随着社会主义法地位的突出，面对法律秩序的多样化发展，法学家们开始对法进行分类整理，构造“法的剧场”或“法系地理学”。[①] 法学家们认识到，“以法系作为分析工具，寻找和发现不同国家和地区的法律传统、形式、结构、技术乃至思维倾向上的区别和联系，分析影响法律发展样式的因素及其影

---

① [日]大木雅夫著：《比较法》，范愉译，法律出版社2006年版，第103页。

响的方式和规律，寻求法律文化沟通、交流的途径和方式，对于法学研究说来是必要和富有意义的”。①

比较法学者认为，把某国法律秩序归入某法系具有决定性的是“法律样式”，即“样式构成因素”。在茨威格特和克茨看来，在法系范围内的样式构成因素包括这样五个：(1)一个法律秩序在历史上的来源与发展；(2)在法律方面占统治地位的特别的法学思想方法；(3)特别具有特征性的法律制度(Rechtsinstitute)；(4)发源的种类及其解释；(5)思想意识因素。②

在法学理论上，人们出于研究上的考虑，以历史文化传统和法的外部特征等要素对各国和地区法律体系进行法系意义上的划分。如果大陆法系和英美法系的划分具有一定客观基础，二者代表两种法律传统和风格，在法律秩序的历史渊源、法学思想方法、法律制度特征、发源论及其解释方法方面有较为明显的不同。社会主义法系的出现则具有更多主观性的成分，思想意识因素起主导作用，在根本上是“资本主义”和“社会主义”意识形态对立的产物。“形成社会主义法系的各国法律制度由于拥有马克思列宁主义世界观作为基础而独具特色。这个事实使社会主义法律制度与西方的法律制度判然有别，也使得将它们归入一个独立的法系顺理成章。”③但事实上，西方理论世界对社会主义法的认可比其实际产生要晚很长时间。在20世纪50年代至60年代，西方比较法研究为时已晚地才发现社会主义法的存在，并承认这种法律是比较分析的对象，在这种法律里面可能找到同西方各种法律类型，尤其是同罗马日耳曼法律体系在某种程度上相同的特征。④

最终在20世纪70年代到80年代，社会主义法系独立自主的地

---

① 郑成良主编：《法理学》，高等教育出版社2012年版，第235页。

② [德]茨威格特和克茨著：《比较法总论》，贵州人民出版社1992年版，第131页。

③ 同上书，第511页。

④ [苏]B. A. 图曼诺夫著："论不同类型法律体系的比较"，潘汉典译，载《比较法研究》1989年第1期。

位才获得承认。[①] 法国比较法学家勒内·达维德,以意识形态和法律技术为标准,区分出以苏东国家为代表的社会主义法系,认为它与罗马—日耳曼法系、普通法系是当代世界三个占主要地位的法系。在上述两个标准中,达维德认为意识形态是宗教、哲学、政治、经济和社会结构的产物,是作为哲学基础和正义观的关键性标准,法律技术是第二位重要的。[②] 达维德认为,苏维埃法是以社会主义的政治、经济和道德的特殊性为基础的。[③] 德国比较法学者茨威格特和克茨将当代世界主要国家和地区的法律分为包括社会主义法系在内的 8 个主要法系。在此后的很长一段时间内,比较法学者对"应否把社会主义法律制度放在一个独立的位置上,以使它与当代世界另外两个主要法系(民法法系和普通法系)相并列"一直争论不休。西方法学者的学术观点主要是分为两派:一派主张社会主义法按其独立性足以具有独立的地位;另一派则持反对的观点,认为社会主义法中没有什么东西可以使之区别于大陆法。[④] 承认其独立地位的认为:"苏维埃法和其他法律制度之间,不仅是程度上的不同。这种法律制度在技术上虽和罗马法制度相同,但它和后者在程度上的不同却被人解释为是一种本质上的不同,从而是证明了以下的结论是正确的,即苏维埃法是一种独特的法律制度,必须列入另一类型。"[⑤]这一主张在当时国际上的法律实践中也得到了形式上的承认:"因为根据国际法院规约(第 9 条)的规定,该法院应有代表各大文化和各主要法系的法官组成,而代表苏维埃法律制度的法官已被选任为国际法院的法官。"[⑥]

即使在承认其拥有独立地位这一立场的内部,也有来自对社会主

---

① М. Н. Марченко, Сравнительное правоведение, москва: проспект, 2015г. 566с.

② 茨威格特和克茨著:《比较法总论》,贵州人民出版社 1992 年版,第 123 页。

③ [法]达维德著:《当代主要法律体系》,漆竹生译,上海译文出版社 1984 年版,第 140 页。

④ [美]格伦顿等著:《比较法律传统》,米健等译,中国政法大学出版社 1993 年版,第 178 页。

⑤ 丘日庆主编:《各国法律概况》,知识出版社 1981 年版,第 306 页。

⑥ 同上书,第 278 页。

义法本身的争议与批判。在本质上,“苏维埃和社会主义法制反映了国家在人类关系上的普遍存在;这种制度似乎不过是把各国法律制度上普遍存在的趋向加以极端扩大罢了”。① 如在“哪些要素构成了社会主义法律制度的共同核心”这个问题上更是众说纷纭。有的认为社会主义法核心特征是它的社会、经济、政治的特征;有的认为是认为其独特性在于它的“拟宗教特征”,认为社会主义法具有教育感化作用,它不仅关心社会政治组织和公民的社会和经济福利,也关心个人精神方面的利益。② “社会主义法是一种生活哲学,其基本任务是从根本上重塑人的道德心。它通过复杂的法律规范体系,旨在向人们灌输崇高的道德理想,树立对共产主义理想坚定不移的信念和为共同利益的自我牺牲精神。”③社会主义法在一定意义上具有一种异于宗教,又与宗教有某种联系的法的类型等。

从上述各种争论可以看到,社会主义法从进入到淡出比较法的研究视野经历了一个不长的时间跨度。究其原因,一方面,由于苏联与东欧社会主义国家的解体,作为社会主义法主要载体的国家发生国家性质的变化。曾几何时,社会主义法系在理论上名噪一时,几乎所有的社会主义国家都成为其忠实的拥护者和追随者。随着苏联的解体,社会主义法系的理论研究也随之淡出人们关注和研究的视野。另一方面,来自法系分类理论自身的缺陷导致用传统的法系范畴对当今世界各国的法律体系进行整体性、切割性的分类已经失去了方法论基础和认识论价值,法系走向终结的时代。“从方法论来看,法律文明的全球性交流与融合已经导致不同国家的法律文明相互渗透,无法从整体上和类型上加以截然的区分。从认识论来看,各种宏大叙事式的法系分类不可能对我们认识不同国家在法律上的各种具体的差异性和相

① 丘日庆主编:《各国法律概况》,知识出版社1981年版,第306页。

② [美]格伦顿等著:《比较法律传统》,米健等译,中国政法大学出版社1993年版,第180页。

③ 同上书,第182页。

似性提供有价值的理论认识，因此，法学家应当放弃那种试图划分法系的理论雄心，放弃那种试图提供一幅固定不变的世界法律地图的宏大努力。”①

二、社会主义法系之前：斯拉夫文化的影响及其俄罗斯式的改造

十月革命前，在俄罗斯法律传统的形成与发展过程中，在法律形式上，俄罗斯社会经历了由前法律阶段走向法律阶段、由法律初级阶段走向完备法律阶段，也奠定了俄罗斯法律传统的基调。伯尔曼曾经尖刻地指出，俄罗斯法的形成既在西方法律传统之中，又在它之外，是西方法律的私生子。这一形象的比喻说明，俄罗斯法律传统具有其特殊性，但又与西方有着割不断的血脉。长久以来，人们一致认为，俄罗斯法律制度在形式上是罗马法的，在精神上则是拜占庭式的。“尽管俄罗斯的法律建立在罗马法传统的基础上，它却根植于拜占庭式的精神，并且在整个中世纪是在俄罗斯东正教会的精神中孕育发展的。”②

（一）俄罗斯法律传统与斯拉夫法系的文化关联

在十月革命前俄罗斯漫长的法律传统形成与演化中，斯拉夫文化无疑起了重要的作用。在辽阔的东欧平原上生活着东斯拉夫人，公元6世纪起，居住在南方的东斯拉夫人始称罗斯人。公元8～9世纪，形成以基辅和诺夫哥罗德为中心的两个封建制公国。据记载，诺夫哥罗德王公奥列格，征服基辅和邻近众多小公国，于公元882年在基辅确立了俄罗斯最早的国家形态，称“基辅罗斯”。

在法系理论的定位上，很多人倾向于将俄罗斯法视为斯拉夫法系

---

① 黄文艺：“重构还是终结——对法系理论的梳理与反思”，载《政法论坛》2011年第3期。

② ［英］玛丽娜·库尔奇扬：“转型对俄罗斯法律的角色的影响”，载［荷］弗雷德·布鲁因斯马等主编：《法律文化之追寻》，清华大学出版社2011年版，第115页。

的一部分。一般认为,斯拉夫法系是指公元6世纪至20世纪初适用于东部、西部和南部斯拉夫诸国的具有共同法律传统的法律规范和制度的总称。该法系在由习惯法向成文法演进的历程中,深受拜占庭法律、宗教和文化的影响,形成了多个分支,诞生了波西米亚的《卡洛莱娜大法》,南斯拉夫的《斯蒂芬·都山法典》,俄罗斯的《罗斯真理》、1497年《律书》、1550年《律书》、1649年《法律大全》和1832年《俄罗斯帝国法律全书》等著名法典。法系理论以历史文化传统和法的外部特征作为区分的主要依据,俄罗斯法被看作斯拉夫法系的典型代表。

威格摩尔在《世界法系概览》中将斯拉夫法系作为独立的一部分与其他的15个法系相提并论。① 威格摩尔认为俄罗斯是斯拉夫法系中一个最为重要的国家,斯拉夫文化对其法律传统产生了深刻的影响。虽然他认为属于斯拉夫民族既独特又纯粹的斯拉夫法系从未产生过,但其分类方式也足以说明俄罗斯法律传统中的文化特征。在威格摩尔看来,有三个因素导致了统一的斯拉夫法系未能形成这一结果:一是民族性格自身的局限;二是强大的外族入侵所致;三是受较先进的法律制度的影响。在法制史上,俄罗斯作为最突出、最独立而又最强大的四个(其他三个分别是波希米亚人、波兰人、塞尔维亚人)斯拉夫民族之一,在威格摩尔看来,四个斯拉夫民族中唯一一个实现了政治统一、民族独立的国家,专制统治在其中起了决定性的作用。“尽管地域广阔,但它是斯拉夫民族中唯一实现并保持政治统一、民族独立的国家,这种统一和融合是专制统治的结果。”②

斯拉夫法系在形成之初不可避免地受到外来文化的影响,但其发展历程仍然表现出强烈的独立性和民族性特征。拜占庭文明通过宗

① 威格摩尔所列出的15个法系包括埃及法系、美索不达米亚法系、希伯来法系、中华法系、印度法系、希腊法系、罗马法系、日本法系、伊斯兰法系、凯尔特法系、日耳曼法系、海事法系、教会法系、大陆法系、英美法系等。参见[美]约翰·H.威格摩尔著:《世界法系概览》,何勤华、李秀清、郭光东等译,上海人民出版社2004年版。

② [美]约翰·H.威格摩尔著:《世界法系概览》,何勤华、李秀清、郭光东等译,上海人民出版社2004年版,第651页。

教与法制对俄罗斯产生双重影响。公元前最后几个世纪，斯拉夫人以布格河为界分为东西两支。居住在第聂伯流域的是东斯拉夫人，他们是俄罗斯人、白俄罗斯人、乌克兰人的祖先。公元882年，东斯拉夫人的国家——古罗斯国在第聂伯河中游波良部落联盟的首府基辅建立。拜占庭文明对东斯拉夫文化产生了重大影响，君士坦丁堡被东斯拉夫人看作他们所共同拥有的宗教和文化中心，尤其是对于俄罗斯文化。公元988年，弗拉基米尔大公在接受东正教洗礼之后，东正教在俄罗斯逐渐获得统治地位，成为国教。俄罗斯文字、文学、哲学、建筑、绘画等各个方面均受到了拜占庭文明的影响。

（二）法律形式上以大陆法特征为主的俄罗斯化发展

对于十月革命前俄国的法系属性，人们较为一致地认为，十月革命前俄国属于民法法系。茨威格特和克茨在《比较法总论》中指出，俄国在中世纪历史发展进程中，法律受到罗马法的强烈影响，彼得大帝以后的俄国沙皇在其立法中都模仿西欧模式或运用受到罗马法影响的流行的欧洲观念。因此，俄国法如同德国法或法国法一样，曾同属受罗马法影响的欧洲大陆法系。① 沈宗灵认为："在十月革命前的俄国以及二战结束前其他一些中欧和东欧国家，在法律传统上，都是属于民法法系的，它们的法律都受法国、德国、奥地利以及意大利、瑞士等国法律的影响。"②俄国法学家和法官也多半倾向德国"学说汇纂派"的思想。

在法律形式上，俄罗斯法律传统中的大陆法特征主要表现在三个方面：一是受法典编纂主义观念影响，俄国法成文法特征明显。在法律规范载体上，俄国有编纂法典的传统，比较有代表性的成文法典有：《罗斯真理》、1497年《律书》、1550年《律书》、1649年《法律大全》、

① ［德］茨威格特和克茨著：《比较法总论》，贵州人民出版社1992年版，第532页。
② 沈宗灵著：《比较法研究》，北京大学出版社1998年版，第315页。

《俄罗斯帝国法律全书》(1832 年编纂完成,共分 16 卷,有 6 万个条文,包括了俄罗斯法律的所有部门,于 1835 年生效,1842 年和 1857 年新版本一直适用到了 1918 年)、《俄国刑法典》(1903 年)、《民法典草案》(1913 年)等,一系列成文法足以在形式上证明其成文法传统不是个神话。二是受国家主义思想的影响,法律规范由立法者提出。"法律是立法者的法,不是法官的法,法律规范由立法者或学说提出,而不是法官的事。"①在整个俄国帝王时期的君主(包括亚历山大一世、尼古拉二世等)有一个共同的意识,君主的守法与信法应当成为一种美德。一方面君主的守法遵法行为会成为公众的表率;另一方面只有依法行事才是达致公正的唯一途径,这对君王尤为重要。三是运用演绎推理和采用纠问式诉讼程序。②

俄罗斯法律传统具有深深的民族烙印,如果不被革命和变革冲击,其持续性会更为表里如一。例如,有人认为,俄国法制的发展如果不被 1917 年革命所中止,则一定会走上民主法治之路,"在帝国存在的最后 10 年当中,俄国政体在法律上属于法制国家,因为法律被正式赋与宪法意义,民众获得了宪法、议会和民权。这样,在 200 多年里,俄国由传统统治下的人民君主制走向了合法统治下的国家。在俄国,法制国家已初具规模,法律至上、司法行政及权力分散是其本质属性,依据行政法规及合理制度施政的官僚阶层是其基本工具"。③

三、社会主义法系之中:俄罗斯法律传统顽强地生长

(一)社会主义新型法律体系独立地位的获得

十月革命后到俄罗斯联邦独立前,苏联一直被认为是社会主义法

① 何勤华、李秀清主编:《外国法制史》,复旦大学出版社 2002 年版,第 488 页。

② [美]格伦顿等著:《比较法律传统》,米健等译,中国政法大学出版社 1993 年版,第 181 页。

③ [俄]鲍里斯·尼古拉耶维奇·米罗诺夫著:《俄国社会史》(下),张广翔等译,山东大学出版社 2006 年版,第 170 页。

律体系的典型代表。在大木雅夫看来,第二次世界大战后,社会主义法获得突出的地位。亚非各国亦显示出强烈的民族自觉,面对于此,已不可能继续对这些国家的法的状况置若罔闻。[①] 也认为沙俄时期受大陆法学的影响,十月革命后建立独立的法律体系,第二次世界大战后在极短时间内即为东欧各国所继受,就应该把社会主义法单独加以研究。[②] 德国著名比较法学家茨威格特和克茨所著《比较法总论》将"社会主义法系"作为一个重要的内容进行了全面的阐述。虽然苏联解体后这部《比较法总论》在新版中已经将"社会主义法系"部分删除了,[③]但社会主义法系之后的理论问题,相比其存在时而言,其意义和价值则更为突出。作为三个主要法系之一的"社会主义法系"在对象内涵上,西方比较法学家认识上是有差别的。有的指苏联的法律,有的指苏联和欧亚各人民共和国的法律,有的指苏联和东欧其他一些国家的法律,并以第三种主张居多。[④] 但苏联的法律体系属于社会主义法的性质是确定无疑的。

(二)俄罗斯法律传统的隐性延续

社会主义法不是一个自足的体系,其全部制度和思想基础并不都是本身固有的,被认为是马克思列宁主义与多种因素有效的糅合。正如美国研究者们所言,"社会主义法的缔造者不仅借鉴了外来的非马克思主义的法律制度,而且也吸收了本国革命前的法律"。[⑤] 一般认为,十月革命前的法律深受中世纪德国法律学说的影响,革命后在一定程度上继受了罗马法,同时,早期社会主义法典的起草者曾表现出来求助欧洲大陆国家编纂法典的经验,特别是法国和德国的经验。但

---

① [日]大木雅夫著:《比较法》,法律出版社 2006 年版,第 103 页。

② 同上书,第 116 页。

③ 米健等著:《当今与未来世界法律体系》,法律出版社 2010 年版,第 33 页。

④ 沈宗灵著:《比较法研究》,北京大学出版社 1998 年版,第 49 ~50 页。

⑤ [美]格伦顿等著:《比较法律传统》,米健等译,中国政法大学出版社 1993 年版,第 173 页。

很多人认为社会主义法与民法法系相似的只是形式而不是内容。“虽然社会主义法的外部形式、内部划分、对待法律渊源、法院系统的作用和司法程序都基本上以民法法系的模式为基础，但社会主义实在法却贯穿着大量马克思列宁主义原则，并受本国文化的影响。”①在这种苏维埃“文化霸权”（葛兰西认为“文化霸权”意味着在某个单一群体影响下形成了一种为当代民众广为接受的主宰性世界观）的影响之下，社会秩序打上意识形态的烙印的同时，法律制度建构也具有特定意识形态的特征。

十月革命前东正教在社会生活中一直发挥着举足轻重的作用，人的统治却以神的名义。苏联时期宣告政教分离，但社会主义法被认为在一定程度上具有“拟宗教特征”。② 苏维埃和社会主义法制的最初状况是：新政府为实现第一部宪法所规定的目标而制定的法律制度没有任何明确的模式，只是颁布了少数几项法令，其目的在于建立一个新社会的骨架和一个雏形的机构来执行其法令。执行法令的机关是“人民法院”，新法律未曾规定的社会关系由法官沿用沙皇时期的法律，适用与否以不违背“法官的革命意识”为限。最初的几年，除了上述基本法令外，法官只遵照“司法人民委员”所颁布的建议。共产党的政治敌人，不由法院处理，而由被称为“革命法庭”的政治团体来判决，或者由“政治警察（契卡）”来逮捕与监禁，不通过公开审讯。③

四、社会主义法系之后：俄罗斯法律传统中核心文化因素的复苏

在世界法律地图上，以苏联为代表的社会主义法系曾经与两大法系鼎足而立。在历史长河的百转千回中，两大法系经历住了岁月的涤

① ［美］格伦顿等著：《比较法律传统》，米健等译，中国政法大学出版社 1993 年版，第 174～175 页。

② 同上书，第 180 页。

③ 丘日庆主编：《各国法律概况》，知识出版社 1981 年版，第 278～280 页。

荡，尽管在一定程度上表现出了融合的态势，但二者依旧具有极强的稳定性，而社会主义法系从实践到理论则成为人类历史中的惊鸿一瞥。随着苏联的解体，社会主义法律体系几乎成为法学研究的弃儿，少人问津。随着比较法学在世界范围内日趋式微，人们对法系这幅世界法律地图在一定程度上表现出了的理论上的冷漠。

国内坚持比较法研究的学者们在此问题上仍然孜孜以求地进行研究，社会主义法系之后有一种有代表性的主张认为未来世界法律体系可作三大体系的划分：大陆法系（民法法系）、普通法系（英美法系）和融合法系。前两个法系无须多言，“融合法系是指历史上曾经具有自身法律传统，但在发展过程中不同程度上接受了其他法系或法律传统，并对自身法律秩序进行了重大改造的法系”。① 与俄罗斯有密切联系的斯拉夫法系包括其中，主要包括西欧历史文化传统以外的东方历史文化传统下的法律秩序，包括宗教法系、希腊法律秩序、苏格兰法律秩序、北欧法系、远东法系等。

（一）法系归属的理论淡化与走向开放

苏联解体后，很多学者主张采取一种动态的方式来关注俄罗斯法律的发展方向。“俄罗斯联邦法律的发展方向并不简单地回归民法法系，而是走多元化的道路，借鉴民法法系、英美法系、欧盟法律以及国际统一法律，从而使俄罗斯法律成为一个兼有多种法律特征的‘混合法’。”②国外学者面对20世纪90年代初俄罗斯法律的急剧变化也采取观望的态度，“俄罗斯法律回归民法法系或走向混合法系？”“二战后两大法系之间发生重大变化：两大法系日益靠拢，美国法律在西方法律中占主导地位，它对其他国家法律有不同程度的影响；欧盟法律作为一种特殊的法律的出现与发展；国际统一立法不断涌现。”有人甚至

① 米健等著：《当今与未来世界法律体系》，法律出版社2010年版，第44页。
② 沈宗灵著：《比较法研究》，北京大学出版社1998年版，第316页。

认为，现在俄罗斯联邦法律可以作为仿效的模式，不仅有民法法系，而且还有欧洲联盟法律、英美法和国际法统一法律。①

俄罗斯经济上实行私有化，政治上实行有俄罗斯特色的西式民主化，在世界法律地图上它又处于何种地位？这是个值得关注和深思的问题。社会主义法系之后，原来清楚的定位已经不存在了，很多人认为，俄国十月革命导致了与以前国家与法律制度的彻底决裂，社会主义法律体系与以往有根本的不同，但事实上，任何一个民族国家都与其历史存在割不断的联系，不管其制度如何变革，许多传统都会留存下来。十月革命前的许多法律传统在苏联时代存活下来，苏联时代的一些法律传统也不会在当代俄罗斯完全被剔除。20 世纪 90 年代俄罗斯法律高等院校专用教材明确指出，"'社会主义阵营'国家的法律体系，以前是属于罗马—日耳曼法系，如今它们还保留着一系列这一法系的特点。"②当代俄罗斯在转型过程中对于如何在世界法律地图中为其定位在一定程度上则悬而未决。在比较法领域，学者用"社会主义国家和后社会主义国家法律体系"这样的标题来描述法律体系与法系问题。③ 在本国法系归属上，更多人将其视为一个过渡时期的体系，现在正按照俄罗斯联邦宪法的规定，向建立市场经济关系和建设公民社会和法治社会国家过渡状态下的体系，鉴于其所处的"转型"阶段，应该比其他法律体系更容易接受相适应的法律制度。④ 从上述俄罗斯国内对这一问题的自我认知来看，大多数人都认为现在的法律体系是一个开放、未定型和具有包容性的法律体系，集传统与现代于一身。

---

① 沈宗灵著：《比较法研究》，北京大学出版社 1998 年版，第 316 页。

② [俄]B. B. 拉扎列夫：《法与国家的一般理论》，王哲等译，法律出版社 1999 年版，第 246 ~247 页。

③ M. H. Марченко，Сравнительное правоведение，москва：проспект，2015г. 563с.

④ [俄]M. H. 马尔琴科著：《国家与法的理论》，徐晓晴译，中国政法大学出版社 2010 年版，第 169 页。

(二)俄罗斯传统文化因素在现代法治中的彰显

随着西方国家现代模式受到质疑,西方价值观在俄罗斯的影响势微。更多的人认识到,非俄罗斯式的思维方式并未给国家带来更有效的发展,这迫使俄罗斯人寻求更适合于本国、本民族的发展模式。如何保持和延续"改革的冲动力",国家改革如何获得民众的共识与支持,如何进而寻求到一种实用的具有合法性基础的政治文化,如何规制腐败,如何完善改革法制等一系列问题成为当代俄罗斯进一步发展必须面对的问题。[①] 在法治发展上,俄罗斯人事实上也并未完全采纳过西方式的法律进路。特别是"从20世纪90年代开始,曾经备受推崇的西方法律教育的价值在俄罗斯渐渐不被认可,逐渐地丧失了其吸引力"。[②] 以律师行业为例,人们越来越认识到,仅有西方国家法学院的毕业文凭是远远不够的,西方的法律知识在俄罗斯产生不了有益的结果,作为律师必须同时知晓在有着地方特色的环境中该如何操作。西方的律师事务所与俄罗斯当地律所之间也存在一种文化上的紧张关系,它们不具备影响当地法律文化的潜质。[③]

俄罗斯历史流传下来的文化资源是俄罗斯人自我认同的根源,它必须在当代文化挑战中为未来文化助产接生的过程中找到自己生存的空间。[④] 作为俄罗斯文化资源的法律传统是当代俄罗斯法治国家发展的直接文化根源。在俄罗斯法律传统的演进中,政治、法律与宗教三者之间一直紧密相连。"俄罗斯一向以其从未间断过的独裁统治、其政治对法律的支配地位、其中央集权的官僚体制、其国家制度与教会之间的紧密联系而著称于世。"[⑤]如总统制,这在俄罗斯是一个有争

---

① [俄]谢列兹尼奥夫:"21世纪俄罗斯的改革选择",载《求是学刊》2013年第1期。

② [英]玛丽娜·库尔奇扬:"转型对俄罗斯法律的角色的影响",载[荷]弗雷德·布鲁因斯马等主编:《法律文化之追寻》,清华大学出版社2011年版,第135页。

③ 同上书,第136~137页。

④ [俄]B. M. 梅茹耶夫:"传统与当代——对俄罗斯文化当下存在及未来命运的探讨",载《求是学刊》2013年第1期。

⑤ [英]玛丽娜·库尔奇扬:"转型对俄罗斯法律的角色的影响",载[荷]弗雷德·布鲁因斯马等主编:《法律文化之追寻》,清华大学出版社2011年版,第115页。

议的宪法事例。很多人最初反对总统制,认为它是从西方,特别是从法国和美国的法律理论和实践借鉴来的,对其合法性依据提出质疑。但从另一个角度出发则可以看到,在俄罗斯的历史上,具有专制主义本性和实质的沙皇制度就存在过数百年。在本质上,俄罗斯总统制度可以看作沙皇制度的现代变种。

在俄罗斯的法制发展上,很多人认为,法律服务于政治,俄罗斯历史上每一次法制变革都是统治者政治变革的衍生品。“俄罗斯法律改革都是为社会工程而启动的”,无论是 17 世纪的彼得大帝改革,还是 18 世纪沙皇叶卡捷琳娜二世、19 世纪的亚历山大一世和尼古拉一世、20 世纪早期布尔什维克的方案,都具有这一模式特征。“尽管每一次改革都产生了相当大的影响,但却从来没有成功对法律、政治和社会之间的关联的基本模式稍加调整,这丝毫不足为奇。”[①]统治合法性的获得不在于制度和法律,而在于权威人物。“维系整个社会并使之得以运行的,从来都不是法律本身,而是一个在政治等级体系的支持下进行统治的合法且杰出的领袖。”[②]

也正是基于文化因素在俄罗斯法制发展中诸多影响和表现,当代俄罗斯国内法学理论研究领域出现了一种研究视角的转换。以俄罗斯科学院叶·阿·普卡舍娃(Е. А. Лукашева)博士为代表的一批学者首次在俄罗斯本国法学中引入文化的规范价值分析视角,通过宗教、法律、政策、道德、习俗、传统、神话和信仰等社会文化系统构成性要素,来审视各种文化中法律、人权和权力机制的地位与影响。[③] 她通过权力与人的关系视角,纵向解读俄罗斯文化发展,从早期俄罗斯国家体制到帝制时期、苏联政权时期、现代俄罗斯社会变革时期,通过考察俄罗斯社会文化系统基本构成要素的稳定性,来分析权力与人在历

① [英]玛丽娜·库尔奇扬:“转型对俄罗斯法律的角色的影响”,载[荷]弗雷德·布鲁因斯马等主编:《法律文化之追寻》,清华大学出版社 2011 年版,第 117 页。

② 同上书,第 116 页。

③ Е. А. Лукашева Человек, право, цивилизации: нормативно-ценностное измерение. М., 2014. С. 4.

史发展中的互动关联。[1]

以法系为研究视角,可将俄罗斯法律传统划分为三个发展阶段。在这三个阶段中,俄罗斯法律传统一直存在形式与实质的分裂,形式上的西方化与实质上的俄罗斯化成为其发展的一大特征。这一形式特征的形成与俄罗斯固有核心文化因素紧密相连。霍姆斯说,法律发展的重心不在于立法,不在于法律科学,也不在于司法判决,而在于社会本身。"法律发展不可能与其赖以存在的社会制度的变化以及社会变化着的情感和要求相分离。"[2]俄罗斯的历史发展曲折悠远,制度变迁荡气回肠,这种浓墨重彩的社会发展背景既造就了其法律传统的多元化,也为我们认识这一法律传统设置了障碍。俄罗斯历经社会制度多次变迁,但历史积淀而成的法律传统仍然深深地影响着俄罗斯法制的现代化,俄罗斯文化体系中政治、宗教、习俗、信仰等各种具有稳定性的文化因素综合发生作用,文化因素应当成为解读俄罗斯法治进程的一把有效的钥匙。尽管文化问题在现代社会科学中是主导性问题之一,在法学中使用这一方法目前还存在诸多的困难,如文化这一概念缺乏统一性,在文化的构成体系上仍存在分歧等。[3] 但这并不影响使用特有文化因素来分析和审视俄罗斯法律传统,这对于更好地理解俄罗斯法治的过去、现在与未来提供一个历史文化的视角。

小结

俄罗斯特有文化模式在其法治进程中发挥着双重作用,与现代西

---

① Е. А. Лукашева Человек, право, цивилизации: нормативно-ценностное измерение. М., 2014. С. 383.

② [美]埃尔曼著:《比较法律文化》,贺卫方等译,清华大学出版社 2002 年版,第 3 页。

③ Е. А. Лукашева Человек, право, цивилизации: нормативно-ценностное измерение. М., 2014. С. 6.

方法治中理性主义的契约化文化模式的主导地位相比,经验性的自然主义的“宗法—专制”型文化模式仍然在一定程度上主导着人们的行为活动和精神生活,在这一意义上,文化的消极阻滞力在一定程度上要大于文化的积极推动作用。不论是市民社会演进以及近代以来社会制度变迁背景下的立宪进程,还是公民宪法权利的演化与法律传统的延续,文化影响力都发挥着巨大的作用,自有文化和外来文化间的冲突始终存在,其特有的文化因素一直顽强地发挥着作用。

第五章　文化影响力作用下的当代俄罗斯法治国家构建

当代俄罗斯法治国家是仿效西方的法治模式进行构建的,在传统与现实、制度与实践的交互作用下,如何对待俄罗斯文化是个绕不开的问题。正如利哈乔夫所言,“要知道,文化凭借传统、凭借对往昔的记忆而强大。重要的是要让它保存值得保存的东西”。① 在俄罗斯的传统中,各种文化因素综合作用而形成的“合力”,时刻左右着这个民族的发展,对于当代俄罗斯法治国家构建而言,文化的作用更具有特殊的意义。

在文化影响力的作用下,不同的文化模式成为俄罗斯法治与西方法治的一道鸿沟。作为后发外生型法治国家代表的俄罗斯与作为先发内生型法治典范的英美等国,在法治文化背景上存在本质的差异,这种差异包容了民族、历史、政治、经济、社会等众多方面的内容。俄罗斯文化传统以强大的惯性作用于当代法治国家的构建与发展。

---

① [俄]德·谢·利哈乔夫著:《解读俄罗斯》,吴晓都等译,北京大学出版社2003年版,第32页。

第一节 当代俄罗斯法治发展中的文化内省

与欧洲文化的发展相比,俄罗斯文化的历史比较短。它虽然起步晚,但借助于几个特定的时期却发展迅速,在继承本民族文化的历史传统、主动吸收和借鉴东西方各民族文化的优点基础上,经过几个世纪的发展,到19世纪初达到了相当高的水平,成为一种具有典型特征的民族文化。在俄罗斯法治进程中,各种文化因素形成的"合力"一直以隐性的方式对国家发展理念、制度构设和思想等方面起着主导性的作用。文化影响力具有积极与消极的双重作用。在积极方面,借助于文化的整合力、文化的创造力、文化对民族精神的凝聚力、文化对国家发展的推动力、文化对人的塑造力,推动法治国家的发展;在消极方面,文化表现出强大的阻滞力,通过日常生活表现出来,成为现代法治发展的阻碍。在历史上,俄罗斯特有文化因素的综合作用以"合力"的方式对其法治进程形成强大的文化影响力,具有积极与消极的双重作用,对国家政治、经济、法律和社会结构等产生深远影响。

一、当代俄罗斯法治发展中文化的消极影响力

纵观俄罗斯法治进程,在形式上每个阶段都或强或弱受到外来文化的影响。法律制度可以引进,但承载制度的基础即法治的生成根基却是本土的,具有典型的俄罗斯传统文化特征。俄罗斯民族传统和特有文化精神的根深蒂固,在一定程度上对法治进程产生了消极的作用。在历史上,俄罗斯民主法治的推进更多来自统治阶层自上而下的变革与推行,其民主与法治理想与做法具有更多外来文化的特征,本民族传统常常不能为其进一步发展提供有力的内部支撑,在文化上更多地表现为对抗,需要克服来自传统的内在文化阻滞力。俄罗斯文化

传统与民族性格中存在诸多的矛盾和冲突，这对于其治国理念和社会生活产生深刻的影响，要近乎真实地认识俄罗斯人，只有将其放置在历史传统之中。正如麦金太尔所分析的那样，"人只有存在于一贯的历史传统中，才是一个完整的人，因为只有借助于传统，个体才能获得自我理解的能力和有意义的生活"。① 伯尔曼也对民族传统对法律制度的影响有深刻的认识，认为"特定民族某一长时间的经验将此民族引向某些方向；尤其是在法律方面，特定民族法律经由其中发展起来的过往时代，有助于确定其法律应当据以制定和解释的标准，以及，其法律制度要努力达到的目标"。② 俄罗斯法治发展必然要打上本民族发展的烙印，是一种俄罗斯文化模式背景中的法治发展。

（一）浓重的东方社会传统与依附性思想观念的根深蒂固

尽管对于俄罗斯到底属于东方还是西方的问题一直争论不休，当代俄罗斯的政治精英更倾向于认为俄罗斯属于欧洲国家。"在历史上，俄罗斯虽然是个欧洲国家，但它同西方国家却有着不同的文化传统，走着不同的发展道路。"③这一不同的基础首先取决于其传统农业文明下的生产方式——亚细亚生产方式。马克思的东方社会理论，曾详尽地分析了亚细亚生产方式对包括俄罗斯在内的东方国家的影响。专制国家、农村公社、土地公有三位一体的生产方式，形成的是一种依附性的生产关系，相应地，在人思想上的体现也是依附性的，个体缺少独立性。农村公社是俄国历史进程中的一个相当特殊的现象。"俄罗斯的历史，特别是皇权政治、宗教和民族主义都是在村社制土壤中的产物。"④1881 年，马克思在致俄国共产主义者查苏里奇的信中指出，

---

① 刘军宁主编：《自由与社群》，生活·读书·新知三联书店 1998 年版，第 19 页。

② ［美］伯尔曼著：《法律与宗教》，梁治平译，中国政法大学出版社 2003 年版，前言第 5 页。

③ 雷丽平："俄罗斯的历史传统与苏联现代化"，载《俄罗斯中亚东欧研究》2004 年第 3 期。

④ 周尚文等著：《苏联兴亡史》，上海人民出版社 2002 年版，第 9 页。

“俄国公社……情况非常特殊,在历史上没有先例。在整个欧洲,只有它是一个巨大的帝国内农村生活中占统治地位的组织形式。”[①]在俄罗斯的历史上,“村社制度成为沙皇专制统治的基础和赖以运作的基本政治资源,尤其是村社制度所提倡的村社民主和沙皇专制更是达到了变态的统一”。[②] 村社民主严格奉行“多数决定”原则,即“5 个人作出决定便可剥夺第 6 个人”的原则,崇拜集体权利却极端地无视个人的人权。这种“大民主”的方式,成为沙皇专制统治得天独厚的民众心理和道义基础。[③] 在法治的人性基础上,人的解放是法治生成的前提。只有具备自由精神的人,才有可能过上自由的生活。俄罗斯没有经历过西方国家发生的文艺复兴、宗教改革、启蒙运动和科学革命等资本主义的文化变革运动,人的解放问题始终是困扰俄罗斯发展的重要问题。由于俄罗斯文化传统欠缺适合法治生长的自由土壤,俄罗斯法治的目标是受其过去的时代所制约的,必然要打上本民族发展的烙印。

俄罗斯只有经历从传统农业文明向现代工业文明的彻底转换,才能完成从传统社会向现代社会的转变。从一般意义上说,传统社会与现代社会的主要区别在于,后一社会里,人、主体有了自由的权利,即有了思想、言论、教育、择业、投资等方面的自由。个体的人有了“自由意志”,有了“主体性”,才可以决定自己的价值选择与行为选择。[④] 由于俄罗斯人个体自主独立意识发展的不充分,一直依赖于一个集团、一个群体,这种惯性制约着俄罗斯人的思想观念,制约着俄罗斯的现代化,制约着俄罗斯法治的发展。

(二)西化法治的理想与俄罗斯根深蒂固的文化传统

在俄罗斯现代法治发展史上,从彼得一世、亚历山大二世等一系

① 《马克思恩格斯全集》(第 19 卷),中共中央马克思恩格斯列宁斯大林著作编译局译,人民出版社 1970 年版,第 451 页。

② 周尚文等著:《苏联兴亡史》,上海人民出版社 2002 年版,第 9 页。

③ 同上书,第 9 ~10 页。

④ 陈嘉明:“‘现代性’与‘现代化’”,载《厦门大学学报》2003 年第 5 期。

列君主的改革到当代俄罗斯的重建,西方法治模式一直具有示范意义。但历史已经证明,外来的模式不会被俄罗斯所重复。法治只是西方文明的一部分,以理性主义和希伯来精神为核心的个体化、契约化精神是西方法治运行的前提。"创造西方文明的,是具有一定性格的民族,这是他们独一无二的、不可重复的创造;其他民族创造的,则是符合他们的性格和他们存在的历史条件的、其他类型的文明。"①正是具有西方自由品质的人创造了西方社会,或者说,至少是成为组成西方社会的积极内核。因此,一种本质上是西方文化产物的原则、制度,难以激发起俄罗斯人乐于为之献身的信仰与激情。"文化传统不仅代表着一个民族的过去,而且事实上构成了一个民族精神的核心。文化的解体意味着死亡,文化的抗争实即是生存的抗争。"②俄罗斯法治之路必须扎根于文化传统进行探寻与培育。当代俄罗斯进行法治国家构建时,最初采用的是西化之路。但事实证明,否定和割裂历史,照搬西方模式,必然给俄罗斯带来伤害。因此,在分析当代俄罗斯重建过程时,有人这样指出:"俄罗斯所走是'政治优先'型社会变革道路,是一条非自然的、超乎社会发展规律的特殊道路,这条道路所暴露的一系列问题,几乎都可以在割断历史、违反国情这一点上找到根源。"③

俄罗斯是个有帝国传统的大国,至今仍未放弃其帝国抱负,这种帝国抱负使俄罗斯不甘心成为美国或欧洲的经济和政治附属国。同时,俄罗斯有着深厚的极权主义文化传统,缺乏民主和法治传统,这直接导致20世纪90年代俄罗斯民主的艰苦历程,对西方民主模式失望后,俄罗斯人开始在传统文化中寻找解决问题的办法。现在,在这条路上俄罗斯已经获得良好的业绩。正如普京所说,"在历史范围最短

---

① [俄]亚历山大·季诺维也夫著:《俄罗斯共产主义的悲剧》,侯艾君等译,新华出版社2004年版,第95页。

② [美]伯尔曼著:《法律与宗教》,梁治平译,中国政法大学出版社2003年版,代译序第13页。

③ 许志新、潘德礼:"再论俄罗斯社会转轨道路",载《俄罗斯中亚东欧研究》2004年第5期。

时期内我们根本改变了整个政治和社会经济制度，之所以能迅速地做到这一点仅仅因为首先用法律，甚至是命令实行了自由和民主”。但他也意识到这种激进式改革暗藏的危机，当自由与民主突然降临时，人们又无所适从，不知如何运用。因而，他在肯定民主与法治取得成果的同时也明确地指出："这样做的时候，我们有时急剧地超越了社会适应这些自由的能力，历史的必要性剥夺了我们实现渐进化的发展的可能。"①

采取何种方式构建法治国家直接取决于该国家的法治目标定位。2000 多年前亚里士多德确立的价值、制度与运行并重的法治含义在今天的俄罗斯同样具有经典意义，制定良好的法律并使之获得普遍的服从诠释了法治的内涵。制定出良好的法律，符合人性的法律是构筑法治大厦的基础。但仅仅有法律制度并不能带来法治，唯有当法律所蕴含的价值取向与社会成员的基本价值相一致，法律获得普遍的遵行时，法治的时代才可能到来。当代俄罗斯构建法治国家首要的任务仍然是勾画法治的基本框架、确立法治的基本原则。在一定意义上，单纯制度的设计是容易的，并带有极强的主观性。但制度所赖以存在的基础却是复杂的，并具有历史性和客观性。这是俄罗斯在勾画自己的法治宏图时不能绕过的。正如恩格斯所说："人们自己创造自己的历史，但是他们并不是随心所欲地创造，并不是在他们自己选定的条件下创造，而是在直接碰到的、既定的，从过去承继下来的条件下创造。"②

(三)现代化的诉求与俄罗斯文化传统的惯性

一个国家的现代化直接表现为某种程度上的社会变迁，这种变迁

---

① [俄]普京著：《普京文集：文章和讲话选集》，中国社会科学出版社 2002 年版，第 100 页。

② 《马克思恩格斯选集》(第 1 卷)，中共中央马克思恩格斯列宁斯大林著作编译局译，人民出版社 1972 年版，第 603 页。

既有对传统的认同,也有对传统的超越,说到底就是“再造传统”,是一个在文化巨变中自己寻源求根的过程。“俄罗斯文化的属性决定了它并不能‘融于’西方文明之中。现在的俄罗斯领导人,一心想使俄罗斯‘融入’欧洲大家庭,但西欧人却不把俄罗斯人视为‘同宗’。”①因此,在全球化的冲击下,俄罗斯现代化必将呈现出独有的特征。俄罗斯现代化与其文化传统有着割不断的联系,其政治制度的专制传统、国民经济军事化和领土扩张传统、平民层面的集体主义与平均主义的传统价值观念,成为俄罗斯现代化过程中不容忽视的因素。这些旧传统在新国家中的膨胀,曾使苏联现代化屡屡受挫。俄罗斯今天的现代化应以此为鉴,既要充分借鉴西方现代化的有益经验,又要扬弃自己固有的文化传统,从而为其现代化进程提供适宜的文化土壤。

俄罗斯的现代化有其独有的特征,抛开其漫长的过程不说(如果从彼得改革开始,已经持续了 3 个多世纪,到现在还远未完成),在现代化的进程中国家一直是个积极的参与者。在现代化进程的启动、发展方向的确定以及实现现代化进程的各个阶段中,国家总是发挥着独特的作用。“在俄罗斯,首先是最高掌权者,总是严格地监控现代化进程,以至于这个过程看似一连串自上而下的革命。”②国家在现代化进程中的垄断地位具有正反两个方面的作用。在积极方面,国家可以对其他国家的现代化成果进行人为的取舍,充分吸收有益的东西。在消极方面,国家通过“自上而下的革命”常常会走向完全相反的方面,与改革的初衷相背离。这种情况产生的深刻根源在于改革与自身传统的分裂。在现代化的进程中,从彼得一世开始到现在,这一问题一直没有得到很好的解决。照搬型的改革“没有考虑到本国的社会文化特点,而是极力移植西方现代性因素,扭曲甚至摧毁着既有文明体系的

---

① 雷丽平:“俄罗斯的历史传统与苏联现代化”,载《俄罗斯中亚东欧研究》2004 年第 3 期。

② 杨心宇、[俄]谢尔盖·沙赫赖、[俄]阿利科·哈比布林著:《变动社会中的法与宪法》,上海三联书店 2006 年版,第 6 页。

完整性。在国家现代化的条件下，社会、经济体制和文化等领域一直都只是改造的对象，从未成为改革的基石或动力，没有人认识到它们积极的潜在力量，历史积淀的社会文化和经济力量一律被视为无用的、过时的、不适应新情况的渣滓”。[①] 因此，在俄罗斯的现代化进程中，始终伴随着深刻的传统与现代化的分裂，伴随着社会文化与改革发展思维的分裂。这种分裂对整个民族的发展是危险的，“社会文化的分裂不但已经渗入了所有的社会关系、社会制度和社会，而且已经渗透到人本身，深入到人的思想和行为，决定着俄罗斯发展的全部路径”。[②]

俄罗斯法治之路作为现代化的一个最为重要的环节，既是现代化的保障，也将成为现代化的后果。由于俄罗斯法治传统的缺失，现代化进程中对民主法治的诉求，需要国家力量来推进。因此，“法治本土根基的培育和构筑又离不开国家的积极作用，从而注入了经验理性和建构理性、本土与移植、承继与创新的双重性”。[③] 注重传统和经验，就是尊重民族本性，尊重人本性。

二、当代俄罗斯法治国家构建中对文化积极影响力的促动

韦伯有一个众所周知的社会学假设，即任何一项伟大事业的背后都存在一种支撑这一事业，并维系这一事业成败的无形的时代精神，资本主义的时代精神就是欧洲宗教改革之后的新教伦理。他在分析以新教伦理为标志的西方理性主义文化精神的发生时认为，“我们的当务之急就是要找寻并从发生学上说明西方理性主义的独特性，并在这个基础上找寻并说明近代西方形态的独特性。在试图作出这种说

① 杨心宇、[俄]谢尔盖·沙赫赖、[俄]阿利科·哈比布林著：《变动社会中的法与宪法》，上海三联书店2006年版，第6页。

② 同上书，第7页。

③ 马长山：“社会转型与法治根基的构筑”，载《浙江社会科学》2003年第4期。

明时必须首先考虑经济状况,因为我们承认经济因素具有根本的重要性。但是与此同时,与此相反的关联作用也不可不加考虑。因为,虽然经济理性主义的发展部分地依赖理性的技术和理性的法律,但采取某些类型的实际的理性行为却要取决于人的能力和气质。如果这些理性行为的类型受到精神障碍的妨害,那么,理性的经济行为的发展势必会遭到严重的、内在的阻滞"。① 韦伯的这种分析引导我们从文化的角度进行反思,当一种全新的事业在制度安排和实际运行中停滞不前时,很可能是其内在的文化模式出了问题。原有的文化模式不是支撑而是阻滞这一事业的进展,而且这种阻滞是通过阻碍一种与这一事业的价值取向相一致的新文化精神和文化模式的生成而实现的。②

(一)俄罗斯法治进程中的现代性启蒙

现代性是西方工业社会在现代化进程中生成、与传统农业社会的经验本性和自然本性相对的一种理性化的文化模式和社会运行机理,它是人类社会从自然的地域性关联中"脱域"出来后,所形成的一种新的、"人为的"、理性化的运行机制和行为规则。在吉登斯看来,"'现代性'指大约从17世纪开始在欧洲出现,此后程度不同地在世界范围内产生影响的社会生活或组织模式"。③

法治国家在形式上表现为法律制度的健全与制度约束作用的实际发生,但本质上却需要一种法治精神,需要人们对已有法律的认可与信仰,需要树立起法律的权威。这种法治精神正是现代性的题中应有之义。但长期的集权制统治已经让俄罗斯人习惯命令与服从,虽然这并不代表俄罗斯人的本性,但这却严重地阻碍了现代性的生成,还需要一个现代性的启蒙过程。

---

① [德]马克斯·韦伯著:《新教伦理与资本主义精神》,[美]斯蒂芬·卡尔伯格英译,苏国勋等中译,三联书店1987年版,第15~16页。

② 衣俊卿著:《现代化与文化阻滞力》,人民出版社2005年版,第46页。

③ Anthony Giddens, *The Consequences of Modernity*, California : Stanford University Press, 1990, p. 1.

当代俄罗斯在国家发展目标上要构建民主法治国家,但“法治国家和其理论构想之所以开始实现是因为它被能够重建人类存在的‘具有批判力的大众’所掌握”。[①] “具有批判力的大众”对民主法治国家建设是一个前提性条件,是法治国家目标生成的一个基础条件。如何使大众获得批判能力,则是一个制度之外的问题,需要对广大民众进行现代性启蒙。因为法治国家及其理论构想的现实化不仅在于理论家集团和专业法律人士的工作,更主要在于“被能够重建人类存在的‘具有批判力的大众’所掌握”。因为“任何争取自由的运动都来自群众,而不是上层”。[②] “争取自由的运动”的主体或承载者是广大的俄罗斯民众。然而长期的专制主义的统治、极权主义的偶像崇拜,使这个民族对自由精神的追求受到了阻止。民主宪政与法治在一定意义上存在以理性自由为核心的内在机理,通常被表述为“现代性”,特指西方理性启蒙运动和现代化历程中所形成的理性的文化模式和社会运行机理。[③] “现代性”永远在向人类提问:我们“现在”应该怎样才能做得更好呢?在此意义上,“现代性”具有“解构”和“重建”的双重取向。它注重的是“当前”,对过去持批判的态度,以新知识和新发现构筑更美好的未来。[④]

对俄罗斯而言,当西方现代性批判走向深入的时候,俄罗斯的现代性启蒙才刚刚开始。“在现代性的背景下,由于市民社会的出现,国家权力的性质发生了重要的变化,表现为‘伦理国家’、‘文化国家’、‘牵制力量’和‘领导权’的结合。具体来说,现代性背景下的理性化的公共权力和重要特征是法治国家和民主国家的确立。”[⑤]俄罗斯虽然确立了宪政民主与法治的发展目标,但“在具有悠久法律虚无主义传

---

① [俄]B. B. 拉扎列夫主编:《法与国家的一般理论》,王哲等译,法律出版社 1999 年版,第 352 页。

② 同上书,第 353 页。

③ 衣俊卿著:《现代化与文化阻滞力》,人民出版社 2005 年版,第 18 页。

④ 佘碧平著:《现代性的意义与局限》,上海三联书店 2000 年版,第 2 页。

⑤ 衣俊卿著:《现代化与文化阻滞力》,人民出版社 2005 年版,第 26 页。

统的地方，法治国家的建设是很困难的。"[①]因而"以主体自由追求和理性自律精神为内核的公民意识"的培养和发掘就越发显得重要和突出。在俄罗斯，法治国家生成除从局部上"需要高水平的法律文化"外，"在整体上需要高水平的一般文化"。而这一般文化正是以上述意义的公民意识为核心的法治的非正式制度，它是"构成法治秩序的内在支撑力量"。[②] 俄罗斯人所希求的"民主国家并不奢望扮演引导盲目的人民走向富足的上帝的角色"。[③] 而是希望"它只在于为个人的自我发展和个性理智而进步的生存及消除在这一道路上不可避免会产生的障碍而创造必要的条件"。[④] 可见俄罗斯国家所承担的启蒙工作任重而道远。虽然彼得大帝早已把俄国引向现代化之途，但现代化并不必然伴随现代性的发展。大俄罗斯主义思想已经融注在俄罗斯人的血脉中，天生对外来文明的排斥使理性主义很难在民族本性中生根。

俄罗斯作为后发展的国家，其法治发展背景的复杂程度与难度要远远大于西方发达国家。例如，它要克服西方正在经历的理性主义的危机问题，要同时面对农业文明、工业文明以及后工业文明原本应当是依次经历的文明形态中的问题。理性主义文化的危机引发了更为深刻的文化冲突，在苏联时期这种危机更是以极端的形式表现出来，如索尔尼仁琴的《古拉格群岛》就对这种理性主义的危机进行了揭示与批判。

（二）法治国家本土社会根基的培育

建立在法制制度之上的国家能够成为强国的重要原因在于其能

---

① [俄]B. B. 拉扎列夫主编：《法与国家的一般理论》，王哲等译，法律出版社 1999 年版，第 355 页。

② 马长山："社会转型与法治根基的构筑"，载《浙江社会科学》2003 年第 4 期。

③ [俄]B. B. 拉扎列夫主编：《法与国家的一般理论》，王哲等译，法律出版社 1999 年版，第 356 页。

④ 同上书，第 352 页。

够为个人建立牢固的制度认同。作为社会发展结构性要素的市民社会的发展与完善,正是一个国家为个人建立牢固制度的基础,反过来,成熟的市民社会则成为国家存在的支撑。通常认为法治的价值目标有两个,一是限制国家的权力,使其不能滥用;二是保障个人自由与权利的实现,使其不受损害。但如果我们对法治的价值进行终极的追溯,则发现两种价值不在同一个层面上,后者则具有更为根本的意义。对权力的限制具有手段和工具的意义,而对权利的保障则更为根本。对个人自由与权利的保障价值是法治自身获得合法性的根本依据。市民社会的发展与完善以个体自由的充分发展与实现为前提,个人自由与权利的发展是市民社会成熟并能发挥作用的基础。

在一般意义上,市民社会具有这样几个基本内涵:一是形成的自生自发性。从市民社会的产生发展史可以看出,市民社会主要是靠自发形成的,当社会经济条件发展到一定程度,经济财产关系主要通过市民组织自我来协调,国家在其中并不起直接的作用。二是组织结构的自治性。这一内涵与其形成的自生自发性一脉相承,通过自我调节和修正逐渐形成稳定的组织结构,并在相应行业或领域内享有自治的权威。三是与政治国家的二元互动关系。在自治的基础上,形成一种足以与国家权力在一定领域和范围内对抗的态势,从而限制国家权力的滥用。正是在上述意义上,"市民社会意味着一种非强迫的社会秩序","市民社会是社会独立自主的生存模式,它不仅以其人与人之间的自愿性契约联合而提供了适应市场经济的社会结构,而且,还通过积极参与政治和制衡国家权力,来捍卫自由和保证民主的实现,并成功防止集权政制的最后屏障"。[①] 俄罗斯市民社会在与政治国家的二元互动方面一向软弱。

十月革命胜利后,苏维埃政权并未充分重视市民社会的作用,甚至采取打压的方式,限制了市民社会的发展。

---

① 马长山著:《国家、市民社会与法治》,商务印书馆2005年版,第283页。

当代俄罗斯注重对市民社会的打造。当代俄罗斯学者在理解市民社会时,常常将其与法治国家联系在一起。有学者从宪法的规定出发,认为法治国家的基本内涵是社会国家与世俗国家。社会国家将成为国家发展的首要任务,在社会国家中,人们通过平等协商达成一致。在世俗国家中,没有教权凌驾于国家权力之上,人们信仰自由,在宗教面前平等,禁止宗教分离活动等。[①] 民主法治国家需要"中产阶级"在社会结构中取得优势地位。"西方民主社会的近代宪政主义通常都包含一种关于市民社会的思想,这种市民社会是根据一套成文'宪法'体系来组织和管理的。"[②]因为在"市民社会中,法律已不是那些拥有经济和政治垄断的人们的意志,而是成为拥有自由的尺度、平等和正义的标准及社会各阶层的妥协"。[③] 发展完善与相对健全的市民社会与国家政权结合的能量与作用是巨大的,正如英国学者所言,"一个强大的公民社会与一个相对温和的或者至少是不专断的中央政府结合起来,反而组成了一个比完全中央集权政体更强有力的单位。"[④]任何世俗的权力都不具有神性,一个全权国家,如果仅仅依赖专断进行统治,一定会因为缺乏正当性资源而导致吏治败坏、法治沉沦、社会失序。从历史发展的横向角度上看,葛兰西曾经在与西欧相对照的基础上来评论俄国20世纪初国家与市民社会的关系,他认为,"在西方,国家同市民社会之间有一种恰当的关系。如果国家发生动摇,那么结构坚固的市民社会就会立即突现出来"。[⑤] 但"在俄国,国家就是一切,而市

---

① И. И. Кальной, Граждаское общество истоки и современность. Санкт-Петебург Юридический центр Пресс, 2000. С. 129－131.

② [美]罗森鲍姆编:《宪政的哲学之维》,郑戈、刘茂林译,三联书店2001年版,第4～5页。

③ [俄]В. В. 拉扎列夫主编:《法与国家的一般理论》,王哲等译,法律出版社1999年版,第356页。

④ 王焱编辑:《宪政主义与现代国家》,三联书店2003年版,前言第7页。

⑤ [英]佩里·安德森著:《绝对主义国家的系谱》,刘北成等译,上海人民出版社2001年版,第385页。

民社会则是一片原始混沌状态”。[①] 俄国十月革命跨越了被认为是人类巨大耻辱的资本主义“卡夫丁峡谷”,但市民社会这个国家结构中的中间力量恰恰是在这个峡谷之中生成的。正是俄国市民社会一向软弱,才出现了现代“列维坦”的瞬间崩溃。“由于国家与社会之间缺乏明确的边界,其结果往往导致‘国家社会化’,即产生一个寄生在国家内部的私性社会,公器私用,公共权力被用于追逐私利,却不能为社会提供充分的公共产品,最终必然沦为一个外强中干的虚弱国家。”[②]

1993 年《俄罗斯联邦宪法》在精神导向上明显地转向对个人自由与权利的关注:人的个性自由得以突出,人与公民的权利与自由的保障成为宪法的核心目标之一;市民社会的培育成为国家的一项主要任务;私法自治精神得到普遍确立等。这些现象表明,以个体自由为核心精神的市民社会已经成为俄罗斯社会发展的一项基本内容,成为实现法治的终极目标——保障个人自由与权利实现的基础。

第二节　文化影响力作用下的法治发展模式转变

在世界范围内,法治国家生成方式上一直存在两种相对的主张。一种是建构论模式,另一种是演化论模式。前者主张充分发挥理性建构功能,期望在短时期内催生出法治;后者主张从经验出发,注重历史传统对法治生成具有的重要作用,认为法治的生成需要一个漫长的过程。随着两种模式在各自发展中出现的取长补短,演化与建构的实践共生型被提了出来。经历了经验教训后,各种迹象表明,俄罗斯法治发展的路径已经发生转变:单纯的建构和演化都不适应其特殊的发展条件,法治国家在俄罗斯的生成应当走一条演化与建构相互融合的实

① [英]佩里·安德森著:《绝对主义国家的系谱》,刘北成等译,上海人民出版社 2001 年版,第 385 页。

② 王焱编辑:《宪政主义与现代国家》,三联书店 2003 年版,前言第 7 页。

践共生模式。①

一、形式的转换:由单纯建构到演化与建构的实践共生

在建构方面,经过20多年发展,当代俄罗斯法律制度体系已经基本形成,这是法治国家最重要的基础,只有在一个合乎国情的健全的法律体系与成熟民主的作用下,法治时代才有可能到来。民主与法制是一对孪生兄弟。完善的民主制需要健全的法制加以确定和保障,同时良好的法制环境又促进民主的进步。当代俄罗斯政治实践中,已经由最初的激进民主向“可控民主”转向。“可控民主”的实质是建立新形式的相对集权的政治制度。按西方民主传统,这不是好的形式,但对俄罗斯而言在现阶段却是最现实的,符合经济发展需要的。这取决于俄罗斯当局领导者对民族国家生存利益的重视。“民族国家的生存利益高于民主制度建设的利益;为了实现这种生存利益,需要建立强大的经济,而发展经济则需要稳定的政治环境。”②“可控民主”在一定程度上符合俄罗斯的传统和国情。普京在驳斥西方评论家指责俄罗斯民主状况时曾这样说:“我不同意有人针对俄罗斯使用‘专制的民主’这一说法。况且迄今为止,对民主没有一个全面的、普遍承认的定义。没有一定的基础,民主根本无从谈起。如果经济发展达不到某种水平,这种基础也就很难建立起来。比如在俄罗斯,我们就面临着建立一个有效的、确保人人守法的法制环境问题。”③相对集权的“可控民主”是向俄罗斯传统文化复归的一种表现。它与俄罗斯人心中暗藏的帝国传统、崇尚铁腕人物与政治精英的极权统治文化心理相一致。

在演化方面,当代俄罗斯开始注重对法治根基的培育。在法治根

---

① 杨昌宇:“俄罗斯社会转型与法治之路”,载《俄罗斯中亚东欧研究》2005年第5期。

② 许志新、潘德礼:“再论俄罗斯社会转轨道路”,载《俄罗斯中亚东欧研究》2004年第5期。

③ [俄]《共青团真理报》2004年3月13日。转引自李兴耕:“关于俄罗斯‘可控民主’的若干思考”,载《俄罗斯中亚东欧研究》2004年第5期。

基中,法治理念的确立和市民社会(在本书中市民社会与公民社会在同一意义上使用)的培育最为重要。前者构成法治生成的精神支撑,后者构成法治生成的社会根基。法治理念是法治的灵魂,它驱动着法律制度对国家权力的制约和对公民权利的保障。它是法治生成的催化剂,将法治中的制度要素、人的观念与行动黏合在一起。在法治理念的培育上国家是积极的引导者,个人是积极的参与者。既然法治是一种生活方式,那么就要把它当作一种生活方式来追求。只有法治观念在人思想和日常行为中扎根,法治时代才有可能到来。法治观念的形成内蕴于法治国家的生成之中,在俄罗斯要建立一个有效、确保人人守法的法制环境,法治观念的确立至关重要。只有人们自下而上地形成对法的信仰,人人守法的时代才能到来。市民社会与俄罗斯的现代化密切相关,是法治社会生成的基础。发育成熟的市民社会在一定意义上能对国家权力形成制约,使其不被滥用。

任何国家的现代化都是与市民社会的形成和发展密切相关的,现代化的过程也就是市民社会的建立和成熟的过程,而市民社会能否得到发展和成熟,又取决于是否能正确处理个人、社会和国家这三者的关系。法治在现实生活中的两个基本点是制权力,保权利,而要做到有效限制国家权力,保障公民权利的实现,必须有一个相对成熟的市民社会作为保障。"自由人的权利得不到保障,就不能实现公民社会的发展,而公民社会则是法律国家的现实基础。"①在俄罗斯,人们开始关注国家和个人的相互义务,并以此作为法治国家的基本目标。人们越来越清醒地认识到,以多元社会权利为内核的市民社会是法治生成的社会根基。法治生成的根基总体上之所以是演化的,既是俄罗斯特定文化传统决定的,也是由作为人类生存方式的法治本身决定的。上千年积淀而成的文化传统已经融注在俄罗斯人的血脉中,不能期望其

① 马长山:"俄罗斯的市民社会诉求与'法治国家'定位",载《求是学刊》2003年第1期。

在短时间内取其精华,去其糟粕。当前俄罗斯人对法律的信赖虽有所增强,但对其依赖度并不高,还普遍存在对法治的渴求心理与行动的非法律范式的错位。在政治权力的运作上,法律还未真正成为权力运作的最终依据,在法与权的交锋中,法常常不堪一击。在社会结构上,作为中间阶层的市民社会尚未成熟,没有可与国家权力抗衡的力量。

当代俄罗斯法治发展走演化与建构相融合的道路,是现实因素与历史传统共同作用的结果。现实情势与根深蒂固的传统文化决定俄罗斯法治中的正式形式制度是建构的。在直观层面,俄罗斯社会转型期内所面临的政治转轨、经济转型、全球化冲击等问题迫使俄罗斯尽快地对客观的生存境况做出反应。在更深层面上,是传统对人的影响。俄罗斯传统深刻地制约着法治在俄罗斯土地上生根结果。“在俄罗斯,既没有‘自由的人’,也没有独立于国家制度化的公民社会。在这种情况下,国家便成为社会经济变革和推进现代化的唯一力量。”①法治是现代化的内涵与核心内容之一。法治理念的缺位是一个历史传统问题。情势已经不允许等待俄罗斯人的观念彻底发生变化后再实行法治。时间对俄罗斯而言是国家发展的稀缺资源。正如普京所说,“我们没有时间和资源把改革拖延几十年,并等待社会上和人们的思想发生根本性的变化”。② 但是,俄罗斯固有文化传统异常丰富而复杂,既有以“大俄罗斯主义”为核心的民族精神,也有崇尚集权国家观念,还有救世的东正教情结,辉煌独特的文学艺术精神及特有的哲学困境等,这些因素纠缠在一起形成俄罗斯特有的文化传统。③ 缺乏法治观念的俄罗斯文化传统制约着其法治的进程,决定了在法治国家的生成上,俄罗斯必须做出自己的选择,走演化与建构的实践共生之路,

---

① 雷丽平:“俄罗斯的历史传统与苏联现代化”,载《俄罗斯中亚东欧研究》2004 年第 3 期。

② [俄]普京著:《普京文集:文章和讲话选集》,中国社会科学出版社 2002 年版,第 100 页。

③ 杨昌宇:“当代俄罗斯法治国家构建的文化探寻”,载《俄罗斯中亚东欧研究》2004 年第 2 期。

以应对诸多问题。

二、转变的背后:文化影响力作用的凸显

在一个国家中,各种核心文化因素形成的综合影响作用于国家的制度选择、理念发展等层面。近年来,俄国一些学者对俄国社会发展模式进行研究,有的历史学家提出了俄国社会发展属于动员型的观点。这种观点认为,可以把不同国家和地区的社会发展分成几个基本类型:进化型、创新型和动员型。进化型乃是历史自然的发展,依靠社会经济增长的动力和相应条件的逐渐成熟,没有人对社会进程进行有意识的干预。创新型和动员型社会发展的基础,则是依靠人们对社会发展进程进行有目的的干预,以改变社会生活的所有方面。动员型社会的发展是在停滞或危机的条件下对社会经济制度进行有意识的干预,以适应变化了的现实世界。它往往采取特别的措施以达到特别的目的,以使现存社会制度得以继续保存。这样的发展过程一般是对外部强烈震动或刺激的反应。动员型社会的发展具有如下特征:第一,它首先要利用某种情势,即当出现威胁现存制度的情形时必须作出快速反应。第二,动员型社会发展的目的性必须非常明确,如消除社会危机、经济危机或外界的威胁。第三,从特殊的目的本身就可以产生集约性的手段,以尽快完成既定任务,通常的手段往往是暂时中断现有经济机制并对社会财富和人力进行大规模集中。第四,动员型发展社会最重要的特征是高度集权的管理制度,国家是这种管理制度的主体。这种管理制度的优势是以最充分地发挥权力的垄断职能,最大限度地集中全国人力、物力用于主要方向,并十分有效地控制发展过程,但容易产生"权力万能"的幻觉。[①] 这种认识来自对俄罗斯社会发展

---

① [俄]C. A. 基斯利钦:《俄国史问答》,罗斯托夫 1997 年版,第 48 页。转引自曹维安著:《俄国史新论:影响俄国历史发展的基本问题》,中国社会科学出版社 2002 年版,第 13 ~14 页。

过程的理性分析，动员型社会最终形成基于其历史文化传统中的合法性，威权人物与民众的固有的国家观念一拍即合。

对俄罗斯而言，法治国家的生成应当走一条演化与建构相互融合的实践共生之路，但这里面的演化与建构又有着俄罗斯特殊的内涵与意义。

从俄罗斯历史发展来看，法治发展类型基本上是建构型的，这与她固有的文化特征相一致。

俄罗斯转型期对法治的实践诉求是显而易见的，稳定政局，解决转轨时期的社会危机成为首要问题。当苏联这一庞大的现代"列维坦"解体以后，俄罗斯社会曾经一度陷于某种程度的混乱之中，社会秩序失范、寡头当道、黑道盛行。这正是从一种全能的体制向以自由宪政为导向的转型改革的必经阶段。为了尽快使俄罗斯渡过转型期遭遇的困境，实现法治国家的目标，加强民族团结、整合分裂的民族国家是俄罗斯重新回到世界舞台的重要一步。苏联解体，使原本社会主义大家庭分崩离析，民族国家纷纷独立，失去了文化上的向心力。素有大国意识的俄罗斯人面对苏联的解体，不甘心成为世界上的二流、三流国家，重振俄罗斯民族的世界雄风仍然是当代俄罗斯的民族理想。

在法治道路的选择上，俄罗斯走的是先建立一套具有西方特征的法律制度体系，尔后是在相应的制度框架下进行改革和探索。通过20多年的实践可以看出，当代俄罗斯的法治之路是：理性选择一种发展模式，建构一套制度体系，培养相应的价值理念，塑造一个法治国家。法治是一种社会理想，对于任何一个国家而言，完全的法治状态都是一个永远的趋向。在实现法治目标的步骤上，俄罗斯采取的是政府推进型模式，首先构建起以宪法为核心的法律制度体系，其次逐渐完善相应的配套实施保障制度，最后落脚在对法治精神和文化的发展与培育上。

在法治发展类型上，俄罗斯属于后发外生型，这样的国家在法治发展中具有几乎相同的难题和应对方法："这些国家由于基本都不具备建立西方民主模式所要求的历史条件，它们往往去挖掘本国的政治文化传统来构建其威权主义统治的合理性基础，因而最大限度地利用传统价值并使之与现代文明相结合，就成了一种普遍的追求。”[①]例如，东亚国家就是从以儒家学说为基础的文化传统和价值观中摄取凝聚国家的力量的，并在很短的时间内实现了经济的腾飞。从当代俄罗斯法治发展的取向上看，已经开始尊重和回归传统文化。

在引入西化法治模式的过程中，自由主义成为俄罗斯法治发展的直接理论来源，但对自由主义的本质存在认识上的偏差。当代俄罗斯法治的社会根基还很薄弱，既缺少个人的权利意识，也没有真正实现政治权力的多元化，更缺乏法律至上的传统。当代俄罗斯在法治发展的过程中不断寻求具有本国特色的东西，赋予法治以特有的价值与意义。

当代俄罗斯三位总统的治国理念中都存在对俄罗斯主导性文化因素的寻求再造的思想，在俄罗斯发展的不同阶段都一致关注俄罗斯文化对于国家发展的意义。治国理念的转变直接表现在国家发展的侧重点的调整上。在国家发展的目标上，俄罗斯仍然选择了传统的强势国家的发展理念；在强国的途径上，积极发展资本主义，对市民社会进行培育；在国家社会生活中，注重对人与公民权利的保障，不断提升个人的主体性地位。这些做法既保留了本国的传统，同时也是对西方法治理论与价值的一个再创造的过程。具体说来法治发展目标有两个导向性调整：

（一）再造强势国家

从苏联的社会主义制度到当代俄罗斯西化资本主义的发展，本质上是从集权主义向自由主义的转换。苏联集权主义下的全能国家曾经集人民之力和国家强大力量而造就辉煌，但当沉重的体制无法担负

---

① 朱可辛著：《普京之治》，中共中央党校出版社2007年版，第74页。

社会发展的需求时,“红色巨人”轰然倒下。苏联解体后俄罗斯的发展向何处去成为世界关注的话题。从现实道路选择上看,走的是西方自由主义发展的路径,但改革初期的自由主义式的各种尝试并未如人所愿。“在摧毁了传统的集权主义制度之后,人们看到的并不是经济的繁荣、法治民主与个人自由的玫瑰色图景,而是经济停滞、腐败蔓延、社会失序,这是一种近乎霍布斯自然状态的无政府或准无政府状态。”①人们在思索西化的改革与俄罗斯传统不相融合的同时也开始重视对西方自由主义本身的理解,并对自由主义提出质疑。自由主义是否必然导致无政府或准无政府状态?自由主义的基本理念是否有助于实现国家总体的政治、经济与社会目标?俄罗斯的选择是否错了?对这些问题的合理解答必须以俄罗斯当前所处的社会发展阶段为背景。俄罗斯从社会主义走向资本主义在较深层次上仍然是由传统走向现代的文化转型过程中,必须将隐蔽的东西从政治、经济制度变革的表层下揭示出来,这样才能更好地理解现实。

当代俄罗斯法治发展的艰难处境的主要原因在于,一方面对法治精神的精髓缺乏深入的理性把握,另一方面没有把西方的自由主义式的法治放置在西方文化的背景下进行全面认知。一些预设在某种文化与社会中、在特定的历史条件下是不言而喻、无须讨论的因素,但在另一个文化与社会背景下却全然不存在。在这种情形下,如果生搬硬套特定背景下出现的理论,而不去同时创造实施这些理论的背景与条件,就会产生意想不到的消极后果。② 问题就在于此,俄罗斯在西化道路上选择了自由主义的理论导向,但最初只注意到了自由主义的显性特征,忽略了自由主义更加高度强调现代国家的重要性这一隐蔽的主题。自由主义宪法的核心内涵是,个人自由的范围在原则上是无限的,国家干预这一范围的能力在原则是有限的。个人行动在理论上无

---

① 李强:“自由主义与国家构建”,载王焱编辑:《宪政主义与现代国家》,三联书店2003年版,第19~20页。

② 同上书,第22页。

须证明其合理性，相反，国家的干预行动却必须证明其合理性。[①] “自由主义在主张限制国家权力的同时，强调市场经济与市民社会需要一个有效的现代国家，强调国家在提供公共物品与保障一定程度社会正义中的积极作用，强调国家在国际交往中保护本民族利益的重要作用。”[②]

在传统上俄罗斯人就一直具有大国梦想，谋求一个强大的国家，这一点与自由主义的隐性主题不谋而合。在西方法治国家中，实际上我们只能看到个人在前台表演，但帷幕背后隐藏的强大国家却一直被忽视。现代西方自由主义国家纷纷走向福利国家，在一定意义上是将国家推到前台，对演出的节奏加以必要的调控，从而使演出的过程更趋于合理。因此，西方国家个人自由权利充分实现的背后是一个强大的国家在起支撑作用。当代俄罗斯法治发展的初期，国家的作用在一定程度上是被忽略的，过分地依赖于市场的自调节机制是不可靠的。在民族属性上，俄罗斯人一直奉行“大俄罗斯主义”，充满了救赎与拯救的精神气质，大国情绪、强国意识等国家观念融注在这个民族的血液之中。在俄罗斯法治国家的进一步发展中，当冷静代替了急躁，俄罗斯在立法与法律的实施中对本民族的众多品性给予了充分的关注。

(二)从文化传统出发构筑社会团结的基础

经历了试错式的尝试后，在强国之路上，俄罗斯寻求自己文化核心价值理念成为构筑社会团结基础的最为重要手段。

在苏联解体后的最初一段时间，俄罗斯呈现极为混乱的政治局面。很多俄罗斯人怀念苏联时代的生活，经常示威游行，要求恢复社会主义制度。而新成长起来的一代人则强烈希望建立资本主义制度

---

① 李强："自由主义与国家构建"，载王焱编辑：《宪政主义与现代国家》，三联书店2003年版，第22页。

② 同上书，第23页。

和自由民主社会,他们认为美国就是自己国家的最好榜样。共产主义信仰的丧失、对资本主义实质认识的不明确、对苏联的全盘否定、西方各种思想和思潮的涌入,在当时的俄罗斯人民头脑中造成极大的混乱。“俄罗斯失落了国家思想,失去了民族文化的支撑点,这是它陷入危机的重要因素之一。历史的事实证明,任何一个民族或国家,一旦它对自己的文化丧失了自信力,那么它的文化是不可能受到其他国家与民族尊重的,要求强者平等的期望也只能是一厢情愿。不仅如此,在错综复杂的国际关系中,文化并不是孤独地表现出来的,它常常更多的是与政治、经济等诸多因素融合在一起发挥不可或缺的重要作用。”①不能丧失掉俄罗斯千百年来形成的文化传统,要在民族传统中开出“新外王”。

在意识形态上,对后共产主义的激进批评主要集中在两个互相联系的问题上:俄罗斯国家实力的危机和道德(精神)危机。国家实力的危机主要表现为政治空间的丧失、俄罗斯军事实力的衰落、经济的疲软。道德沦丧被视为导致俄罗斯衰弱的又一因素。城市中的各种新场所、以贸易而不是生产为主要特征的新经济、有钱的“新俄罗斯人”、腐化堕落的青年文化和弥漫物质享乐主义的新生活方式,等等,都被认为是使俄罗斯逐渐丧失了精神力量和国家力量的源泉。

“制度变迁与社会转型远不只是一种管理模式的改变,它激发起的是人们的生活与生存方式的变化,是对各类制度环境下生存着的人们的创造能力和应变能力的考验,是对历史铭刻于各民族心灵上的传统印记的再认识过程。”②俄罗斯的知识分子深刻地分析道:“俄罗斯人,我们正在经受我国有史以来最严峻的时期……俄国并没有被外国军队包围,俄国是从内部爆炸的。这是最危险的方法。疾病侵入我们

---

① 汪宁著:《普京的俄罗斯新思想》,上海外语教育出版社2005年版,第3页。

② 冯绍雷、相蓝欣主编:《转型中的俄罗斯社会与文化》,上海人民出版社2005年版,总序第2~3页。

俄罗斯的机体内部,直到整个俄罗斯作为机体而死亡。"①

苏联时期马克思主义长期地被意识形态化使俄罗斯民族习惯于依从一种思想,而苏联意识形态的终结使俄罗斯人的精神处于一种不在家的状态。放弃了原有意识形态的统治,俄罗斯人的精神曾经一度迷茫。俄国曾经把理性建构与一元论发展至极,英国著名的俄国研究专家拉斯基说,"它已经做到人的力量所能做到的一切,把一种严格划一的世界观强加于它自己的全体人民",②当然消极的效应在这个民族的身上得到了充分的体现。面对当时人们精神的失落状态,许多人士力图寻求一种"俄罗斯新思想"以期再造社会的凝聚力。最终,由普京总统所倡导的以自由、民主、个人权利和俄罗斯传统的爱国主义、强国意识、国家作用、社会团结为核心的"俄罗斯新思想"被社会接受,成为俄罗斯发展的精神动力。正是在"俄罗斯新思想"的导引下,俄罗斯文化的核心价值得到进一步的彰显。俄罗斯在社会活动中,努力确立以理性契约为主导的生活方式,为私法自治的实现创造条件。当代俄罗斯宪法不再片面强调重视理性建构和具有一元论特征的积极自由,而是更加注重与多元主义价值观相关的消极自由,尊重个人选择的权利,为私法自治与市民社会的发展创造条件。俄罗斯 1993 年《俄罗斯联邦宪法》把人的权利与自由作为核心目标,"人和人的权利与自由具有至高无上的价值。承认、遵循和维护人和公民的权利与自由是国家的责任"。普京把俄罗斯宪法中"人和公民的权利与自由"看作世界上同类宪法法律中最好的,并鼓励人们要"学会按照宪法生活"。个人的自由权利作为宪政的核心价值目标,在宪政实践中逐渐获得应有的价值地位。在世界范围内,现代各国不约而同地选择宪政的根本原因在于它内在的核心价值是对社会生活中人的自由的维护,开始注重个体自由与社会自由的统一和协调。

---

① 汪宁著:《普京的俄罗斯新思想》,上海外语教育出版社 2005 年版,第 2 页。

② [英]拉斯基著:《我们时代的难题》,朱曾汶译,商务印书馆 2001 年版,第 46 页。

第三节　当代俄罗斯法治文化模式的实践转向

当代俄罗斯法治进程中出现了较为明显的文化转向，一是文化价值层面政治精英治国理念的调整，最大限度地利用传统价值并使之与现代文明相结合，尊重和回归传统文化成为俄罗斯发展的文化价值取向；二是法治发展中注重俄罗斯特有权力传统合法性基础与现代国家治理相结合，采取渐进式方式，在以政治权力为中心的传统中融入和提升法律权威。这两个实践转向在深层次上则是传统的“宗法—专制”型文化模式向“威权—法制”型文化模式的转换，东正教仍然是团结社会的核心力量，但现代法治因素不断提升，从人神共治走向人法共治。

苏联解体后，俄罗斯最初仿效西化法治模式进行法治国家的设计，但实践中却出现了法治国家制度设计与传统文化惯性间的巨大张力，产生了一系列的负面后果，甚至在一定程度上造成了法治发展的迟滞。在俄罗斯最初转型时期，存在三种社会文化，包括俄罗斯传统文化（民族主义、专制主义、大国沙文主义）、社会主义文化和西方资产阶级文化，这三种文化交织在一起影响着俄罗斯生活的方方面面。①如何对待有着强大生命力和影响力的俄罗斯文化是深化法治发展过程中一个无法回避的问题。如何像利哈乔夫所认识的那样，应明确文化是借助于传统、凭借对往昔的记忆而强大，更重要的是要能让它保存下来值得保存的东西。经历了最初的转型阵痛后，在当代俄罗斯法治国家构建与发展的实践过程中出现了文化转向现象。一是来自精英层面的文化价值观的调整，要最大限度地利用传统价值，并使之与现代文明相结合，尊重和回归传统文化成为国家发展的价值取向；二

① 王哲：“近年来俄罗斯法学理论的发展变化”，载《中外法学》1996 年第 4 期。

是法治发展文化导向的转换，在不具备建立西方民主模式所要求的历史条件下，通过挖掘本国的政治文化传统来构建其威权主义统治的合法性基础，由过度信赖西方自由主义政治文化转向发展有俄罗斯特色的法治文化。上述这些实践领域的转变在深层上的表现则是一种法治文化模式的转换，即俄罗斯传统中占主导地位的“宗法—专制”型文化模式正在为俄罗斯式的“威权—法制”型文化模式所替代。

一、俄罗斯政治精英国家治理理念的转向

在历史上，俄罗斯受东正教和专制主义的影响，具有影响力的权威人物会对国家发展起根本性的作用。当代俄罗斯法治国家构建中，从叶利钦到普京、梅德韦杰夫，再到普京，俄罗斯四任三位总统的治国理念中，都不同程度地存在对俄罗斯主导性文化因素的寻求思想和对俄罗斯民族精神的重塑理念。从叶利钦的“新民族思想”到普京的“俄罗斯新思想”（前两个任期），到梅德韦杰夫的“新政治战略”，再到普京第三次入主克里姆林宫后“经济社会重点突破与全面发展理念”，政治精英们在俄罗斯发展的不同阶段都一致关注俄罗斯文化对于国家发展的意义，并不断将文化的影响力作为国家的“软实力”来打造。

20 世纪 90 年代的激进改革并没有使俄罗斯走上富强之路，却导致政治和社会动荡，国家面临崩溃，民族自信心严重受损。普京当选俄罗斯总统后深刻地认识到，只有将市场经济和民主的普遍原则与俄罗斯的传统与现实有机地结合起来，才能有美好的未来。但如何把传统与现代相结合则是一个难题。叶利钦总统也曾尝试过“新民族思想”，但并未取得明显的实效。普京面对国内外的客观情况，则把法治建设作为治国的突破口和关键点。面对俄罗斯人在经济、政治、心理和精神等方面的全面崩溃，普京认为必须依靠严格和公认的法律规则体系，全体公民和国家机关无论在政治上，还是在经济上，都应当遵守国家的法律秩序。在这种背景下普京提出的“俄罗斯新思想”作为试

图打造法治国家构建的文化基础并以此来重塑俄罗斯的民族精神。这通过“俄罗斯新思想”的主要内容来体现：强调“爱国主义”，即对自己民族历史和成就的自豪感和建设强大国家的心愿；“强国意识”强调俄罗斯过去和将来都是伟大国家，正是这一点始终决定俄罗斯人的思想和国家政策；“国家权威”强调拥有强大政权的国家是秩序的源泉和保障，是改革的倡导者和主要推动力；“社会互助精神”的弘扬，认为俄罗斯人在传统上更重视集体活动，习惯于借助国家和社会的帮助改善自己的状况。

普京以“俄罗斯新思想”为核心的治国理念在推行过程中取得积极的效果。在第一个任期内，面对政治体制的弊端，他提出建立公民社会、加强政党竞争、实现现代化等思想。再次就任总统前后，俄罗斯面临一系列挑战：尤科斯事件、乌克兰“颜色革命”、别斯兰人质事件等，此时政权稳固成为核心问题，普京对治国理念进行了调整，提出“主权民主”、“继承性”等战略思维来确保俄罗斯政权的稳定。[①] 上述转变和调整实际上是文化心态转变的过程，尊重传统和再造新文化相结合的态度在增强民族自信心上取得积极的效果，有效地打击了民族分离主义、推动了经济的快速增长。

梅德韦杰夫就任总统后实施了“新政治战略”，对未来数十年俄罗斯战略发展进行规划。民主、法治、文化和人的问题成为“新政治战略”的核心。在2008年的国情咨文中，梅德韦杰夫明确提出，俄罗斯将建立一个以民主价值观和制度为基础的全面现代化国家，要克服经济落后、腐败、官僚家长式作风三大顽疾，提高民众福祉、健全法制，在人文价值观和民主政治体系基础之上对国家进行全面的现代化改革。梅德韦杰夫坚持人本主义基本原则，认为复兴俄罗斯要坚持的主要基本原则不能以人为代价，不能以人们生活条件继续恶化为代价。以人

① 庞大鹏著：《观念与制度：苏联解体后的俄罗斯国家治理（1991—2010）》，中国社会科学出版社2010年版，第401页。

为本的意识形态应当作为俄罗斯的政治基础。公民在生活中能否取得成就取决于他的个人主动性和独立性，以及他的创新和创造性劳动的能力。梅德韦杰夫认为珍视俄罗斯传统的价值观，在爱国主义基础上实现国民心态的现代化，是崛起的俄罗斯必须统筹考虑的根本问题。当前俄罗斯社会中广泛存在家长式作风，相信所有问题都应由国家解决，由此导致缺乏首创精神和新思想，缺乏责任意识。因此在现代化的过程中，俄罗斯国民还必须具备一种能赋予这些现代制度以真实生命力的广泛的现代心理基础，实现人的现代化。①

2012 年普京重回总统宝座后，面对的不再是一个百废待兴、大有施展拳脚的俄罗斯，而是一个经历了转型初期、开始全面现代化进程却交织着各类社会矛盾的国家。② 在形式上，普京对俄罗斯的内外政策进行较大幅度的调整。为实现强国复兴的伟业，在政治上重组权力体系，确保政局稳定；经济上全面推进，努力融入世界经济体系；在外交上积极参与亚太事务，加速打造欧亚联盟；在安全上强化军事力量和对外安全合作，维持国际战略平衡。③ 普京这种对"经济社会重点突破与全面发展理念"，正是基于他已经深深地意识到经济增长的乏力将最终动摇甚至丧失其政权的合法性基础。因此在治理理念上，由宏观走向微观，在尊重社会客观现实的基础上，内外结合，在国家治理中在向俄罗斯传统回归的基础上后又引入了许多现代性的文化因素，文化多元化的特征表现突出。

在 2013 年国情咨文中，普京再次强调国家强大的重要意义，加强市民社会的法治化建设，普京强调了文化共识达成的重要性。"我们的极为重要的任务是学会利用国家工具来保证自由，个人自由、经营自由、公民社会机制发展自由。"只有强有力或有效（如果有人不喜欢

---

① Послание Президента РФ Федеральному Собранию Российской ФедерацииРФ от 5 ноября 2008г, http://www.garant.ru/products/ipo/prime/doc/94176/.

② 刘莹："普京执政基础与危机探析"，载《俄罗斯东欧中亚研究》2013 年第 1 期。

③ 中国现代国际关系研究院课题组："普京复任后的俄罗斯内外政策调整"，载《俄罗斯东欧中亚研究》2013 年第 2 期。

强有力这个词,我们就使用有效)和民主的国家才能保护公民的政治和经济自由,能够为人们的幸福生活,为我们祖国的繁荣昌盛创造条件。强有力的民主国家是国家繁荣的前提,这也符合俄罗斯传统。在社会层面健全和发展市民社会也同样不可或缺,且任重而道远。“有非常多的东西也取决于俄罗斯公民本身。国家的发展在很大程度上是由公民责任心的强弱、政党和社团的成熟度以及新闻媒体的社会地位所决定的。”“俄罗斯才仅仅建立起市民社会的骨架。现在需要进行耐心细致的工作,以便这一社会能够成为国家的真正伙伴。”强有力国家建立和市民社会的发展与健全还需要一种共同的内在精神来黏合,使之有效地发挥作用。“不就共同的目标达成一致就不可能有社会的发展。这些目标并不仅仅指物质方面的目标,精神和道德目标也同样重要。我们的人民所固有的爱国主义、文化传统以及共同的历史记忆使俄罗斯的团结更加紧密。”

当下俄罗斯面对西方社会的制裁与打压,政治精英层面更是深刻地认识到,人民群众才是历史真正的创造者,国家发展的潜力在民间。在 2014 年国情咨文中,普京总统再次强调,“今年出现过多次改变命运的历史时刻,我们的人民明确地展现了民族复兴的信号。他们有坚定的生活态度,有爱国心”。普京总统强调在解决地区争端、民族冲突时,文化传统对处于危机之中的国家的价值。对克里米亚问题的解决,普京强调文化传统的根本作用,及其东正教的精神凝结力量。“血统、语言、共同的物质生活方式是俄罗斯民族存在的基础;除此之外,在那个国家版图还很模糊、大公和众多贵族共治古俄罗斯民族的时代,东正教成了强大的精神统一力量,促进了不同血统的部落结合为统一的俄罗斯民族,俄罗斯国家由此在东斯拉夫地域中崛起。在东正教这块精神土壤培育下,我们的祖先首次——也是永远地认识到作为统一民族的存在。所以,我们有理由认为,克里米亚、古廓尔苏尼、辛菲罗波尔是俄罗斯的文明圣地,正如耶路撒冷对犹太教和伊斯兰教的地位。从今天开始,直至永远,我们都要这样看待克里米亚。”在促进和维护国家稳定和发展中,强调强大公民潜能发挥的决定性作用“现在最主要的任务是——赋予公民们突破自我潜力的机会。对经济和社会发展,对公民积极性来说,‘自由’就是最好的答案,这是我们对外部压力也是对内部问题的答案。公民们越是积极地参与创造生活,他们在经济和政治上就越是独立自主,那么俄罗斯就将拥有越多的潜力”。每逢俄罗斯东正教圣诞节的盛大宗教仪式,普京更是身体力行地以亲民的形象出现在仪式现场。

在俄罗斯法治国家构建的过程中,精英层面治国理念中文化价值取向的适时调整,对俄罗斯文化传统的尊重和回归,同时融入人本精神的现代性因素,从根本上提升了俄罗斯的民族自信心,增强了民族的凝聚力,法治国家获得了政治文化和社会文化的双重基础。在俄罗斯社会转型背景下,作为深层表征和动力的文化模式正在从“宗法—专制”型向“威权—法制”型转换。

二、“威权—法制”文化模式的多元基础

俄罗斯政治精英们治国理念的转换,在法治化层面有直接的反射。当代俄罗斯法制本身的建构已经基本完成,现在面临的问题是要让法律发挥应有的作用及其如何保障其发挥应有的作用。在完善法律制度的基础上,俄罗斯在政治文化、社会文化和宗教文化三个方面进行了积极的努力,为法制权威的形成奠定社会文化基础。

在政治文化基础上,俄罗斯法治国家构建的初期,自由主义政治文化成为直接的理论来源。俄罗斯在法治发展过程中不断寻求具有本国特色的东西,对自由主义政治文化基础进行了俄罗斯式的改造。制度转轨暗含着从集权主义政治思想文化向自由主义政治文化的转变。俄罗斯独立后最初走的是西方自由主义发展的路径,但自由主义式的各种尝试并未如人所愿。人们注意到西方模式与俄罗斯传统之间张力的同时,也开始重视对西方自由主义本身的理解,并提出种种

质疑。自由主义是否必然导致无政府或准无政府状态？自由主义的基本理念是否有助于实现国家总体的政治、经济与社会目标？① 俄罗斯选择自由主义的发展模式是否错了？俄罗斯在国家发展上选择了自由主义的理论导向，但最初只注意到了自由主义的显性特征，却忽略了自由主义更加高度强调国家重要性这一隐蔽的主题。② 在传统上俄罗斯人就一直具有大国梦想，谋求一个强大的国家，这一点与自由主义的隐性主题不谋而合。西方国家个人自由权利充分实现的背后是一个强大的国家在起支撑作用。当代俄罗斯法治发展的初期，国家的作用在一定程度上是被忽略的，过分地依赖市场的自调节机制是不可靠的。经历了政治、经济的阵痛后，政治文化基础开始向有俄罗斯文化特色转换，扬弃自由主义式的发展，在固有文化基础上进行强势国家的再造。

在社会文化层面上，俄罗斯开始在文化上寻求核心价值理念来作为国家发展的强有力的支撑点，构筑社会团结的基础。在苏联解体后的最初一段时间，俄罗斯呈现极为混乱的政治局面。共产主义信仰的丧失、对资本主义实质认识的不明确、对苏联的全盘否定、西方各种思想和思潮的涌入，在当时的俄罗斯人民头脑中造成极大的混乱。俄罗斯失落了国家思想，失去了民族文化的支撑点。历史已经无数次地证明，任何一个民族或国家，一旦对自己的文化丧失了自信力，那么它的文化是不可能受到其他国家与民族尊重的，要求强者平等的期望也只能是一厢情愿。在错综复杂的国际关系中，文化并不是孤独地表现出来的，它更多的是与政治、经济等诸多因素融合在一起发挥着重要作用。不能丧失掉俄罗斯千百年来形成的文化传统，它应当成为俄罗斯社会团结的基础，支撑俄罗斯社会团结的思想基础就是“俄罗斯人民

---

① 杨昌宇：“从制度构建到观念内化：当代俄罗斯宪政发展的隐性问题”，载《俄罗斯中亚东欧研究》2007 年第 3 期。

② 杨昌宇等著：《俄罗斯社会转型与宪政之路》，社会科学文献出版社 2009 年版，第 121 页。

自古以来就有的价值观”，即“俄罗斯的思想”。

由普京总统所倡导的以自由、民主、个人权利和俄罗斯传统的爱国主义、强国意识、国家作用、社会团结为核心的“俄罗斯新思想”被社会接受。“俄罗斯新思想”成为俄罗斯发展的精神动力。它从传统文化中汲取力量，在实用主义理论中寻找切入点，在世界发展格局中谋求有利位置，在宏观意义上，普京为俄罗斯解决了国家的定位、发展方向和走什么道路这三个至关重要的问题。[①] 在社会文化方面注重对市民社会进行培育，突出个人权利地位。在20世纪末期，当俄罗斯从极权主义向联邦法治国家和民主社会国家的转变的过程中，社会中存在的各种因素极大地促动了国家政治生活的民主化、国家体制与法律的发展，同时也促进了市民社会的形成。正是在这一过程中，个人的权利地位开始显现出来。在俄罗斯历史发展中，个体处于无权地位是一种常态，一个俄罗斯学者指出，“个人通常处于无权地位，这是俄罗斯社会一项古老的遗产，这也正是在俄罗斯人的权利比在任何地方都要被轻视得多的原因”。[②]

苏联解体后，俄罗斯人已经深刻地认识到市民社会在国家发展中的结构性意义，认为社会政治制度的任何有成效的现代化在很大程度上都取决于正确地确定个人、社会与国家之间的相互关系的性质，尤其是取决于市民社会的成熟程度。在市民社会不发达的情况下，在改革过程中多半可能破坏现有政治制度而造成混乱。[③] 当代俄罗斯在现代化进程中，市民社会越来越发挥与国家力量相抗衡的作用。俄罗斯社会学家们认为，在历史上，俄罗斯市民社会总是发生离奇的现象，“即在俄罗斯社会空间引入市民社会的机构和设置，通常会导致负面社会后果：使存在于各社会系统的潜在冲突趋势转变为公开的社会再

---

① 汪宁：“‘普京思想’的形成及其特点”，载《国际观察》2007年第6期。

② И. И. Кальной:《Гражданское общество: истоки и современность》, Санкт-Петербург Юридический центр Пресс г. 2000, С. 143.

③ [俄]米格拉尼扬著：《俄罗斯现代化与公民社会》，徐葵等译，新华出版社2003年版，第1页。

现形式;在社会的时空延长线上激发负面的社会能量;导致多数人做出牺牲,最终阻滞了俄罗斯社会思想的发展,而有时还将其引向倒退”。[①] 之所以会出现在这样的现象原因有这样几个:一是俄罗斯具有与西方不同的,以政权效应为基础的独特社会系统。这是东方国家所特有的关系类型,政权的出现早于土地所有权,所有权在历史发展中仅仅作为“政权的功能”而存在,与西方相比,这里的所有权与政权的关系是颠倒的。西方则是所有权效应。二是在俄罗斯专制政体下,社会价值载体弱化。在西方,社会价值载体是形成限制国家权力的社会舆论的基础,但在俄罗斯由于经济市场的不发达,这个阶层在传统上就非常弱小,甚至可以说无资本可言。三是领土规模和经济发展特点导致的极端中央集权化,限制了资产阶级的权利。四是专制传统下的民众更易于被管制,同时对待政治淡漠。五是缺乏知识分子,导致社会不易被唤醒。[②]

当代俄罗斯注重对市民社会的促进与发展,规范市民社会政治诉求的形式,在宪法的框架下对相应法律制度进行完善。如 2012 年通过的《集会法》、《非营利组织法》(修正案)等,都对市民社会的规范化发展起到规制作用。当前俄罗斯宪法正处于完善之中,宪法学者认为,在完善宪法的规划中,最大的问题之一是对人民主权的保障,提升市民社会的作用。[③]

在宗教文化方面,倡导对东正教的信赖与回归。在俄罗斯法治进程中,东正教一直发挥着举足轻重的作用。在世界范围内的几个主要文明古国中,法律的发展与宗教有紧密联系,人们通常会把神圣的渊

---

① [俄]戈连科娃主编:《俄罗斯社会结构变化和社会分层》,宋竹音、王育民译,中国财政经济出版社 2004 年版,第 19 页。

② 同上书,第 19 ~20 页。

③ Авакьян С. А. Современный конституционный строй России как отражение сложного пути отечественного конституционализма. Конституционное право и правовая культура японии и россии:вопросы развития. Мсквaг. 2014, С. 114.

源赋予法律，以此表明法律是由一个神或诸神给予或展示给人类的，[①]俄罗斯也不例外。

在俄罗斯的历史上，东正教一直是人们日常生活的重要内容，发挥着伦理道德的教化作用，对于政治、经济、各种文化形式及其法律生活等多方面产生影响的同时，已经深入其文化精神的深层中。公元988年弗拉基米尔一世与拜占庭皇帝的姊妹结婚，并信仰东正教，从此东正教成为影响俄罗斯文化发展及生活非常重要的一个要素。当然在信仰的背后，还隐藏了一个政治目的——利用基督教号召盟军抵抗异教徒鞑靼大军。从公元10世纪到16世纪彻底排除鞑靼的威胁之前，东正教信仰一直是各公国军队与敌人战争时的精神支柱，同时也借由募款得到经济支持。公元16世纪之后鞑靼的势力瓦解，俄罗斯成为一个中央集权的帝国，宗教在政治上又扮演另一个角色，就是保障君王的权威性。比如，沙皇的加冕典礼经由宗教仪式完成，为沙皇的地位增添不可侵犯的神性。俄罗斯文化的基础是东正教价值观，但它在俄罗斯历史上并未起到促进资本主义精神形成的作用。东正教所包含的政教合一思想，所特有的救世观、怜悯观、罪与罚观念以及神秘主义、禁欲主义、保守主义的态度，在今天俄罗斯发展中都是不容忽视的文化因素。在国家层面上，东正教的政教合一思想成为威权型统治合法性直接基础之一。东正教认为教会与国家是一个融合的整体，王权凌驾于教权之上，沙皇可以控制教会，地上的沙皇就等同于天上的上帝。这就为维护专制、国家统一提供了精神支柱。随着普京上台及一系列强国政策的实施，俄罗斯大国意识、强国心理再次滋长。俄罗斯没有美国那样完善的政治体制和经济体制，实现强国梦需要普京那样的沙皇式的国家领导人。俄罗斯人崇拜的人物如彼得大帝、叶卡捷琳娜二世、普京等无一例外都是强

---

① ［美］D. 布迪、C. 莫里斯著：《中华帝国的法律》，朱勇译，江苏人民出版社2003年版，第6页。

势且有魄力的沙皇类型的人物。

在历史上,东正教曾起着统一国家的作用,在现今,东正教又与俄罗斯的大国复兴之梦联系在一起。俄罗斯领土面积广大,民族众多,东正教在联系民族感情、维护国家团结统一方面起着不可替代的作用。十月革命后,东正教在俄罗斯遭到严重打击。随着苏联解体,俄罗斯经历了社会动荡、经济崩溃、信仰真空。在这种背景下,东正教再次引起了俄罗斯人的关注。普京曾强调要继承并弘扬俄“自古以来就有的传统的价值观”,复兴与传统民族文化密切相关的东正教。因为正是东正教塑造了俄罗斯的价值观与精神世界。近几年伴随着俄罗斯民族的大国复兴之梦,东正教得到了前所未有的发展,东正教信仰人数目前也在不断增加。

在上述政治文化、社会文化和宗教文化三个方面传统与现实的基础上,“威权—法制”型文化模式在当代俄罗斯日益凸显出来。对法律权威的树立,几位总统都有明确的认识。俄罗斯的法制化问题与西方不同,西方国家是在经济发展过程中注重对公民各项权利的保护,藏富于民的过程也就是法制化的过程。最初很多人乐观地认为,俄罗斯可以通过经济的高速发展以实现民主的正常发展,但现实确未如人愿。梅德韦杰夫曾指出,俄罗斯是一个法律虚无主义国家,在欧洲找不到第二个藐视法律的国家,这种法律虚无主义不只出现在十月革命后,19 世纪宗教传统在很大程度上淡化了这种虚无主义,在 20 世纪,这种仅有的精神道德基础实际上也崩溃了,俄罗斯想成为文明国家,它就应当首先成为法制国家。俄罗斯如果不解决法律权威问题,经济再发达也难以解决政治体制民主化建设中的弊端。[①] 普京总统 2013 年的国情咨文在肯定国家法制成就的同时,也清楚地认识到几十年来,国家发生了翻天覆地的变化。人权与自由得到了宪法的保障,民

① 庞大鹏著:《观念与制度:苏联解体后的俄罗斯国家治理(1991—2010)》,中国社会科学出版社 2010 年版,第 408 页。

主政治体制业已形成，多党并立的局面已成为现实。总统、国家杜马代表、州长、市长以及地方自治机关由俄罗斯人选举产生。但是，法律的字面意义常常与现实生活相去甚远。在2014年的国情咨文中，普京在多方面提到法律对于当下国家的意义，在促进经济发展中他强调，最好的财富保障是本国的法律，哪怕她（法律）有这样那样的问题，而我们会持续不断的改善。当前在俄罗斯法治进程中，新的宪法制度已经确立，在宪法制度确立中宪法为保证国家的法治化发展起关键作用。同时俄罗斯的宪政模式既表现出一般性，也表现出自己内在的特性。①

三、从“宗法—专制”到“威权—法制”的表象与本质

当代俄罗斯国内法学家认为，社会评价层面正发生着评价规范的改变，由单一走向综合，将人的存在与法律，与文明同时进行综合的考虑。法律和人权是社会文明体系的构成部分，俄罗斯文明发展过程是人与权力的变奏曲。②

在传统农业文明中，俄罗斯“宗法—专制”型文化模式通过专制政治统治和东正教的相互作用表现出来。在俄罗斯特有的各种文化因素中，专制式的政治传统与东正教的宗教情怀是构成其整个文化的核心要素和支撑性力量。东正教在一定程度上主导着俄罗斯人的精神世界，专制制度维护着世俗世界的统治，同时二者之间不是截然分开的，东正教通过各种形式广泛地渗入政治生活中来。正是在东正教与专制政治统治的影响下，形成了俄罗斯独特的文明形态。在这两种核心文化因素的作用下，形成了一种“宗法—专制”型的主导性文化模

---

① Авакьян С. А. Современный конституционный строй России как отражение сложного пути отечественного конституционализма. Конституционное право и правовая культура японии и россии: вопросы развития. Мскваг. 2014, С. 113.

② Е. А. Лукашева. Человек, право, цивилизации: нормативно-ценностное измерение. 2014. С. 7.

式。俄罗斯的历史发展中,"宗法—专制"型文化模式一直居于统治地位,并在家庭形式、国家管理、社会结构中有着明显的体现。这种"宗法—专制"型文化模式中的"宗法"与中国传统意义上的"宗法"有着本质的不同,中国的"宗法"是在宗族规约意义上使用的,宗族礼法成为伦理国家的结构性支撑。俄罗斯的"宗法"有与中国相类似的地方,但它背后有强大的东正教的支撑和影响,是神人共治,人的统治却是以神的名义。俄罗斯人一直奉行"大俄罗斯主义",充满了救赎与拯救的精神气质,大国情绪、强国意识等国家观念融注在这个民族的血液之中。

随着传统农业文明被现代工业文明所取代,俄罗斯长期占主导地位的"宗法—专制"型文化模式开始失范。由于民族历史文化发展具有连续性,在国家发展不同阶段,经济发展水平、政治理念等会有明显的差异,但相同的文化基因却无法更改。这种文化模式正是在一定程度对俄罗斯专制政治传统延续基础上,揉入了许多现代因素。特别是俄罗斯联邦独立后,法治发展出现了从全面移植西方法治模式到诉诸本国文化传统转向。当冷静代替了急躁,当代俄罗斯法治进程中对本民族的众多品性给予了充分的关注。俄罗斯式的"威权—法制"型文化模式正是在这一背景下逐渐凸显出来。在当代俄罗斯的"威权—法制"型文化模式中,对威权型人物需求与信赖有其特定的文化基础。在俄罗斯传统文化中,有对权威者崇拜的情结,在沙皇俄国、苏联和当代俄罗斯,人们这种对威权型人物期待与信任一以贯之。当代俄罗斯这种特有的政治权力传统,直到今天也没用根本地改变。很多历史学家认为,西方法治进程是一个法律逐渐替代上帝的过程。但基于俄罗斯政治权力传统的特殊性,这个模式不可能在俄罗斯直接复制。①

马克斯·韦伯合法性理论对于分析当代俄罗斯法治模式有很大

① Кененова И. П. Российская традтция власти и расштрение полномочий Президента Российской Федерации. Конституционное право и правовая культура японии и россии:вопросы развития. Мсква г. 2014,С. 140.

的启示意义。马克斯·韦伯认为政治合法性是促使人们服从某种命令的动机,是人们对享有权威者地位的确认和对其命令的服从。传统权威型的政治合法性建立在长期形成的传统风俗和习惯的基础上。这种形式的政治统治之所以被人接受,是因为历史沿袭,从来如此。先辈定下的规矩,早先形成的秩序,今天自然也应该得到遵守,传统习惯不需要得到证明。个人魅力型的政治合法性建立在某个人的非凡个性和超凡感召力(个人魅力)的基础上。这种形式的政治统治建立在领袖个人权威的基础上,个人魅力型权威往往出现在社会危机和社会巨变时期,并通过对领袖的个人崇拜得到强化。法理型权威则建立在一系列清晰而明确的规则和制度的基础上。人们承认的是法律的权威,而不仅仅是执法者的权力。法理型权威优于其他两种权威形式的地方是,它的权威寄托在规则、程序和制度之上,而不是寄托在个人之上,它较少被滥用,也不易引起严重的不正义。上述三种统治类型完美结合才是一种较为理想的状态。

在俄罗斯传统中,最高统治者对权威的保持不需要合法性基础,拥有权力本身这个事实对于认可其权威就足够了。[①] 这一传统的形成与俄罗斯的宗教传统一脉相承,当代俄罗斯威权性人物给公众带来的希望和安全感也由此而来。在俄罗斯法治进程中,渐进式的方式要优于突变式方式。俄罗斯国内学者认为,如果在极端的理论支配下,让俄罗斯人中断甚至放弃对宗教的信仰,转而信奉宪法和法律至上,就会出现相反的景象。[②] 当然,当代俄罗斯人们对法制体系的需求与信赖已经异于以往。一些西方俄罗斯问题研究者经过广泛的实际调研认为,当代俄罗斯人对法律的接受、认知和信赖感正在提升。研究者

---

① Кененова И. П. Российская традтция власти и расштрение полномочий Президента Российской Федерации. Конституционное право и правовая культура японии и россии:вопросы развития. Мсква г. 2014,С. 140.

② Кененова И. П. Российская традтция власти и расштрение полномочий Президента Российской Федерации. Конституционное право и правовая культура японии и россии:вопросы развития. Мсква г. 2014,С. 140 -141.

通过对莫斯科市的调研得出这样的结论："在俄罗斯社会中，法律可被感知的价值在逐渐增长着，这意味着法律的角色前所未有的积极，其程度甚至超过了20世纪90年代之初的乐观时期。俄罗斯人(特别是在莫斯科)对于判断何时以及如何诉诸法律，已经没有任何问题了。"[①]威权性人物与法制的结合成为当代俄罗斯法治国家构建的一种特有的文化模式。

当代俄罗斯法治进程中，在宏观层面上，政治精英治国理念的调试，最大限度地利用传统文化价值并使之与现代法治文明相结合，在法治发展中注重俄罗斯特有权力传统合法性基础与现代国家治理相结合，采取渐进式方式，在以政治权力为中心的传统中融入和提升法律权威。传统农业文明状态下，"宗法—专制"型文化模式以专制式的政治传统与东正教的宗教情怀构成其整个文化的核心要素和支撑性力量。东正教主导人的精神世界，专制制度则维护世俗的统治，形成了俄罗斯独特的文明形态。当代俄罗斯人从精英层面到大众层面对法律地位的提升。这两个实践转向在深层次上则是传统的"宗法—专制"型文化模式向"威权—法制"型文化模式的转换，东正教仍然是团结社会的核心力量，但现代法治因素不断提升，从人神共治走向人法共治。

小结

现代社会的主导性文化模式是一种法治型的文化模式，俄罗斯固有文化中的大民族精神、重视整体利益的国家观念、充满救赎精神的东正教情结、惯于创造与超越的艺术精神以及作为民族精神之凝结的

---

① [英]玛丽娜·库尔奇扬："转型对俄罗斯法律的角色的影响"，载[荷]弗雷德·布鲁因斯马等主编：《法律文化之追寻》，明辉、李霞译，清华大学出版社2011年版，第119页。

俄罗斯哲学都具有独特而迷人的魅力，但这些文化因素能否生发出理性化契约化的现代法治精神，能否促成民主法治理想的实现，都深深地困惑着当代俄罗斯法治实践。在法治模式选择与设计的初期，重视制度移植与构建，传统文化遭受冷遇，这种自由主义式的国家发展模式没能解决俄罗斯社会的根本问题，在一定程度上反而使俄罗斯社会陷入更深的困境。俄罗斯精英层已经开始在传统文化中寻求解决问题的途径并取得积极的成果。

第六章　转型国家法治进程中文化影响力的反思

当今时代，法治上升为一种文化模式已经毋庸置疑。不同的国家因其历史发展和核心文化因素的不尽相同，在法治进程层面上的表现也姿态各异。俄罗斯所遭遇的文化问题其他转型国家也同样不可避免。中国法治进程以有别于西方的模式开启，其社会治理方式同样因主导性文化因素的影响而展现出独特性。在由封闭走向开放的过程中，中国近代法治之路以一种被动的姿态开始。当代中国法治发展立足于中华文化，在现代国家治理模式中仍然延续着无法剔除的传统文化基因。在中国古代国家治理中，政治大一统模式和儒家伦理本位文化占据主导地位，形成特有的核心文化特质。中国在经历由传统到现代的社会变迁中，专制政治文化传统和伦理本位文化两个核心因素仍在不同程度上制约法治发展。打破文化双刃剑的悖论，克服其深层阻滞，弘扬文化传统中的合理因素是转型国家法治得以突破的前提。

第一节　转型国家法治发展中的文化问题

一、法律文化研究成为一个显性问题

20 世纪 90 年代以来，俄罗斯国内学者从法律作为社会文化的组成部分这一前提出发，运用文化学方法研究法律问题，认为在现代法律文化的形成需要具备一系列的条件。首先，要有健全、发展、完善、进步的法律制度。法律制度是精神生产的产物，如果不符合时代的要求，不符合社会经济、社会政治发展的进步的要求，则不可避免地要丧失其先进性与进步性。因此必须在法律制度发展的语境下来分析现代法律文化的发展。其次，在 20 世纪末，苏联与东欧社会主义国家解体导致这些国家进入由社会主义向资本主义的过渡期，在最近几十年表明，上述国家向新法律制度过渡时期，充实了法律文化新的评价参数和样式，新的法律和文化价值。最终，在现代社会，法律体系和法律文化具有强有力的整合趋势。正是基于这样的逻辑，从文化角度寻求法治国家的合法性资源在俄罗斯国内正成为一种学术时尚。如叶·阿·普卡舍娃（Е. А. Лукашева）的《人类、法律与文明：价值规范的衡量标准》（俄文 2014 年版）一书，[①]从文化角度对本国法律发展进行解读，并从价值规范层面思考法律与文明的互动关联。瓦·德·佐里金（В. Д. Зорькин）的《法律文明与俄罗斯发展》（俄文 2015 年版）一书，[②]从法律文化的基本概念入手，对俄罗斯法制现代化进程中的社会

---

① Е. А. Лукашева. Человек, право, цивилизации: нормативно-ценностное измерение. Норма ИНФРА-М, Москва, 2014.

② В. Д. Зорькин. Цивилизация права и развитие России. Норма ИНФРА-М, Москва, 2015.

文化因素影响作用进行分析，强调政治权力传统和东正教文化对现代法治发展影响的根源性与独特性。

二、作为文化模式和生活方式的法治

在现代社会，法治不仅限于是治国之道和秩序状态，在一定意义上已经被提升为一种具有整合和塑造功能的文化模式，是人生存状态的现实写照和标志。当下中国的法治发展突飞猛进，法治观念渐入人心，法治对人们的生活产生深刻影响。同时我们也看到，在很多情况下，人们把法治还理解为是一种外在的强制，法治理念和精神并没有融入国人的血脉之中，有中国特色的法治型文化模式尚未生成，法治文化塑造功能的发挥还很有限。

当法治作为人的基本生活方式成为社会内在的机理时，其对人的活动、社会运动和社会发展的一般制约作用是不言而喻的。在这种意义背景下，法治的内涵获得了多重性，但从根本上看应当包含这样两个方面：一是法治的形式内涵；二是法治的本质内涵。从表面上看，法治以法律为主体，是善法的良好运行，法律运用一系列的规则体系对人的活动进行规范和限定，这也是形式意义上的法治。从深层次来看，这种规范和限定不是外在于人的强制性力量，而是人之生存的内在要求，是人本质的具体化和外化，这也是本质意义上的法治。前者是一种治国之道和秩序状态，后者则是一种生存状态。

如果从人的本性上看，法治展现为人类需求秩序、遵循规则的本性，这是人类的共性问题，在不同地域、国家、民族及社会组织中没有本质的差别。那么是什么导致了不同国家不同民族的现实法治生活的不同呢？例如，东方与西方、大陆法系与英美法系国家在法治表现的方式和程度上存在明显的差异。这是因为虽然人性是共同的，文化却是相异的，不同的文化塑造不同的人，表现出不同的社会特征。当法治提升为一种文化模式时，法治塑造人本身，被不同法治文化所塑造的人,在社会性上表现出明显的差异,这便是不同法治具有不同特征的根源所在。

具体而言,法治作为一种生活方式,其文化整合功能的发挥及对现代人的塑造作用主要体现在以下方面:

第一,法治塑造人,丰富着人类的文化形式。人是自由的存在,同时也是文化的存在。人创造了文化,既成的文化又反过来成为人自身发展的形塑剂,成为人类社会发展的内在动力。正是借助于文化,人类社会及其知识系统才通过特有的遗传机制沿着历史的轨迹向未来传递,形成文化与世界相辅相成的历史演进过程。每个人"人化"的过程也就是文化的过程,是人性被赋予的过程,这个过程是在社会中完成的。法治作为一种生活方式、一种文化模式,在漫长的发展过程中,形塑了人的个体性,对个体自由给予了充分的关照,塑造了具有法治意识的人,使法治理念成为一种文化特征,丰富着人类的文化形式。

第二,法治确保人类的生存条件。在生存环境层面上,法治在人与自然的关系方面对人的行为起着规制作用,让人们从可持续发展的角度利用和开发自然资源,力求人与自然的和谐发展,使人类拥有一个可依赖可信赖的生存环境。在社会运行层面上,良好的法治能够促进经济发展,为人格的全面、协调发展创造物质基础,并提供社会实践的舞台。在各国法治发展实践中,一般都是经济发展领域率先突破,然后影响、浸润、拓展到政治、社会及个人价值思想领域。在法律制度层面上,通过对个人财产所有权和市场经济体制的确认和保护,促进了人们对财富的追求,推动了社会财富的不断增长,通过对公民财产损失的恢复和补救,对丧失生活来源的人的社会保障和救济,保障社会成员最低限度的物质需求。

第三,法治在制度层面赋予个人独立的人格主体地位。个体的内在素质和精神价值观念是法治文化的内在构成性要素,人类通过法治的制度形式赋予每个公民平等、自由、独立的人格主体地位,维护人格尊严,以保障个人作为主体的生存和发展的必要条件。在现代社会,几乎所有的法治国家都把平等、独立、自由、人权等提到纲领性文件和基本法地位。稳定而有效的制度保障能够促进法治文化的生成，并进一步推动人的主体地位的提升。

第四，法治为人的活动提供行为模式。法治提供一种基本人格模式，指导个体人格的生成。自由、平等、独立的人格主体地位的取得，只为个体理想人格的塑造提供了前提和基础，要实现理想人格，还必须根据每个人的社会角色期望，按照法定的权利和义务规范去生活。法治作为生活方式的同时也是一种价值取向，正是在这一意义上它与人治区别开来，其关键在于法治不是简单地维护现存社会秩序或结构的稳定，而是要不断地创造和提供一种能够促进每个社会成员自由发展的新的运行体制和行为规范，指导人们“可以做”什么、“应该做”什么和“禁止做”什么。当人们还不具备独立、平等、尊重他人的人格和权利的观念时，外在强制性法治观念的注入，可以强化人们的法律人格意识；通过打击犯罪、惩治违法，维护契约尊严，使人充满对罪恶的恐惧和对正义的向往，从而自觉接受法律的约束；通过对道德行为的支持和补偿，法治激励人们积极履行道德义务，塑造以道德人格为支撑的完整人格。

法治是人类关怀自己和保障社会有序发展的一种方式，人们在遵循法治的过程中也塑造了人本身。现代法治的有效运行，离不开现代人法治观念的支撑。在上述诸种法治文化整合与塑造功能中，有两种意义的法治文化同时存在，一是物化形态的法治文化，以手段化的法律制度体系为载体；二是价值形态的法治文化，以目的化的法治精神为核心，二者一“硬”一“软”互为表里。前者为法治发展的制度标志，是法治文化“硬实力”部分；后者则为法治发展提供精神动力与价值导引，是法治文化“软实力”部分。法治文化整合与塑造功能正是基于两种法治文化的共同作用。

三、中国法治文化生成的前提困境及出路

在中国法治进程中，我们呼唤社会主义核心价值引领下的法治文化的生成，并依靠这种先进的文化推动社会主义发展和建设实践。但我们也看到，有中国特色的法治型文化模式的确立还存在一定的困境，物化形态的法治文化已经初具规模，但价值形态的法治文化正在生成过程之中。在一般意义上，尚未树立起法治文化理念的主体难以推动法治社会的生成，不具有法治文化的土壤又难以催生出具备法治理念的社会主体。成熟的法治文化环境能够塑造具有法治理念的社会主体，具有法治理念的社会主体反过来能够进一步推动法治文化的进步。上述这种状况在一定意义上构成一种悖论。目前中国法治正处于这个悖论中，一方面，以理性化契约化为核心文化精神的现代法治，要在有着千百年宗法伦理文化积淀的中国社会中扎下根来，需要克服来自传统之中内在的文化阻滞力，而这种阻滞力总是通过人们日常生活的方式潜移默化地渗透到政治、经济、法律等各种非日常的生活领域，这阻碍了法治精神的生成，使法治型文化模式难以成为人们的生活方式；另一方面，具备法治精神的社会主体无法自然而然地生成，它需要引领和塑造。

这一困境长久地困扰着中国法治的发展和深化，当下急需一种主导力量来打破当前的悖论状态。法律制度是法治文化的现实载体，良好与完善的制度设计是提升法治文化的前提。有些发达国家用了三四百年的时间建成的现代化法律体系和制度，中国仅用30多年的时间就形成了有本国特色的社会主义法律体系，这既是中国共产党领导下的中国法治模式的伟大创举，也标志着我国国家制度走向成熟。中国法治的基本模式是在尊重传统的基础上，发挥中国文化的优势，注重国家的推动作用与社会主体积极自为性的结合。这种模式展现出国家力量与具有现代法治意识的社会主体间的二元互动关联，在法治

发展的初期,国家起导向作用,在法治发展的特定阶段,具有现代法治精神的社会主体则逐渐跃升为法治的积极推动者。中国共产党始终是先进文化的代表,在法治国家与和谐社会的构建中,有责任有义务也有能力成为推动社会主义法治文化生成的主导力量,引领中国法治模式的探索,培育具有法治精神的社会主体。

第二节　中国法治进程中的核心文化因素及其影响

我们期望中国法治的发展有自己的特色,事实上中国也正朝着自己的特色之路前进。中国法治立足于中华文化(文明)的基础上,具有特定的核心文化特质。当前中国法治建设与发展正处于瓶颈期,如何对待传统文化问题显得格外重要。在当代中国法治进程中,各种基于传统的文化因素仍然发挥作用,对治国理念、法律制度、社会结构等产生决定性影响。

一、中国法治进程中的两种核心文化因素

对中国文化的核心特质问题,人们从不同角度进行研究,对一些基本问题已经形成了共识。一般认为,传统农业文明下形成的政治大一统模式和奉行德性至上的儒家伦理本位文化在不同程度上制约着中国社会的发展,在国家制度与思想观念双重层面上发挥作用。为研究上的方便,笔者将中国法治进程中起主导作用的文化特质划分为两个核心文化因素:一是专制政治文化传统;二是伦理本位文化。在这两个核心文化因素的共同作用下形成了一定的社会结构和治理模式,在法治发展中发挥作用。

在国家治理层面,中国古代社会一直采用政治大一统模式。“大一统”观念源自先秦,是古代政治文化的重要核心价值。在这一价值

导向下，形成一种中央集权式的专制政治统治模式，明清两朝这种政治大一统达到顶峰。在政治实践中，“大一统”集中体现为中央集权、君主专制、国家统一。中央集权的重要特点是地方政府作为中央政府的下属机构，国家号令统一于中央，重要事务决定于中央，中央集权的核心是君主专制。秦汉至明清的中国政体，实质上是以专制皇权为核心的中央集权政治体制。君主专制是“大一统”最重要的本质特征。[①]这种大一统，一方面，在形成中央集权、防止地方割据中，发挥着十分重要的作用，是一种高效率的治理模式；另一方面，在实践中也严重地束缚着人的自由发展和社会的进步。在政治大一统模式下，形成了以君主专制为核心的专制政治文化传统。在这种传统中，“法自君出”、“权力至上”等观念成为一种常态。

在思想观念层面，儒家思想文化长期占主导地位。儒家思想奉行德性至上，群体本位与伦理本位居于核心地位。中国的传统农业文明异常发达和成熟，历史悠久，传统、习俗、经验、常识、天然情感等自在的文化因素十分强大。中国社会一直是一个熟人的社会，人与人的关系主要通过亲情和伦理来维系，传统文化的核心特征或本质特征是群体本位，具有比较强烈的伦理主义或伦理中心主义的特征。传统文化中“家国一体”的伦理本位观念渗透到社会生活的各个方面。中国人的法律观念带有浓重的宗法伦理色彩。“礼法之治”、追求“无讼”等思想成为中国古代法律观念的核心内容。中国古代法律深受儒家伦理的强烈影响，社会规范具有很强的一致性，但作为规制手段的“情、理、法”在规制顺序上，法律列于最后。

在中国传统社会中，儒家伦理文化长期主导着人们的日常生活世界，专制制度维护着世俗世界的统治。在这两种核心文化的影响下，形成了中国独特的文明形态。宗族礼法成为伦理国家的结构性支撑。农业文明的内在底蕴与集权主义和家族本位的价值旨向，成为消解现

---

① 高翔：“中国古代政治的三大传统”，载《光明日报》2012 年 4 月 5 日。

代化的内生力量。如封建王朝的人身管控制度,有效地将人口固定在土地上,“编户齐民”制度把专制统治从中央一直贯彻到最基层。

二、核心文化因素对中国法治进程的深层阻滞

在现代化的背景下,当代中国法治进程正经历着从传统到现代的转型,在这一转型过程中,要把中华民族传统法律文化的内在结构及其精神转化为现代法治可持续发展的基础是十分困难的事,必须克服来自文化的深层阻滞。

(一)个人主体性的缺位导致法律主体意识无法生成

在世界各国的法治进程中,文化借助于两个基本要素成为法治发展的结构性基础:即个体意识与社会结构。前者是一种人的自我发展和认知状态,后者是个体人活动展开的社会舞台。二者在理论上可以分开阐释,但事实上又是浑然一体的,人总是生活在一定的社会关系之中,不管这种关系简单还是复杂。

在中国文化传统中,个体自由的不发达是群体本位文化传统在个体层面的表现,大一统政治模式下的专制政治传统和群体伦理本位文化传统无法自然地培育出个体的主体性,同时在社会层面,也不利于“社会人”的生成。在法律秩序中具有决定作用的主体性意识包括两个方面:一是个人自我独立意识(个体性),“人要认识自己作为人的价值,是有独立价值的存在,是不隶属于任何人的独立存在者”;二是尊重他人的主体性(社会性),“这种意识在社会范围内,同时是‘社会性’的存在,大家互相将他人也作为这种主体人来意识并尊重其主体性”。①

---

① [日]川岛武宜:《现代化与法》,申政武等译,中国政法大学出版社1994年版,第53页。

个人主体性的缺位无法促成法律主体意识的生成。在中国古代农业社会中，家庭（或家族）是从事生产、分配与消费的基本单位，在这一基本单位里面，人伦关系是社会中最重要的人际关系。在伦理化的法律之下，人们只晓得自己是伦理主体，却不甚明确自己的法律主体地位。法律与伦理的同一，具有消极性的作用，它使“家国一体”的社会结构成为伦理道德的载体，在根本上消解了个人独立的法律地位。中国的基层社会是一种礼俗社会，是一种“无法”的社会，是一种“礼治”的社会。“礼是社会公认的行为规范”，“礼俗的力量不在身外的权力，而是在身内的良心。所以这种秩序注意修身，注重克己。理想的礼治是每个人都自动地守规矩，不必有外在的监督”。[①] 在中国传统社会中，一个负责地方秩序的父母官，维持礼治秩序的手段是教化，而不是法律。在儒家思想的支配下，贵和持中、贵和尚中，成为几千年来中国传统文化的特征。中国古代的地方官吏，同时也是执掌纲常伦理教义的宣传者，他们运用道德教化解决法律纠纷，收到了平息纷争的效果。大量的民间纠纷在审理之前已经在家族、乡里内部调处息讼，这种做法具有一定的社会作用，有利于维护社会秩序的稳定，维持特定领域内人们相互关系的和谐。但这些均不利于催生出现代法律主体意识。

（二）日常交往模式经常性入侵法律制度领域

法治社会最重要的表现是法制完备和法律的良性运行。中国法律制度已经趋于完备，到 2010 年，一个以宪法为中心，包括宪法相关法、民法商法等法律部门在内的中国特色社会主义法律体系已经形成。[②] 但要保证法律能够在社会生活层面成为人们所恪守的规则仍然存在难以克服的问题。中国是一个人情社会，在人情面前，人们常常

---

① 费孝通著：《乡土中国》，北京出版社 2005 年版，第 79 页。

② 朱景文：“中国特色社会主义法律体系：结构、特色和趋势”，载《中国社会科学》2011 年第 3 期。

可以牺牲正义、平等、公正等一切理性化的规则。这种社会传统对于法治的生成是一个阻碍,传统日常生活仍然全面入侵着法律的运行。注重家庭关系的传统社会是一个重视血缘、亲情和私人关系的社会,是一个复杂的人伦世界,人们习惯于生活在传统和经验之中。社会中存在的各种关系包括法律关系,人们都习惯用伦理与情感来衡量,这导致法治实践层面有法不依、有法难依、情面大于法律、法律难抵亲情等现象的普遍存在。当下中国司法过程中存在大量的个案值得深思。如药家鑫案,一个看似并不复杂的刑事案件最后演化成了一场舆论审判。为什么会出现社会舆论影响司法审判、行政权力入侵司法过程等现象,在民众朴素的正义观与司法公正博弈的过程中、在司法权与行政权的平衡过程中,也恰恰透视出中国传统文化的核心特质仍然影响深远。人们希望通过法律解决纷争,但还不能做到崇尚法律,还没有对法律职业家形成尊重与信任、对司法制度形成依赖。

三、当代中国法治进程中对核心文化因素积极影响力的促动

有些发达国家用了三四百年的时间建成了现代化法律体系和制度,而中国仅用30多年的时间就形成了自己的法律体系。这体现了中央统一领导下的治理模式的优势,但拥有较为完善的法律制度不等于法治的实现,中国法治建设在取得成绩的同时,仍然要客观面对当下存在的问题,借鉴先进经验固然重要,但处理好自有文化问题更为根本。

(一)打破中国法治进程中的前提性文化悖论

在一般意义上,法律主体意识的缺失难以推动法治社会的生成,不具有法治条件的土壤又难以催生出具备法治理念的社会主体。成熟的法治文化环境能够塑造具有法治理念的社会主体,具有法治理念的社会主体反过来能够进一步推动法治社会的进步。上述这种状况

在一定意义上构成一种悖论。目前中国法治正处于这个悖论中，一方面，以个体性、理性化和契约化为核心的现代法治，要在有着千百年专制政治统治传统和宗法伦理文化积淀的社会中扎下根来，需要克服来自传统之中内在的文化阻滞力，而这种阻滞力总是通过人们日常生活的方式潜移默化地渗透到政治、经济、法律等各种非日常的生活领域，阻碍了现代法治的发展。另一方面，在当下中国具备法治精神的社会主体无法自然而然地生成，它需要一种主导力量进行引领和塑造。

（二）张扬中国传统法律文化中的合理性因素

中国传统文化中的核心特质存在不利于法治发展的因素，但我们同时自问，“为什么在缺乏法治精神和民主制度的古代中国，人间争残能被遏制在最低的限度，良风美俗能维系数千年？为什么在西式的法律规范很少社会实效的当代中国，社会生产、生活能保持相对的有序、稳定甚至进步？”[①]这一系列问题的提出说明中国传统法律文化中当然具有其合理性因素。那么合理性因素到底是什么？中国学者本着对中华民族负责任的态度对中华传统中法律文化的优秀基因进行了归纳和总结，认为法制文明是中国古代文明的重要构成和明显标志，中国古代法制文明具有许多超越时空、具有普遍价值的因素，并列举出数种因素：注重法律的人文精神，强调以人为本，以民为本，社会和合；注重礼法互补，主张德治与法治并存，强调明德慎刑；注重法律的教育功能，主张以法为教；注重治国者、执法者的道德品质以及对国家的责任感和使命感，主张为官者、执法者要清正廉洁，光明正大，发挥以吏为师的榜样作用；注重法律的综合意义，主张对法律条文和典籍从天理、国法、人情的有机结合上予以解释和注释；等等。[②]

在中国传统法律文化中，道德、伦理等因素非常丰富，这不是我们

① 夏勇著：《朝夕问道——政治法律学札》，上海三联书店2004年版，第9页。
② 张文显：“论中国特色社会主义法治道路”，载《中国法学》2009年第6期。

较之西方的劣势,我们的优势恰恰内蕴其中。法律与伦理没有区分开来,二者处于直接结合的状态。中国古代法在制度上体现为行政司法一体化,这是一种高效率模式;在法律渊源上,体现为礼法伦理高于法律规则,这使法律充满了人性化;在司法制度中,代表中国式良知的“情理”是一种最为普遍的审判基准,人情被置于一切评判标准之首位,这使中国的司法制度充满了人情味。我们现在要做的不是要完全剔除法律中的情感和伦理,而是要在相应的范围内适度张扬,这才是中国文化、中国法治的优势和特色。

小结

在当今时代,法治作为一种文化模式正得到普遍的认同,在共性的背后是各国家各民族历史和现实状况的差异。历史文化传统是国家民族发展的深层动力,在个殊性之中透视核心文化因素的双重影响对本民族法治进程的发展都将有突出意义。在不同国家法治发展中,均有各自的核心文化特质在发生作用,正是这些基于传统的东西使这个国家或民族展现出自己的发展特征。然而,在法治发展中文化是把“双刃剑”,它既可以提供内在动力也可能成为深层阻碍。当代中国法治进程仍然立足于中华文化基础,现代化国家治理模式中仍然延续着无法剔除的传统文化基因。

结　论

长期以来，很多人认为“俄罗斯法治”是一个虚假的命题，因在其特定的专制文化传统中，法治是无从谈起的。随着苏联解体后俄罗斯国内相关问题研究的解禁，大量史料进入我们的研究视野中。以往我们对“俄罗斯法治”问题存在很大程度上的误读，“俄罗斯法治”并不是一个虚假的命题，只不过是深深地隐藏在强大的文化传统之中。在探寻当代俄罗斯法治国家构建所面临困境的深层根源时，以不同标准对其法治基本发展阶段的划分，可以相对清晰地看到在国家发展的不同阶段各种文化因素如何综合发挥作用，这对于理解当代俄罗斯法治发展过程中的困境和发展的走向大有助益。作为历史解释模式和方法的文化哲学研究范式的引入拓展了俄罗斯法治问题研究视野的广度和深度，一定程度上为解决理论研究难题提供了新方法。在俄罗斯法治问题研究的现阶段，单纯的制度分析不能对俄罗斯法治进程中的困境作出相对合理的解释，这就迫使我们寻找在一定程度上能够解决理论研究难题的新方法。文化哲学范式，以其特有的文化模式、文化危机、文化转型理论，在历史文化层面上能对俄罗斯在社会转型背景下法治之路进行深层解读，这一范式不同于法学侧重法制度本身的一般研究方法，它可以在较深层次上探究法制度存在的意义与根基，回答法制度“是什么”问题背后的“为什么”与“怎么样”的问题，在理论上形成独特的视角。社会制度变革到一定程度没有不触动文化根基的，俄罗斯特有的各种文化因素综合作用形成了颇具特色的文化模式。当现代的民主化、法治化的生活方式与俄罗斯具有强大惯性的传统文化在社会发展的深层相遇时，文化阻滞力量与现代化的生活方式产生巨大的张力，这对俄罗斯法治发展走向产生决定性的影响。苏联解体后俄罗斯确立的法治目标具有明显仿效西方的特征，经过20年的曲折发展实践，当代俄罗斯法治发展中出现了祛西方化趋势。俄罗斯开始注重用自己固有的文化来有效消解制度全面转型所造成的不适。在未来发展上，当代俄罗斯法律制度如何为国家进一步发展提供有效的制度支撑，如何使具有西方文化特征的民主宪政与法治在素乏理性化和个体独立意识的国家中生根，这些都是俄罗斯通往复兴之路必须面对的重要问题。

出于对俄罗斯发展道路的特殊性及其作为后发外生型国家法治具有一定典型性特征的关注，尤其是在当代俄罗斯法治国家目标进一步深化过程中，当制度构建与固有文化传统在深层遭遇时，法治问题就已经从制度层面越升到了非制度性的整体文化层面。包括中国在内的转型国家在法治进程中，如何处理好外来文化与本土文化的关系，如何塑造既具现代意义又符合本国文化传统的法治核心价值理念至关重要。转型国家的法治进程并不像西方国家那样是一个长期的自然演进过程，在相当大程度上是外来压力下的一种快速变革，这必然产生文化上的冲突。不论何种模式的法治，演化型也好、建构型也好、演化与建构的共生也好，都不可能回避本国的文化传统问题，是拦腰斩断还是批判地吸纳，都将直接关系到法治发展的成与败。

参考文献

一、著作类

[1]《马克思恩格斯全集》(第 19 卷),中共中央马克思恩格斯列宁斯大林著作编译局译,人民出版社 1970 年版。

[2]《马克思恩格斯选集》(第 1 卷),中共中央马克思恩格斯列宁斯大林著作编译局译,人民出版社 1995 年版。

[3]马克思:《1844 年经济学哲学手稿》,中共中央马克思恩格斯列宁斯大林著作编译局译,人民出版社 2000 年版。

[4]《列宁选集》(第 1 卷),中共中央马克思恩格斯列宁斯大林著作编译局译,人民出版社 1995 年版。

[5]《列宁选集》(第 3 卷),中共中央马克思恩格斯列宁斯大林著作编译局译,人民出版社 2004 年版。

[6]《列宁全集》(第 12 卷),中共中央马克思恩格斯列宁斯大林著作编译局译,人民出版社 1987 年版。

[7]衣俊卿著:《文化哲学》,云南人民出版社 2001 年版。

[8]衣俊卿著:《现代化与文化阻滞力》,人民出版社 2005 年版。

[9]任光宣著:《俄罗斯文化十五讲》,北京大学出版社 2007 年版。

[10]庄锡昌等编:《多维视野中的文化理论》,浙江人民出版 1987 年版。

[11]刘进田著:《文化哲学导论》,法律出版社 1999 年版。

[12]李鹏程著:《当代文化哲学沉思》,人民出版社 1994 年版。

[13]刘作翔著:《法律文化理论》,商务印书馆 2001 年版。

[14]梁治平编:《法律的文化解释》,生活·读书·新知三联书店 1998 年版。

[15]朱达秋、周力著:《俄罗斯文化论》,重庆出版社 2004 年版。

[16]张俊杰著:《俄罗斯法治国家理论》,知识产权出版社 2009 年版。

[17]阮新邦等著:《批判诠释论与社会研究》,上海人民出版社 1998 年版。

[18]张奎良著:《马克思的哲学思想及其当代意义》,黑龙江教育出版社 2001 年版。

[19]张寿民著:《俄罗斯法律发达史》,法律出版社 2000 年版。

[20]白建才著:《俄罗斯帝国》,三秦出版社 2000 年版。

[21]王人博、程燎原著:《法治论》,山东人民出版社 1989 年版。

[22]曹维安著:《俄国史新论:影响俄国历史发展的基本问题》,中国社会科学出版社 2002 年版。

[23]张建华著:《俄国史》,人民出版社 2004 年版。

[24]陈盛清主编:《外国法制史》,北京大学出版社 1982 年版。

[25]雷永生著:《东西文化碰撞中的人:东正教与俄罗斯人道主义》,华夏出版社 2007 年版。

[26]刘祖熙著:《夏日堂史集》,人民出版社 2007 年版。

[27]王宇博等著:《骁勇俄国人》,四川人民出版社2001年版。

[28]汪剑钊编选:《别尔嘉耶夫集》,上海远东出版社2004年版。

[29]林精华主编:《西方视野中的白银时代》,东方出版社2001年版。

[30]朱可辛著:《普京之治》,中共中央党校出版社2007年版。

[31]陶惠芬著:《俄国近代改革史》,中国社会科学出版社2007年版。

[32]梁治平著:《法辩》,中国政法大学出版社2002年版。

[33]辛向阳等主编:《历史律令——影响人类社会的十大宪法和法典》,江西人民出版社1998年版。

[34]庞大鹏著:《从叶利钦到普京:俄罗斯宪政之路》,长春出版社2005年版。

[35]金雁著:《苏俄现代化与改革研究》,广东教育出版社1999年版。

[36]刘显忠著:《近代俄国国家杜马:设立及实践》,社会科学文献出版社2007年版。

[37]任允正、于洪君著:《独联体国家宪法比较研究》,中国社会科学出版社2001年版。

[38]杨昌宇、陈福胜著:《俄罗斯社会转型与宪政之路》,社会科学文献出版社2009年版。

[39]汪宁著:《普京的俄罗斯新思想》,上海外语教育出版社2005年版。

[40]《法学研究》编辑部、黑龙江大学法学院:《俄罗斯法论丛》(1),中国社会科学出版社2006年版。

[41][英]米勒、[英]波格丹诺编,邓正来主编:《布莱克维尔政治学百科全书》,中国问题研究所等译,中国政法大学出版社1992年版。

[42]马长山著:《国家、市民社会与法治》,商务印书馆2005年版。

[43]刘军宁主编:《自由与社群》,生活·读书·新知三联书店1998年版。

[44]周尚文等著:《苏联兴亡史》,上海人民出版社2002年版。

[45]王焱编辑:《宪政主义与现代国家》,三联书店2003年版。

[46]冯绍雷、相蓝欣主编:《转型中的俄罗斯社会与文化》,上海人民出版社2005年版。

[47]佘碧平著:《现代性的意义与局限》,上海三联书店2000年版。

[48]杨心宇、[俄]谢尔盖·沙赫赖、[俄]阿利科·哈比布林著:《变动社会中的法与宪法》,上海三联书店2006年版。

[49][苏]B. B. 马夫罗金著:《俄罗斯统一国家的形成》,余大钧译,商务印书馆1991年版。

[50][俄]B. B. 拉扎列夫主编:《法与国家的一般理论》,王哲等译,法律出版社1999年版。

[51][俄]瓦·奥·克柳切夫斯基著:《俄国史教程》(第3卷),左少兴等译,商务印书馆1992年版。

[52][俄]鲍里斯·尼古拉耶维奇·米罗诺夫著:《俄国社会史》(上、下册),张广翔等译,山东大学出版社2006年版。

[53][俄]德·谢·利哈乔夫著:《解读俄罗斯》,吴晓都等译,北京大学出版社2003年版。

[54][苏]赫克著:《俄国革命前后的宗教》,高骅、杨缤译,学林出版社1999年版。

[55][俄]H. П. 巴甫洛夫—西利万斯基著:《俄国封建主义》,吕和声等译,商务印书馆1998年版。

[56][俄]叶·米·斯科瓦尔佐娃著:《文化理论与俄罗斯文化史》,王亚民等译,敦煌文艺出版社2003年版。

[57][俄]索洛维约夫等著:《俄罗斯思想》,贾泽林、李树柏译,浙江人民出版社2000年版。

[58][俄]T. C. 格奥尔吉耶娃著:《俄罗斯文化史》,焦东建等译,商务印书馆2006年版。

[59][俄]C. A. 基斯利钦:《俄国史问答》,罗斯托夫1997年版。

[60][俄]格奥尔基·弗洛罗夫斯基著:《俄罗斯宗教哲学之路》,张百春等译,上海人民出版社2006年版。

[61][俄]尼·别尔嘉耶夫著:《俄罗斯的命运》,汪剑钊译,云南人民出版社1999年版。

[62][俄]尼·别尔嘉耶夫著:《俄罗斯思想的宗教阐释》,邱运华等译,东方出版社1998年版。

[63][俄]尤·米·卢日科夫著:《历史的更新:21世纪的人类和俄罗斯的未来》,赵云平、孙越译,新华出版社2003年版。

[64][俄]鲍·斯拉文著:《被无知侮辱的思想——马克思社会理想的当代解读》,孙凌齐译,中央编译出版社2006年版。

[65][俄]B. E. 契尔金:《俄罗斯宪法学》,莫斯科法律出版社2003年俄文版。

[66][俄]弗兰克著:《俄国知识人与精神偶像》,徐凤林译,学林出版社1999年版。

[67][俄]安德兰尼克·米格拉尼扬著:《俄罗斯现代化与公民社会》,徐葵等译,新华出版社2003年版。

[68][俄]普列汉诺夫著:《俄国社会思想史》,孙静工译,商务印书馆1988年版。

[69][俄]格·萨塔罗夫等著:《叶利钦时代》,高增训等译,东方出版社2002年版。

[70][俄]尼·雷日科夫著:《大动荡的十年》,王攀等译,中央编译出版社1998年版。

[71][俄]鲍里斯·叶利钦著:《午夜日记》,曹缦西、张俊翔译,译林出版社2001年版。

[72][俄]亚历山大·季诺维也夫著:《俄罗斯共产主义的悲剧》,

侯艾君等译,新华出版社 2004 年版。

[73][俄]普京著:《普京文集:文章和讲话选集》,中国社会科学出版社 2002 年版。

[74][美]罗森鲍姆编:《宪政的哲学之维》,郑戈、刘茂林译,三联书店 2001 年版。

[75][美]W. 奥格本著:《社会变迁——关于文化和先天的本质》,王晓毅,陈育国译,浙江人民出版社 1989 年版。

[76][美]迈克尔·麦克福尔著:《俄罗斯未竟的革命》,唐贤兴等译,上海人民出版社 2010 年版。

[77][美]露丝·本尼迪克特著:《文化模式》,王炜等译,生活·读书·新知三联书店 1988 年版。

[78][美]克利福德·格尔茨著:《文化的解释》,韩莉译,译林出版社 1999 年版。

[79][美]C. H. 麦基文著:《宪政古今》,翟小波译,贵州人民出版社 2004 年版。

[80][美]尼古拉·梁赞诺夫斯基、马克·斯坦伯格著:《俄罗斯史》(第 7 版),杨烨等译,上海人民出版社 2007 年版。

[81][美]H. W. 埃尔曼著:《比较法律文化》,贺卫方、高鸿钧译,清华大学出版社 2002 年版。

[82][美]伯纳德·施瓦茨著,《美国法律史》,王军等译,中国政法大学出版社 1990 年版。

[83][美]哈罗德·J. 伯尔曼著:《法律与革命——西方法律传统的形成》,贺卫方等译,中国大百科全书出版社 1993 年版。

[84][美]伯尔曼著:《法律与宗教》,梁治平译,中国政法大学出版社 2003 年版。

[85][美]安德鲁·C. 库钦斯主编:《俄罗斯在崛起吗?》,沈建译,新华出版社 2004 年版。

[86][美]理查德·莱亚德、约翰·帕克著:《俄罗斯重振雄风》,

白洁等译,中央编译出版社 1997 年版。

[87][英]梅因著:《古代法》,沈景一译,商务印书馆 1997 年版。

[88][英]阿诺德・汤因比著:《历史研究》(上、下卷),刘北成等译,上海人民出版社 2000 年版。

[89][德]卡尔・雅斯贝尔斯著:《历史的起源与目标》,魏楚雄等译,华夏出版社 1989 年版。

[90][德]马克斯・韦伯著:《经济与社会》(下),林荣远译,商务印书馆 1997 年版。

[91][德]哈贝马斯著:《交往与社会进化》,张博树译,重庆出版社 1989 年版。

[92][德]马克斯・韦伯著:《论经济与社会中的法律》,[英]埃德华・希尔斯、马克斯・莱因斯坦英译,张乃根中译,中国大百科全书出版社 1998 年版。

[93][德]马克斯・韦伯著:《新教伦理与资本主义精神》,[美]斯蒂芬・卡尔伯格英译,苏国勋等中译,三联书店 1987 年版。

[94][美]蒂里希著,何光沪选编:《蒂里希选集》(上卷),三联书店 1999 年版。

[95][德]H. 科殷著:《法哲学》,林荣远译,华夏出版社 2002 年版。

[96][德]伯恩哈德・格罗斯菲尔德著:《比较法的力量和弱点》,孙世彦,姚建宗译,清华大学出版社 2002 年版。

[97][德]奥斯瓦尔德・斯宾格勒著:《西方的没落》(上、下册),齐世荣等译,商务印书馆 2001 年版。

[98][法]让-马克・夸克著:《合法性与政治》,佟心平、王远飞译,中央编译出版社 2002 年版。

[99] Флоровский Г. В. Пути русского богословия, Париж: 1937.

[100] Н. В. Севостьянов . Конституционное право россии:

схемы, таблицы, основые нормативные акты. Ростов-на-Дону, 《феникс》, 1998.

[101] Свод законов росийской империи С. петербург, 1912, том первый.

[102] И. И. Кальной, Граждаское общество истоки и современность. Санкт-Петебург Юридический центр Пресс, 2000.

[103] С. Б. Глушачеко, А. В. Евссев, Т. Е. Конюкова, А. О. Лядов, М. В. Сальников. Российское право Ⅸ-ⅪⅩ вв. (исторческое зарисовки). Санкт-Петубург, 2002.

[104] Е. А. Лукашева. Человек, право, цивилизации: нормативно-ценностное измерение. Норма ИНФРА-М, Москва, 2014.

[105] В. Д. Зорькин. Цивилизация права и развитие России. Норма ИНФРА-М, Москва, 2015.

[106] Конституционное право и правовая культура японии и россии: вопросы развития. Мсква г. 2014.

二、论文类

[1]王树义:“20世纪90年代俄罗斯联邦法学理论”,载《国外社会科学》2000年第5期。

[2]董晓阳:“浅谈自由主义的俄国化问题”,载《东欧中亚研究》2002年第4期。

[3]董晓阳:“村社意识与俄罗斯社会发展”,载《东欧中亚研究》2002年第6期。

[4]陈树林:“文化模式中的宗教”,载《世界宗教研究》2009年第3期。

[5]张建华:“俄罗斯国家的形成与民族主义”,载《北京师范大学

学报》(人文社会科学版)2001年第2期。

[6]宋德星、许智琴:“大俄罗斯主义思想体系及其政治影响”,载《东欧中亚研究》2002年第1期。

[7]汪宁、章自力:“东正教文化能否成为俄罗斯的主流文化”,载《俄罗斯中亚东欧研究》2005年第4期。

[8]戴桂菊:“俄罗斯的宗教与现代化”,载《东欧中亚研究》2002年第3期。

[9]林精华:“俄国现代化进程中的哲学困境”,载《东欧中亚研究》2002年第4期。

[10]张百春:“俄罗斯哲学与东正教”,载《哲学动态》2006年第11期。

[11]吕晶华:“试析俄罗斯权威主义政治根源及其影响”,载《今日东欧中亚》2000年第4期。

[12]潘德礼:“浅析俄罗斯的政治发展及其前景”,载《俄罗斯中亚东欧研究》2006年第1期。

[13]许志新:“‘可控的民主’及其风险”,载《俄罗斯中亚东欧研究》2005年第5期。

[14]王海运:“俄罗斯重新崛起的前景及其世界影响”,载《俄罗斯中亚东欧研究》2007年第1期。

[15]刘洪岩等:“俄罗斯早期市民社会的形成和发展”,载《北方法学》2009年第5期。

[16]张广翔等:“帝俄的现代化——米罗诺夫吉林大学讲学纪要”,载《世界历史》2004年第5期。

[17]霍淑红:“俄罗斯民主进程中的市民社会”,载《学术探索》2004年第5期。

[18]黄军甫:“社会结构变迁与俄罗斯政治转型”,载《当代社会主义问题》2004年第2期。

[19]胡键:“市民社会与俄罗斯的社会转型”,载《俄罗斯研究》

2001 年第 3 期。

[20]雷丽平:“俄罗斯的历史传统与苏联现代化”,载《俄罗斯中亚东欧研究》2004 年第 3 期。

[21]陈嘉明:“‘现代性’与‘现代化’”,载《厦门大学学报》2003 年第 5 期。

[22]许志新、潘德礼:“再论俄罗斯社会转轨道路”,载《俄罗斯中亚东欧研究》2004 年第 5 期。

[23]马长山:“社会转型与法治根基的构筑”,载《浙江社会科学》2003 年第 4 期。

[24]马长山:“俄罗斯的市民社会诉求与‘法治国家’定位”,载《求是学刊》2003 年第 1 期。

[25]唐永春:“苏联法学对中国法学消极影响的深层原因”,载《法学研究》2002 年第 2 期。

[26]庞大鹏:“俄罗斯的新政治战略”,载《俄罗斯中亚东欧研究》2010 年第 1 期。

[27]张树华:“苏共意识形态工作:成绩、失败及教训(上)”,载中国社会科学内刊 2007 年第 3 期。

[28]杨昌宇:“俄罗斯社会转型与法治之路”,载《俄罗斯中亚东欧研究》2005 年第 5 期。

[29]杨昌宇:“当代俄罗斯法治国家构建的文化探寻”,载《俄罗斯中亚东欧研究》2004 年第 2 期。

[30][俄]З. Т. 戈连科娃等:“俄国市民社会的形成与社会分层”,载《国外社会学》2000 年第 4 期。

[31][俄]米格拉尼扬:“对苏联社会主义制度下个人、社会与国家三者关系的分析”,载《俄罗斯中亚东欧研究》2003 年第 5 期。

[32]Елена Анатольевна Войниканис: Роль и значениеправовой культуры в исследовании правовых парадигм, правовая культура 2015. №2.

[33] Иванько Н . А. Социокультурные параметры российской государственности, наука. культура. общество 2015. №2.

[34] С. С. Крюкова, Общее и особенное в формировании религиозной идентичности в современной России: опыт сравнительного исследования, традиции и современность. 2015. №5.

[35] Липень С. В. Актуализация проблем теории государства и права на научных форумах в 2005—2015 гг. [Текст]. Часть 2. Актуальные проблемы российского права. 2015. №5.

[36] О. Н. Осьмакова. К вопросу о правовом регуровании миссионерской деятельности Русской православной церкви. Актуальные проблемы российского права. 2015. №6.

后　记

2008年10月至2010年12月，我在中国社会科学院法学所从事博士后研究工作，本书正是在博士后报告的基础上修改完善而成。出站已有数年，但由于近年在学术追求上的懒散，使这本小书迟迟未能付梓。原来以为历经数年的打磨，认识会更加深邃，论证会更加满意，但现在看来理想终归还是理想。在成书过程中，针对博士后出站答辩时专家们所提的意见，结合近年来发表的几篇论文，对整体框架进行了重新梳理和调整，对研究资料进行了补充，增加了比较与分析的中国部分，并进一步整理和概括了核心观点。

在这里仍然要感谢我的博士后合作导师冯军研究员，他严谨认真的治学态度和一丝不苟的敬业精神，给我留下深刻印象，也时时鞭策着我。感谢中国博士后科学基金的资助，它为我在博士后期间的科学研究提供了必要的资金保证。感谢教育部科学研究基金的资助，它更坚定了我对俄罗斯法治文化研究的信心。感谢华东政法大学何勤华教授的资助以及其远见卓识的决策与推动，感谢华东政法大学王海军老师的辛苦工作，感谢法律出版社的支持，感谢黑龙江大学法学院领导及同事的鼓励和支持，感谢朋友的鼎力相助，感谢家人的理解。

杨昌宇

2016 年 6 月于哈尔滨寓所

图书在版编目(CIP)数据

俄罗斯法治进程中的文化影响力研究/杨昌宇著.
—北京:法律出版社,2016.6
ISBN 978-7-5118-9649-0

Ⅰ.①俄…　Ⅱ.①杨…　Ⅲ.①法治—研究—俄罗斯
Ⅳ.①D951.2

中国版本图书馆CIP数据核字(2016)第142103号

俄罗斯法治进程中的文化影响力研究	杨昌宇 著	策划编辑 沈小英 责任编辑 沈小英　刘晓萌 装帧设计 李　瞻

开本 720毫米×960毫米　1/16　　**印张** 17.75　**字数** 228千
版本 2016年8月第1版　　**印次** 2016年8月第1次印刷
出版 法律出版社　　**编辑统筹** 财经出版分社
总发行 中国法律图书有限公司　　**经销** 新华书店
印刷 北京京华虎彩印刷有限公司　　**责任印制** 吕亚莉

法律出版社/北京市丰台区莲花池西里7号(100073)
电子邮件/info@lawpress.com.cn　　销售热线/010-63939792/9779
网址/www.lawpress.com.cn　　咨询电话/010-63939796

中国法律图书有限公司/北京市丰台区莲花池西里7号(100073)
全国各地中法图分、子公司电话:
第一法律书店/010-63939781/9782　　西安分公司/029-85388843
重庆公司/023-65382816/2908　　上海公司/021-62071010/1636
北京分公司/010-62534456　　深圳公司/0755-83072995

书号:ISBN 978-7-5118-9649-0　　**定价**:53.00元
(如有缺页或倒装,中国法律图书有限公司负责退换)